Os géneros do discurso

Título original:
Les genres du discours

Tradução: Ana Mafalda Leite

Revisão: Inês Guerreiro

Capa: FBA

Depósito Legal n.º 439247/18

Biblioteca Nacional de Portugal – Catalogação na Publicação

TODOROV, Tzvetan, 1939-2017

Os géneros do discurso. – (Todorov)
ISBN 978-972-44-2040-0

CDU 82.0

Paginação:
João Félix – Artes Gráficas

Impressão e acabamento:
PENTAEDRO
para
EDIÇÕES 70
em
março de 2018 (1981)

ISBN: 978-972-44-2040-0
ISBN da 1.ª edição: 972-44-0314-9

EDIÇÕES 70, uma chancela de Edições Almedina, S.A.
Avenida Engenheiro Arantes e Oliveira, 11 – 3.º C – 1900-221 Lisboa/Portugal
e-mail: geral@edicoes70.pt

www.edicoes70.pt

Tzvetan Todorov

Os géneros do discurso

70

NOTA INTRODUTÓRIA

Os textos que se seguem são suficientemente explícitos e por isso não é necessário fazer uma introdução; além disso, o primeiro deles pode ser lido como um programa que os outros procuram desenvolver e ilustrar. Estão agrupados em quatro secções. A primeira é de caráter geral e teórico: nela se encontram definidas ou discutidas as noções de literatura, de discurso, de género. A seguinte compõe-se de estudos sobre os dois maiores «géneros» literários, a ficção e a poesia, e o problema comum é o da representação através da linguagem. A terceira secção agrupa análises de textos específicos, análises também reunidas por uma problemática comum à linguagem e ao psiquismo humanos: partem da recusa de uma certa ideia de interioridade, ou da própria oposição entre interior e exterior. Enfim, a última é consagrada aos géneros não literários, e as questões de nível de análise da variedade das formas verbais ocupam um lugar de relevo. Ainda que estes estudos sejam animados por um espírito comum, que se baseia na ideia de que a literatura é uma exploração das potencialidades da linguagem (a mais intensa que há), foram escritos separadamente entre 1971 e 1977; de onde certas repetições, ou, pelo contrário, certas divergências, que não procurei eliminar sistematicamente, por acreditar que o processo de formação e de enunciação de uma ideia pode ser (pelo menos) tão instrutivo como o seu simples enunciado.

Há um aspeto que me preocupa na releitura destes textos e que suscitará talvez a reticência do meu leitor: é o seu caráter de certa maneira intermediário. Não me interesso pela pura especulação, nem pela descrição dos factos em si mesmos: não me canso de passar de uma coisa à outra. Todo o domínio da teoria literária tem esse estatuto intermediário, ameaçado por uma reflexão generalizante, por um lado, e, por outro, pelo estudo dos textos concretos. A mesma ambiguidade se manifesta até no estilo da exposição. Tento evitar tanto um impressionismo que me parece irresponsável não porque seja destituído de teoria, mas porque não se interessa por isso, assim como um formalismo terrorista, em que todo o esforço do autor se esgota na descoberta de uma notação mais precisa para fazer uma observação que muitas vezes é muito pouco precisa. Desejava que o meu discurso permanecesse permeável, sem apesar disso se tornar informe; mas, como se sabe, ao querer ganhar em dois tabuleiros, arriscamo-nos a perder num e no outro: destino pouco invejável, mas a que eu, no entanto, não saberia renunciar.

I

A NOÇÃO DE LITERATURA

Antes de mergulhar na vertigem do «o que é» da literatura, agarremo-nos a uma pequena boia de salvação: a nossa interrogação terá que ver, em primeiro lugar, não com o próprio ser da literatura, mas com o discurso que como o nosso tenta falar dela. É mais uma diferença de percurso do que de objetivo final; mas quem sabe se o caminho não será mais interessante do que o ponto de chegada?

É preciso começar por pôr em dúvida a legitimidade da noção de literatura: não é por a palavra existir ou por estar na base de uma instituição universitária que se torna evidente.

Há razões para levantar esta dúvida; primeiro só empíricas. Ainda não se fez a história completa desta palavra e dos seus equivalentes em todas as línguas e em todas as épocas; mas uma olhadela ainda que superficial sobre a questão revela que ela nem sempre existiu. Nas línguas europeias, a palavra «literatura», no seu sentido atual, é muito recente: data apenas do século XIX. Tratar-se-ia pois de um fenómeno histórico e de modo algum «eterno»? Por outro lado, numerosas línguas (de África, por exemplo) não conhecem o termo genérico para designar todas as produções literárias; e já não estamos na época de Lévy-Bruhl para encontrar a explicação na famosa natureza «primitiva» dessas línguas que ignoram a abstração e também as palavras que designam o género em vez da espécie. A estas primeiras constatações acrescenta-se a dispersão que hoje caracteriza a literatura: quem ousaria distinguir, hoje em dia, aquilo que é literatura daquilo que não é, perante a variedade irredutível de escritos que se tem tendência a incluir nela, segundo perspetivas infinitamente diferentes?

Este argumento não é decisivo: uma noção pode ter direito a existir, sem que uma palavra precisa do vocabulário lhe corresponda: mas leva a uma primeira dúvida sobre o caráter «natural» da literatura. No entanto, um exame teórico do problema não nos tranquilizará mais. Donde nos vem a certeza de que uma entidade como a literatura existe realmente? Da experiência: estudamos as obras literárias na escola, depois na universidade, achamos este tipo de livros em lojas especializadas; estamos habituados a citar os autores «literários» na conversa corrente. Parece incontestável o facto de uma entidade «literatura» funcionar ao nível das relações intersubjetivas e sociais. Muito bem. Mas o que se prova com isso? Que num sistema mais vasto, que é esta sociedade, esta cultura, existe um elemento identificável a que nos referimos através da palavra literatura. Demonstrou-se assim que todos os produtos específicos que assumem essa função participam de uma natureza comum, que temos igualmente o direito de identificar? De forma alguma.

Chamemos «funcional» à primeira ideia de identidade, a que considera a literatura como um elemento de um sistema mais vasto, porque essa unidade faz parte dela, e «estrutural» à segunda, em que procuramos saber se todas as instâncias que assumem uma mesma função participam das mesmas propriedades. Os pontos de vista funcional e estrutural devem ser rigorosamente distinguidos, mesmo se pudermos passar perfeitamente de um a outro. Tomemos, para ilustrar a distinção, um objeto diferente: sabe-se que a publicidade assume uma função precisa na nossa sociedade; mas a questão torna-se muito mais difícil quando nos interrogamos sobre a sua identidade estrutural: ela pode utilizar os *media*, visuais ou sonoros (e ainda outros), pode ou não ter uma duração no tempo, ser contínua ou descontínua, servir-se de mecanismos tão variados como a incitação direta, a descrição, a alusão, a antífrase e assim por diante. A entidade funcional incontestável (admitimo-lo por agora) não corresponde forçosamente a uma entidade estrutural. Estrutura e função não se implicam mutuamente de maneira rigorosa, ainda que sejam observáveis afinidades entre elas. É mais uma diferença de ponto de vista do que de objeto: se se descobre que a literatura (ou a publicidade) é uma noção estrutural, deveremos inteirar-nos da função dos seus elementos constitutivos; reciprocamente, a entidade funcional «publicidade» faz parte de uma estrutura que é, digamos, a da sociedade. A estrutura é feita de funções, e as funções criam uma estrutura; mas, como é o ponto de vista que determina o objeto de conhecimento, a diferença não é menos irredutível.

A existência de uma entidade funcional «literatura» não implica de forma alguma a existência de uma entidade estrutural (mesmo que ela nos leve a pensar que sim). Ora, as definições funcionais da literatura (mais por aquilo que ela faz do que por aquilo que é) são muito numerosas. Não é preciso pensar que esta via conduz sempre à sociologia: quando um metafísico como Heidegger se interroga acerca da essência da poesia obtém igualmente uma noção funcional. Dizer que «a arte é a construção da verdade» ou que «a poesia é a criação do ser pela palavra» é formular um desejo sobre o que uma e outra deveriam ser, sem se pronunciar sobre os mecanismos específicos que as tornam aptas a essa tarefa. Para ser função ontológica, não deixa apesar disso de ser uma função. Aliás, o próprio Heidegger admite que à entidade funcional não corresponda uma entidade estrutural, visto que nos diz que a sua investigação «trata apenas da grande arte». Não dispomos de um critério interno que nos permita identificar toda a obra de arte (ou de literatura), mas somente de uma afirmação sobre o que uma parte da arte (a melhor) deveria fazer.

É pois possível que a literatura seja apenas uma entidade funcional. Mas não vou continuar nesta via e admitirei, uma vez que me sinto dececionado, que ela também tem uma entidade estrutural, e, aliás, vou procurar saber qual é. Muitos outros otimistas me precederam, e posso começar pelas respostas que sugeriram. Sem entrar em pormenores históricos, tentarei examinar os dois tipos mais frequentes de soluções propostas.

Desde a Antiguidade e até meados do século XVIII, para falar sumariamente, é a mesma definição que vigora implícita ou explicitamente nos escritos dos teóricos da arte ocidental. Olhando-a de perto, essa definição comporta dois elementos separados: genericamente, a arte é uma imitação diferente segundo o material que se utiliza; a literatura é imitação pela linguagem, tal como a pintura é imitação pela imagem. Especificamente, não é uma imitação qualquer, porque não se imitam necessariamente as coisas reais, mas também as coisas fictícias que não têm necessidade de existir. A literatura é uma ficção: eis a sua primeira definição estrutural.

A formulação desta definição não se fez num dia, e revestiu termos muito variados. Pode supor-se que é esta propriedade da literatura que leva Aristóteles a constatar que «a poesia conta mais o geral, e a histórica o particular» (*Poética,*

1451 b): esta observação visa ao mesmo tempo outra coisa: as frases literárias não designam ações particulares, porque só elas podem realmente produzir-se. Noutra época, dir-se-ia que a literatura é essencialmente fantasiosa, falsa: Frye lembrou a ambiguidade dos termos «fábula», «ficção», «mito», que se aplicam não só à «literatura», mas à «mentira». Mas isso não é correto: essas frases são tão «falsas» como «verdadeiras»; os primeiros lógicos modernos (Frege, por exemplo) tiveram já ocasião de observar que o texto literário não se submete a uma prova da verdade, que não é verdadeiro nem falso, mas ficcional. E hoje isso tornou-se um lugar-comum.

Semelhante definição será satisfatória? Não será de perguntar se não estamos aqui a tentar substituir uma consequência do que é a literatura pela sua definição? Nada impede que uma história, ao relatar um acontecimento real, seja tomada como literária; não é preciso mudar em nada a sua composição, mas simplesmente pensar que não nos interessa a sua verdade e que a lemos «como» literatura. Podemos fazer uma leitura literária não importa de que texto, a questão da verdade não se levanta, *porque* o texto é literário.

Mais do que a uma definição de literatura, alude-se aqui, de maneira indireta, a uma das suas propriedades. Mas poderemos observá-la em qualquer texto literário? Seria talvez uma sorte se se aplicasse à vontade a palavra «ficção» a uma parte da literatura (romances, novelas, peças de teatro), mas muito mais difícil é fazê-lo, e se calhar nunca se fará, em relação a outra das suas partes, que é a poesia. Teríamos vontade de dizer que, tal como a frase romanesca não é nem verdadeira nem falsa, ainda que descreva um acontecimento, a frase poética não é fictícia nem não fictícia: a questão não se põe na medida em que a poesia não conta nada, nem designa nenhum acontecimento, mas contenta-se, muitas vezes, em formular uma medida, uma impressão. O termo específico «ficção» não se aplica à poesia porque o termo genérico «imitação» deve perder todo o sentido preciso para ser pertinente; a poesia não evoca na maioria das vezes qualquer representação exterior, basta-se a si própria. A questão torna-se ainda mais difícil quando nos voltamos para os géneros que, apesar de serem muitas vezes qualificados de «menores», não estão menos presentes em todas as «literaturas» do mundo — orações, exortações, provérbios, adivinhas —, «e cada um coloca evidentemente problemas diferentes». Diremos que também «imitam» ou separámo-los do conjunto de factos denotado pelo termo «literatura»?

Se tudo o que é habitualmente considerado como literário não é forçosamente ficcional, inversamente, nem toda a ficção é obrigatoriamente literatura. Vejamos por exemplo as «histórias de casos» de Freud: não é pertinente perguntar se todas as peripécias da vida do pequeno Hans ou do homem dos lobos são ou não verdadeiras; partilham evidentemente do estatuto de ficção: tudo o que se pode dizer é se servem bem ou mal a tese de Freud. Vejamos um exemplo muito diferente: será que se devem incluir todos os mitos na literatura «uma vez que são certamente ficcionais»? É claro que não sou o primeiro a criticar a noção de imitação na literatura ou na arte. Durante o classicismo europeu, tenta-se melhorá-la para a tornar mais utilizável. Isto porque se torna necessário dar a este termo um sentido muito geral para que sirva todas as atividades enumeradas: mas também se aplica a muitas outras coisas e pede como complemento uma especificação: a imitação deve ser «artística», o que significa que se tem de retomar o termo para o definir no próprio interior da definição. Algures no século XVIII dá-se a transformação: mais do que se acomodar à antiga definição, propõe-se outra, inteiramente independente. Nada de mais significativo a este respeito do que os títulos de dois textos que marcam os limites de dois períodos. Em 1746, aparece uma obra de estética que resume a opinião do mundo da época: trata-se de *Les Beaux-Arts réduits à un même principe*, do abade Batteux; o princípio em questão é a imitação da natureza. Em 1785, outro título lhe faz eco: é o *Essai de réunion de tous les beaux-arts et sciences sous la notion d'accomplissement en soi*, de Karl Phillipp Moritz. As belas-artes são de novo agrupadas, mas desta vez em nome do belo, entendido como uma «realização em si próprio».

É, com efeito, na perspetiva do belo que se situará a segunda grande definição de literatura; «agradar» prevalece aqui sobre «instruir». Ora, a noção de belo cristalizará, por alturas do século XVIII, numa afirmação do caráter intransitivo, não instrumental, da obra. Depois de ter sido confundido com o útil, o belo define-se agora pela sua natureza não utilitária. Moritz escreve: «o verdadeiro belo consiste numa coisa que só se designa a si própria, que só se contém a si própria, que é um todo realizado em si mesmo.» Mas a arte define-se pelo belo: «Se a única razão de ser de uma obra de arte fosse indicar algo que lhe é exterior, tornar-se-ia por isso mesmo secundária, ao passo que se trata sempre, no caso do belo, de ser ele próprio o motivo principal.» A pintura são imagens que vemos em si mesmas, e não em função de outra utilidade; o valor da música, dos sons, reside neles próprios. Enfim, a literatura é uma linguagem não instrumental, e o seu valor reside nela própria; ou, como diz Novalis, «uma expressão pela expressão». Encontraremos uma exposição pormenorizada desta mudança na parte central das minhas *Teorias do Símbolo*(*).

Esta posição será defendida pelos românticos alemães, que a transmitirão aos simbolistas; dominará todos os movimentos simbolistas e pós-simbolistas na Europa. Mais ainda: tornar-se-á a base das primeiras tentativas modernas de criar

(*) Edições 70, Coleção Signos, Lisboa, 1979. [*N. do E.*]

uma ciência da literatura. Quer seja no Formalismo russo ou no *New Criticism* americano, parte-se sempre do mesmo postulado. A função poética é a que coloca o acento sobre a própria «mensagem». Ainda hoje é a definição dominante, mesmo que a sua formulação varie.

A bem dizer, semelhante definição da literatura não merece ser qualificada como estrutural; é-nos dito aqui o que a poesia deve fazer e não o modo como se torna poesia. Mas, desde muito cedo, o ponto de vista funcional foi completado por um ponto de vista estrutural: um aspeto, mais do que todos os outros, contribui para nos dar a perceber a obra em si mesma, isto é, no seu caráter sistemático. Diderot já definia o belo deste modo; na sua esteira, substituir-se-á o termo «belo» pelo de «forma», que por seu turno será substituído por «estrutura». Os estudos formalistas da literatura terão o mérito, «e através disso fundarão uma ciência, a poética», de ser estudos do sistema literário, do sistema da obra. A literatura é pois um sistema, linguagem sistemática, e por isso mesmo capta a atenção para si própria e torna-se autotélica; eis a segunda definição estrutural.

Examinemos por sua vez esta hipótese. A linguagem literária será a única que é sistemática? A resposta neste caso é não, sem qualquer dúvida. Não é só nos domínios habitualmente comparados à literatura — como é o caso da publicidade — que se observa uma organização rigorosa e até o emprego de mecanismos idênticos (rima, polissemia, etc.), mas também nos que são, em princípio, mais distintos. Será que se pode dizer que um discurso judicial ou político não é organizado e não obedece a regras estritas? Aliás, não é por acaso que, até ao Renascimento e sobretudo na Antiguidade grega e latina, ao lado da Poética surgia a Retórica (deveria mesmo dizer-se: a Poética só surgiu depois da Retórica), cuja tarefa era codificar as leis de outros discursos, além do discurso literário.

Poderíamos ir mais longe e questionar a própria pertinência de uma noção como «sistema da obra», precisamente pela grande facilidade com que se pode estabelecer tal «sistema». A língua só comporta um número limitado de fonemas e um número ainda menor de traços distintivos: as categorias gramaticais de cada paradigma são pouco numerosas: a repetição, longe de ser difícil, é inevitável. Sabe-se que Saussure formulou uma hipótese sobre a poesia latina segundo a qual os poetas inscreviam no tema do poema um nome próprio: o do destinatário ou o do objeto da poesia; a sua hipótese culminou num impasse, não por falta de provas, mas antes pela sua superabundância — num poema razoavelmente longo pode encontrar-se inscrito um nome qualquer. Aliás, limitou-se à poesia porque: «Esse hábito era como uma segunda natureza para todos os Romanos educados, que pegavam na caneta para escrever a palavra mais insignificante.» E por que razão só os Romanos? Saussure descobrirá até o nome de Eton num texto latino que era utilizado para exercício dos alunos desse colégio no século XIX; infelizmente para ele, o autor do texto era um *scholar* do King's College de Cambridge no século XVII, e o texto só foi adotado em Eton cem anos mais tarde!

Se é possível encontrar o sistema em todo o lado, com tanta facilidade, é porque não existe. Encaremos agora a prova complementar: será que todo o texto literário é sistemático ao ponto de já não podermos classificá-lo como autotélico, como intransitivo, como opaco? Percebe-se bastante bem o sentido desta afirmação quando se aplica ao poema, objeto realizado em si próprio, como diria Moritz; mas e o romance? Longe de nós a ideia de que seja apenas uma «fatia de vida» desprovida de convenções — e portanto de sistema; mas esse sistema não torna a linguagem romanesca «opaca». Pelo contrário, esta última serve (pelo menos no romance europeu clássico) para representar objetos, acontecimentos, ações, personagens. Também não se pode dizer que a finalidade do romance resida não na linguagem, mas no mecanismo romanesco: o que é «opaco», neste caso, é o mundo representado; mas semelhante conceção de opacidade (de intransitividade, de autotelismo) não se aplicará também a uma qualquer conversa quotidiana?

Foram feitas várias tentativas na nossa época de amalgamar as duas definições de literatura. Mas, como nenhuma delas é isoladamente satisfatória, a sua simples adição também não nos pode servir de muito; para remediar a sua fragilidade, seria necessário articulá-las, em vez de simplesmente as juntar ou ainda de as confundir. É infelizmente o que de modo geral se passa. Vejamos alguns exemplos.

René Wellek trata da «natureza da literatura» num capítulo de Wellek e Warren. Primeiro observa que «a maneira mais simples de resolver o problema é precisar o uso específico que a literatura faz da língua» e estabelece três usos principais: literário, corrente e científico. Depois, opõe o uso literário aos outros dois. Este é, por oposição ao uso científico, «conotativo», quer dizer, rico em associações e ambíguo, opaco (ao passo que no uso científico o signo é «transparente, o que quer dizer que, sem chamar atenção sobre si mesmo, nos orienta sem ambiguidade para o referente»); plurifuncional: não só referencial, mas também expressivo e pragmático (conativo). Por oposição ao uso quotidiano, o uso literário da linguagem é sistemático («a linguagem poética organiza e concentra as potencialidades da linguagem corrente») e autotélico, porque se justifica por si próprio.

Até aqui, poderíamos julgar Wellek partidário da nossa segunda definição de literatura. O relevo dado a uma qualquer função (referencial, expressiva, pragmática) leva-nos para além da literatura, considerando que o texto vale por si próprio (é aquilo a que se chamará a função estética: esta já era a tese de Jakobson e Mukarovsky, nos anos trinta). As consequências estruturais destas perspetivas funcionais são: tendência para o sistema e destaque para todas as potencialidades simbólicas do signo.

Segue-se todavia outra distinção que aparentemente continua a oposição entre uso corrente e uso literário. «É no plano referencial que se vê mais claramente a natureza da literatura», diz-nos Wellek, porque nas obras mais «literárias» referimo-nos a um mundo de ficção, de imaginação. As asserções de um romance, de um poema ou de uma peça de teatro não são literalmente verdadeiras; não são proposições lógicas». E é este, conclui, o «traço distintivo da literatura»: ou seja, a «ficcionalidade».

Por outras palavras, passámos quase sem dar por isso da segunda para a primeira definição de literatura. O caso literário já não se define pelo seu caráter sistemático (e autotélico), mas pelo seu estatuto de ficção, por ser organizado por proposições que não são nem verdadeiras, nem falsas. Quer isto dizer que um iguala o outro? Semelhante afirmação merece pelo menos ser formulada (já não falo em demonstração). Não avançamos muito mais quando Wellek conclui que todos estes termos (organização sistemática, tomada de consciência do signo e ficção) são necessários para caracterizar a obra de arte; a questão que se levanta é, precisamente, saber quais são as relações que unem estes termos.

Northrop Frye, de modo bastante semelhante, sublinha o mesmo problema no capítulo «Fase literal e descritiva: o símbolo como motivo e como signo» em *Anatomia da Crítica*. Começa também por estabelecer uma distinção entre uso literário e não literário da linguagem (que reúne o «científico» e o «corrente» de Wellek). A oposição subjacente encontra-se entre orientação externa (aquilo que os signos não são) e interna (dos próprios signos em relação a outros signos). As oposições entre centrífugo e centrípeto, entre frase descritiva e literal, entre símbolos-signos e símbolos-motivos são coordenadas na primeira distinção. É a orientação interna que caracteriza o caso literário. Observemos de passagem que Frye, tal como Wellek, nunca considera exclusiva a presença desta orientação em literatura, apenas predominante.

Encontramos lá ainda uma versão da nossa segunda definição da literatura; e, uma vez mais, passamos para a primeira sem dar por isso. Frye escreve: «Em todas as estruturas verbais literárias a orientação definitiva da significação é interna. Em literatura, as exigências da significação externa são secundárias porque as obras literárias não pretendem descrever ou afirmar e portanto não são verdadeiras, nem falsas... Em literatura, as questões de realidade ou de verdade estão subordinadas ao objetivo literário essencial, que é produzir uma estrutura verbal que encontra a justificação em si própria: e o valor designativo dos símbolos é inferior à sua importância enquanto estruturas de motivos religados.» Nesta última frase já não é a transparência que se opõe à opacidade, mas à não ficcionalidade (o facto de pertencer ao sistema verdadeiro-falso).

O torniquete que permitiu esta passagem é a palavra «interno». Figura nas duas oposições, uma vez como sinónimo de «opacidade», outra como sinónimo de «ficcional». O uso literário da linguagem é «interno», e isto porque se dá relevo aos próprios signos e porque a realidade por eles evocada é fictícia. Mas talvez mais que a simples polissemia (e, portanto, mais do que a confusão elementar) exista uma implicação mútua entre os dois sentidos da palavra «interno»: que toda «ficção» seja «opaca» e toda «opacidade» seja «fictícia» é o que Frye parece sugerir quando afirma na página seguinte que um livro de histórias, para obedecer ao princípio de simetria (sistema e por isso autotelismo) entraria por isso mesmo no domínio da literatura, partindo da ficção. Experimentemos ver até que ponto esta dupla implicação é real; isso esclarecer-nos-á talvez acerca da natureza da relação entre estas duas definições de literatura.

Suponhamos que o livro de histórias obedecia ao princípio de simetria (e, portanto, relevava da literatura, segundo a nossa segunda definição); tornar-se-ia por isso ficcional (e, portanto, literário de acordo com a primeira definição)? Não. Será talvez um mau livro de histórias, uma vez que, para salvaguardar as simetrias, está pronto a distorcer a verdade; mas a passagem realizou-se entre «verdadeiro» e «falso», não entre «verdadeiro-falso», por um lado, e «ficcional», por outro. Mesmo um discurso político pode ser altamente sistemático; não se torna apesar disso ficcional. Haverá uma diferença radical na «sistematicidade» que existe no texto de uma narrativa de viagem real e de uma narrativa imaginária (por uma ser ficcional e a outra não)? A intenção do sistema e a atenção dada à organização interna não implicam que o texto seja ficcional. Pelo menos um dos percursos da implicação torna-se impraticável.

O que se passa com o outro? Será que a ficcionalidade leva necessariamente à perspetiva contextual? Tudo depende do sentido que dermos a esta última expressão. Se a tomarmos no sentido restrito de recorrência, ou de orientação sintagmática «por oposição à paradigmática», tal como certas observações de Frye levam a pensar, sem dúvida que há textos ficcionais desprovidos desta propriedade: a narrativa só pode ser orientada pela lógica da sucessão e da causalidade (mesmo que tais exemplos sejam raros). Se a tomarmos no sentido lato de «presença de uma organização qualquer», então todos os textos ficcionais possuem essa «orientação interna»; mas teríamos dificuldade em encontrar um texto que não a possuísse.

A segunda implicação também não é rigorosa, e não temos o direito de postular que os dois sentidos da palavra «interno» sejam apenas um. Mais uma vez, as duas oposições (e as duas definições) foram agrupadas, sem serem articuladas.

Tudo o que podemos reter é que as duas definições permitem dar conta de um razoável número de obras, habitualmente qualificadas como literárias, mas não de todas; e que estas mantêm uma relação de afinidade mútua, mas não de implicação. Permanecemos num domínio vago e impreciso.

Talvez a falha relativa da minha investigação se explique pela própria natureza da questão que levantei. Perguntei-me constantemente: o que distingue a literatura da não-literatura? Qual é a diferença entre uso literário e não-literário da linguagem? Ora, ao interrogar-me assim sobre a noção de literatura, considerava como adquirida a existência de outra noção coerente, a de «não-literatura». Não será necessário começar por questionar esta última?

Sempre que nos falam de escrita descritiva (Frye), de uso corrente (Wellek), de linguagem quotidiana, prática ou normal, postula-se uma unidade que parece ser das mais problemáticas, desde que por sua vez a questionemos. Parece evidente que essa entidade — incluindo tanto a conversa corrente como a graça, a linguagem ritual da administração e do direito como a do jornalista e do político, os escritos científicos como as obras filosóficas ou religiosas — não é só uma. Não sabemos exatamente quantos tipos de discurso há, mas estaremos facilmente de acordo em dizer que não há só um.

É necessário introduzir aqui uma noção genérica relacionada com a noção de literatura: é a de *discurso*. É a tendência estrutural do conceito funcional de «uso» (da linguagem). Porque é ela necessária? Porque a linguagem produz frases, a partir do vocabulário e das regras de gramática. Ora, as frases são apenas o ponto de partida do funcionamento discursivo: essas frases serão articuladas entre si e enunciadas num certo contexto sociocultural; transformar-se-ão em enunciados, e a língua em discurso. Além disso, o discurso não é só um, mas múltiplo, tanto nas suas funções como nas suas formas: toda a gente sabe que não se deve enviar uma carta pessoal em vez de um relatório oficial e que os dois não se escrevem do mesmo modo. Qualquer propriedade verbal, facultativa no nível de língua, pode ser obrigatória no discurso; a escolha operada por uma sociedade, entre todas as codificações possíveis, determina aquilo a que se chamará o seu *sistema de géneros*.

Com efeito, os géneros literários não são outra coisa senão uma escolha entre os possíveis do discurso, tornado convencional pela sociedade. Por exemplo, o soneto é um tipo de discurso que se caracteriza por constrangimentos suplementares no metro e nas rimas. Mas não há qualquer razão para limitar esta noção de género à literatura: fora dela, a situação não é diferente. O discurso científico exclui, em princípio, a referência à primeira e à segunda pessoas do verbo, assim como o emprego de tempos diferentes do presente. Os ditos espirituosos comportam regras semânticas ausentes nos outros discursos, ao passo que a sua constituição métrica, não codificada ao nível do discurso, será fixada no decorrer da enunciação particular. Certas regras discursivas consistem paradoxalmente em suprimir uma regra da língua; assim, Samuel Levin e Jean Cohen mostraram que certas regras gramaticais ou semânticas são suprimidas na poesia moderna. Mas na perspetiva da constituição de um discurso trata-se sempre de regras a mais e não a menos: a prova disso é que nesses enunciados poéticos «transgressores» reconstituímos facilmente a regra linguística infringida; ela não foi suprimida, antes contradita por uma nova regra. Vê-se que o género do discurso deve tanto à matéria linguística como à ideologia historicamente circunscrita da sociedade.

Se admitirmos a existência do discurso (no plural), a nossa questão sobre a especialidade literária deveria ser assim reformulada: será que há regras próprias para todas as instâncias da literatura (identificadas intuitivamente) e só para elas? Mas, colocada desta forma, a questão só pode ter, parece-me, uma resposta negativa. Já lembrei numerosos exemplos que testemunham o facto de haver propriedades «literárias» fora da literatura (do jogo de palavras e da adivinha à meditação filosófica, passando pela reportagem jornalística ou pela narrativa de viagens); assim, encontramo-nos perante a impossibilidade de descobrir um denominador comum para todas as produções literárias» (a menos que seja a própria utilização da linguagem).

As coisas mudam radicalmente se nos voltarmos, já não para a «literatura», mas para as suas subdivisões. Não temos qualquer problema em precisar as regras de certo tipo de discurso (é o que se faz desde sempre nas *artes poéticas,* confundindo o descritivo e o prescritivo); aliás, a formulação é mais difícil, mas a nossa «competência discursiva» faz-nos sentir sempre a existência dessas regras. Já tínhamos visto que a definição da literatura se aplicava especialmente bem à prosa narrativa, ao passo que a segunda se aplicava bem à poesia; seria bom procurar a origem de duas definições tão independentes na existência destes dois «géneros» tão diferentes: é que a literatura que se tem considerado não é a mesma num caso e no outro. A primeira definição parte da narrativa (Aristóteles fala de epopeia e de tragédia, não de poesia), a segunda da poesia (é o caso das análises de poemas por Jakobson): caracterizamos assim dois grandes géneros literários, pensando de cada uma das vezes que tratávamos toda a literatura.

De maneira muito análoga se podem identificar as regras dos discursos, julgadas habitualmente como «não literárias». Proporei então a hipótese seguinte: se se opta por um ponto de vista estrutural, cada tipo de discurso qualificado habitualmente como literário tem «parentes» não-literários, que lhe são mais próximos do que qualquer outro tipo de discurso «literário». Por exemplo, certa poesia lírica e a oração obedecem a mais regras comuns do que essa mesma poesia e o romance histórico do tipo *Guerra e Paz*. Assim, a oposição entre literatura e não literatura dá lugar a uma tipologia dos discursos. E reúno nas minhas conclusões respeitantes à «noção de literatura» os últimos clássicos e os primeiros românticos. Condillac escrevia em *De l'art d'écrire:* «Quanto mais as línguas que merecem ser estudadas se multiplicaram, mais difícil se torna dizer o que se entende por poesia, porque cada povo tem dela uma ideia diferente. [...] O natural característico da poesia e de cada espécie de poema é um natural de convenção [!] que varia demasiado para poder ser definido. [...] Seria vão tentar descobrir a essência do estilo poético: não existe.» E Friedrich Schlegel, nos seus Fragmentos do *Athenaeum*: «Uma definição de poesia só pode determinar o que ela deve ser, não o que ela foi, ou o que na realidade é; enunciar-se da forma mais breve possível: é poesia aquilo que assim se chama, não importa quando, nem onde.»

O resultado deste percurso pode parecer negativo: consiste em negar a legitimidade de uma noção estrutural «literatura», em contestar a existência de um «discurso literário» homogéneo. Mesmo que a noção funcional seja ou não ilegítima, a noção estrutural não o é. Mas o resultado só é aparentemente negativo, porque, em lugar da única literatura, aparece agora um sem-número de tipos de discurso que merecem igualmente a nossa atenção. Se a escolha do nosso objeto de conhecimento não é ditada por puras razões ideológicas (nesse caso seria necessário explicitá-las), não temos o direito de nos ocuparmos das subespécies literárias, ainda que o nosso centro de trabalho se chame «departamento de literatura» (francesa, inglesa ou russa). Para citar uma vez mais Frye e agora sem qualquer reserva: «o nosso universo literário desenvolveu-se num universo verbal» (*Anatomia da Crítica*). Ou, mais longamente: «Todo o professor de literatura deveria compenetrar-se de que a experiência literária é apenas o fim visível de um icebergue verbal: por baixo encontra-se o domínio subliminar das reações retóricas que a publicidade, os pressupostos sociais e a conversa quotidiana suscitam; essas reações permanecem inacessíveis à literatura enquanto tal. Ora, o professor de literatura terá de se inteirar de toda a experiência verbal do estudante, incluindo os seus nove décimos subliterários» (*The Secular Scripture*).

Um campo de estudos coerente, por agora impiedosamente recortado entre semânticos e literários sócio- e etnolinguistas, filósofos da linguagem e sociólogos, pede imperiosamente para ser reconhecido, e, mediante ele, a poética dará lugar à teoria do discurso e à análise dos seus géneros. Foi nesta perspetiva que foram escritas as páginas que se seguem.

POIÉTICA E POÉTICA SEGUNDO LESSING

No livro I da *Retórica*, Aristóteles estabelece uma distinção que nunca terá pensado viesse a ter semelhante futuro: para estudar um discurso — dizia —, devemos isolar três fatores: «aquele que fala, o assunto de que se fala e aquele a quem se fala» (1358 *ab*); ou ainda: o caráter do orador, o próprio discurso e as disposições do auditor (1356 *a*) ([1]). Codificada hoje pela teoria da comunicação, esta tripartição (em que um dos elementos se subdivide logo em dois, o próprio discurso e o seu assunto) também é utilizada no domínio da estética, permitindo classificar os diferentes tipos de estudo que têm por objeto a arte ([2]): daí a distinção que René Passeron introduz entre uma *poiética* cujo objeto é a «instauração», a criação das obras e uma estética em sentido estrito, que se ocupa das obras «sob o ponto de vista da sua receção»; entre estes dois conceitos situam-se as ciências da arte (tais como a poética, a musicologia, etc.) que tratam das «estruturas específicas da obra» ([3]).

Gostaria de consagrar as páginas que se seguem à análise da fronteira considerada entre poiética e ciências da arte, aliás restringindo ainda, por duas vezes, este assunto: primeiro sincronicamente, limitando-me à literatura (e daí a proximidade perturbadora entre *poiética* e *poética*); em seguida, escolhendo, do ponto de vista diacrónico, um momento particular da história da estética que considero privilegiado — o da obra teórica de Lessing.

Começarei então por perguntar: que ideia tinha Lessing de poética? Ou, de forma um pouco mais pormenorizada: supondo que admitimos um certo determinismo no aparecimento de uma obra de arte (é o caso de Lessing), em que se baseia esse determinismo? Quais são as forças, os constrangimentos que condicionam a presença (ou a ausência) deste ou daquele elemento artístico na obra, a escolha que culmina na sua concretização?

Vejamos as respostas que não servem, postas de parte por Lessing. A obra não é o que é por ser a transposição de um real: ou seja, não se trata de um determinismo de imitação. A atitude de Lessing a respeito do princípio de imitação, na altura todo-poderoso, é complexa. Apenas excecionalmente o rejeita por completo e, na maioria das vezes, em especial nas afirmações gerais, repete-o como uma evidência que não se discute («esta imitação que é a essência da arte do poeta»: L, VII, 1964, p. 78; «o que é uma imitação da natureza não pode ser um defeito»: DH, LXIX, pp. 321–322) ([3]). Mas é um espírito completamente diferente que anima as suas análises particulares, e a afirmação implícita que elas contêm ecoa ao longo da sua obra.

Lembremos, antes de mais, o exemplo que serve de ponto de partida ao *Laocoonte:* como explicar que a personagem principal do célebre grupo de esculturas, sofrendo atrozmente, apenas entreabra a boca? Winckelmann explica isto mencionando o caráter nobre dos Gregos, ou ainda o princípio de imitação. «Seja qual for a paixão expressa nas obras de arte dos Gregos, elas revelam sempre uma alma elevada e tranquila» (L, I, 1964, p. 53). Lessing faz notar que nas obras literárias os mesmos Gregos que caracterizam a nobre simplicidade e a grandeza tranquila (assim o demonstra o *Filoctetes* de Sófocles) são personagens que gemem, gritam e se lastimam do mesmo modo que os outros seres humanos. É porém verdade que a boca do Laocoonte esculpido está apenas um pouco contraída. Como se explica isto? É que as leis da escultura impõem regras para a figuração da dor, diferentes das da poesia. A escultura, tal como a pintura, só pode representar um momento da ação; é necessário portanto escolher o momento mais fecundo; «ora, só é fecundo o que deixa campo livre à imaginação» (L, III, 1964, p. 68); não é pois necessário escolher o momento do paroxismo, mas o que o precede ou o que o segue. Do mesmo modo, «uma vez que é o único instante que adquire através da arte uma duração imutável, apenas deve exprimir o que se concebe por transitório» (*ibid.*). Assim se explicam outras escolhas feitas pelos pintores antigos (os quadros de Ájax e de Medeia). E Lessing conclui: «Ao examinar os motivos indicados para explicar a moderação que o autor de Laocoonte imprimiu na dor física, pensa que são fruto da própria natureza (*von der eigenen Beschaffenheit*) da arte, dos seus limites necessários e das suas exigências (*Bedurfnissen*)» (L, IV, 1876, p. 27). Os motivos ou as razões da presença desse elemento na obra não se situam fora do domínio literário, na realidade grega que seria imitada, mas no princípio constitutivo de cada arte, nos constrangimentos impostos à obra pela própria forma.

Nos *Traités sur la fable,* Lessing lembra uma exigência que o crítico suíço Bodmer tinha formulado a respeito dos autores de fábulas: observam o comportamento dos animais no campo, e em especial na caça, para neles descobrir características semelhantes às dos homens. E replica: «O professor pode evitar ir com o aluno à caça, se souber praticar uma espécie de caça semelhante à das antigas fábulas» (GW, IV, p. 84). Mais vale conhecer as leis do género em que se escreve do que entregar-se à observação dos seres de que se fala.

Na *Dramaturgia de Hamburgo*, Lessing interroga-se acerca das relações que a ficção literária mantém com a verdade histórica. Se a obra fosse determinada pelo que representa (imita), a maior verdade histórica daria origem à obra mais perfeita. Lessing inverte a relação: se os factos históricos podem eventualmente servir a ficção, é só na medida em que se conformam a certas exigências, que são precisamente as da arte (e aqui Lessing cita com oportunidade a opinião de Aristóteles, que diz que não é o verdadeiro, mas o verosímil, que convém à poesia). «Se o poeta precisa de factos históricos, não é só pelo facto de estes terem acontecido, mas também porque dificilmente inventaria outros que se ajustassem melhor ao seu objetivo (*Zwecke*) do momento [...]. Qual será a qualidade que torna uma narrativa histórica digna de crédito? Não será a sua verosimilhança intrínseca (*innere Wahrscheinlichkeit*) (XIX, pp. 94–95)? O próprio discurso histórico é determinado não só pelos factos que relata, mas também por leis que lhe são próprias; isso é ainda mais verdadeiro para a poesia. O que levará Lessing a concluir: «Parece-me sempre ser um erro menor não dar às personagens os carateres que têm na história do que falhar na composição dos carateres livremente escolhidos, ou seja, na verosimilhança intrínseca ou no ensinamento que deles deve ressaltar» (XXXIV, p. 166). É a verosimilhança intrínseca e não a verdade extrínseca que modela a obra particular.

Não é o objeto imitado, o referente, que é o fator determinante da obra; é preciso pois afastá-lo da poiética. Ocorre então facilmente ao espírito outra resposta, tanto hoje como antigamente: esse fator é o autor, que decide apresentar as personagens tristes ou sorridentes, que lhes transmite as suas ideias ou obsessões, que escolhe cada palavra, cada letra do seu texto... A recusa de Lessing seria neste caso menos direta, mas ainda mais firme. Qualquer que seja a obra que analisa, nunca se interessa pela personalidade do autor, como se esta também não fosse um fator determinante na obra. Já escrevia nas *Lettres sur la littérature moderne:* «Que nos importa a vida privada de um escritor? Não preciso de lá ir buscar o comentário para as suas obras» (GW, IV, p. 103). E explica-se depois mais longamente na *Dramaturgia de Hamburgo,* onde toma partido da curiosidade do público (e dos críticos) acerca da personalidade do autor: «Então como pensam que é um poeta? Será totalmente diferente de outro homem? [...] Não será fraca a impressão que a peça causará, se na altura só tiver inspirado o desejo de comparar a figura do mestre com a sua obra? Uma verdadeira obra de arte apodera-se de nós de tal maneira que perdemos de vista o autor e consideramos a sua obra já não como o trabalho de um indivíduo, mas como o produto de uma natureza impessoal. [...] Assim, no fundo, um homem de génio deveria sentir-se pouco lisonjeado com o desejo que o público tem de o conhecer. Aliás, será a sua vantagem maior do que a de uma marmota, que o público tem igual curiosidade em conhecer, porque nunca viu? Não é menos verdade também que a vaidade dos poetas franceses se tenha acomodado bem a essa situação» (XXXVI, pp. 179–830).

Lessing acrescenta este argumento paradoxal que lembra a parábola de Henry James em *La maison natale:* «Suponho que a beleza extraordinária do poema de Homero é a verdadeira razão que explica porque sabemos tão pouca coisa sobre a sua pessoa e a sua vida. Diante de um longo rio de águas sussurrantes, ficamos fascinados sem conseguir pensar na sua débil fonte, escondida nas montanhas. Assim, não queremos saber quem é Homero, esquecemos que Homero, o mestre da escola de Smyre, Homero o mendigo cego, é o mesmo que fez as obras que nos encantaram àquele ponto. Transporta-nos entre deuses e heróis: ora, seria necessário que não gostássemos daquele mundo para questionar o porteiro que nele nos introduziu» (*ibid.*).

A verdadeira obra de arte não tem autor: ignora-se tudo da vida de Homero, exatamente porque os poemas nos satisfazem sobremaneira. Não é o indivíduo que escreve, mas um espírito impessoal. Assim se rejeita, depois do fator realista, o da psicologia individual: não é nem o referente nem o autor que fazem da obra aquilo que ela é.

Acrescentemos, antes de passar à conceção positiva de Lessing, antes de procurar saber o que é a poiética — já que se estabeleceu aquilo que ela não era —, que não se deve confundir esta atitude de Lessing com uma versão qualquer da «arte pela arte». Lessing recusa a determinação externa, mas também não exige da arte uma finalidade que a transcenda. Em *Laocoonte*, reclama que o nome de obra de arte só deve ser dado às obras que não se submetam a nenhuma exigência externa (nomeadamente religiosa): «queria que se desse o nome de obras de arte só àquelas em que o artista conseguiu mostrar-se verdadeiramente como tal, quer dizer, em que a beleza foi o seu último e único fim» (IX, 1964, p. 93) ([4]). Mas isto não quer dizer que a produção da obra seja um fim em si (o que será a tese de Moritz e de Novalis); Lessing faz parte de um século em que os imperativos morais primam sobre todas as coisas; a sua teoria, pelo menos em parte, é, na terminologia de Abrams, «pragmática», quer dizer, orientada para o leitor; daí cuidados muito evidentes como: «Inventar e imitar, tendo em vista um certo objetivo (*Absischt*), é o que distingue o homem de génio dos pequenos artistas, que inventam por inventar e imitam por imitar: contentam-se com o pequeno prazer que se liga ao uso das suas capacidades; fazem dessas capacidades todo o seu objetivo (DH, XXXIV, p. 169). A não contradição destes dois enunciados define com rigor a posição histórica de Lessing (depois de um certo «classicismo» e antes do «romantismo», como se diz nos manuais): a beleza é o único fim do artista, mas a arte não deve ser, apesar disso, autotélica.

Perante esta fraca versão da poética, que procura as causas da obra num domínio diferente do da arte — chamemos-lhe exogénese —, Lessing defenderá com brio uma nova conceção, que é ao mesmo tempo a sua principal contribuição para a estética: é o conceito de endogénese das obras. A presença ou a ausência de um elemento no texto é determinada pelas leis da arte que se pratica.

Esta afirmação geral especifica-se e diversifica-se em múltiplos níveis. Primeiramente, as leis da poesia são diferentes das leis das outras artes, da pintura em especial, porque o material de uma é a língua e o material da outra a imagem (ou, no caso da música, o som, etc.). Material que impõe certas exigências às obras: esta é a maior tese do *Laocoonte,* demasiado conhecida para que a expliquemos aqui com pormenor ([5]). Já se viu que permite explicar os gritos em *Filoctetes,* por um lado, e, por outro, a ligeira contração da boca do próprio Laocoonte. Mas o exemplo mais impressionante da sua aplicação é a análise das descrições homéricas. O material linguístico, linear na opinião de Lessing, torna a descrição literária — quer dizer, a suspensão do tempo — indesejável. Ora, as descrições de Homero são perfeitas. Como é isso possível? É que Homero, sensível à imposição do material, nunca descreve os objetos em si mesmos, mas sempre em processo, tão temporal como o da linguagem: o processo de fabricação ou de utilização do objeto. «Se, por exemplo, Homero nos quiser mostrar o carro de Juno, é necessário que Hebe o construa peça por peça, diante de nós.» «Será que Homero nos quer mostrar o traje de Agamémnon? É preciso então que o rei vista diante de nós, peça por peça, a fina túnica, o pesado manto, os belos borzeguins, a espada.» O mesmo acontece com o cetro de Agamémnon, com o escudo de Aquiles ou com o arco de Pândaro. «Assim, as diversas partes do objeto, que vemos justapostas na natureza, sucedem-se tão naturalmente nos seus quadros e acompanham, por assim dizer, passo a passo, o decorrer da narrativa. Por exemplo, quando quer pintar o arco de Pândaro, um arco de corno, deste ou daquele tamanho, muito polido e guarnecido com folhas de oiro nas duas extremidades, o que faz? Será que nos enumera secamente e um a um todos estes pormenores? De modo algum, isso seria catalogar esse arco, apresentá-lo como um modelo, mas não descrevê-lo. Começa por contar a caça ao bode que forneceu o corno; Pândaro espiara-o nas rochas e abatera-o; os cornos eram muito grandes, e por isso resolveu fazer um arco; são talhados, o artista ajusta-os, trabalha-os, guarnece-os; e vemos o poeta criar o que só podemos ver concluído na pintura» (XVI, 1964, pp. 111–116).

Mas não basta dizer, para explicar a produção da obra literária, que o poeta usa a linguagem como material. A seguir a esta primeira escolha fundamental (linguagem em vez de imagem), há que fazer outras, mais específicas, mas não menos importantes. Primeiro a escolha entre escrita assertiva e ficção; ou, utilizando os termos de Lessing, entre metafísica e poesia. A distinção destes dois tipos de discurso consagrou o texto que inaugura o que se poderia chamar as suas «investigações poiéticas»: *Pope un métaphysicien!* (1755) escrito em colaboração com Moses Mendelssohn. Lessing demonstra nesse texto a inanidade que é tratar um poeta (neste caso Pope) como se fosse um filósofo (a comparação é com Leibniz). Os escritos de um e de outro obedecem a regras diferentes que decorrem da opção inicial por um tipo de discurso em vez de outro. «O que deve fazer o metafísico antes de mais? Deve explicar o sentido das palavras que emprega; nunca deve utilizá-las noutra aceção diferente da que explicou; nunca deve substituí-las por outras palavras que lhe seriam aparentemente equivalentes. E o que deve fazer o poeta em relação a isto? Nada. A eufonia já é uma razão suficiente para que escolha uma expressão em vez de outra, e a alternância dos sinónimos é para ele uma beleza» (GW, VII, p. 233). A natureza da obra é mais uma vez conforme às leis próprias da sua espécie; endogénese de preferência a exogénese.

A ficção também não é um todo indivisível. Lessing consagrará três livros importantes ao estudo das suas subespécies, que são os *Traités sur la fable*, a *Dramaturgia de Hamburgo* e as *Remarques éparses sur l'épigramme*, assim como muitas páginas disseminadas noutros escritos. Não se deve julgar o valor da sua hipótese geral sobre o determinismo da forma a partir dos resultados particulares a que chega: a hipótese pode manter-se válida, mesmo que as observações particulares em que se baseia cada uma das suas aplicações se revelassem inexatas; a nossa conceção da língua e das suas propriedades já evoluiu desde a época de Lessing (não se considera, como aliás Herder observava na época, que a linearidade da língua seja uma das suas características constitutivas), e isso não nos impedirá de ainda hoje deduzir as propriedades da literatura e da linguagem. Mas as descrições das subespécies literárias que Lessing nos deixou não servem só para a ilustração da sua hipótese; continuam a ser, em muitos aspetos, as melhores análises desta ou daquela categoria literária. Por esta razão, merecem ser aqui brevemente lembradas.

Nas suas análises, Lessing procede por oposições binárias: define um género por oposição a outro; não se preocupa em unificar num quadro de conjunto todas as categorias assim descobertas. É pois com algum risco que poderemos fazer esse plano geral. Na base do sistema, consideraria a oposição entre *narrativo* e *simbólico* (ainda que estes termos nunca apareçam neste contexto em Lessing). Como interpretar esta oposição? Lessing desenvolve-a várias vezes. No primeiro capítulo dos *Traités sur la fable,* aproxima-a da oposição entre particular e geral: no género narrativo (exemplo: a fábula) descrevem-se casos particulares; no género simbólico (exemplo: a parábola) fala-se em geral de casos possíveis. Por isso a oposição é entre o que realmente *aconteceu* (o narrativo) e o que *pode* acontecer (o simbólico). O tempo passado, assim como o sujeito individual, são meios linguísticos que servem o mesmo fim: atestar a realidade da ação. «O caso singular que constitui a fábula deve ser representado como sendo real (*wirklich*). Se eu só o considerasse como possibilidade, apenas teríamos um exemplo, uma parábola» (GW, IV, p. 39). «A realidade (*Wirklichkeit*) pertence ao domínio do singular, do individual, e não se pode imaginar uma realidade sem individualidade» (*ibid.,* p. 40). «O comentador introduz a parábola com um "como se"; e conta as fábulas como qualquer coisa realmente sucedida» (*ibid.,* p. 43). O narrativo opõe-se ao simbólico, tal como o real ao virtual, e o singular ao geral.

Ao mesmo nível da generalidade (e culminando provavelmente na mesma repartição das obras) situa-se uma segunda interpretação da oposição inicial: esta torna-se uma oposição entre *ação* (exemplo: a fábula) e *imagem* (exemplo: o emblema): «Tântalo sedento no meio das águas é uma imagem, e uma imagem que me mostra a falta do fundamental, ao passo que o supérfluo abunda. Mas será que esta imagem se torna por isso uma fábula?» Não, e a razão é porque lhe falta ação. O que é uma ação? «Chamo ação a uma sequência de modificações (*Veranderungen*) que fazem no conjunto um todo. — A unidade do todo baseia-se no acordo das partes, tendo em vista um fim» (*ibid.,* p. 24). O objetivo da fábula é a moralidade.

Esta oposição prefigura a que existe no *Laocoonte* entre narrativa e descrição.

No interior do género narrativo oporemos a fábula à tragédia e à epopeia; mas esta nova oposição não tem nada a ver com a precedente: a fábula é, de certa maneira, um género híbrido que participa ao mesmo tempo dos dois extremos. «A ação da epopeia e do drama deve possuir, além do propósito (*Absicht*) que o autor nela inculca, um desígnio interior que é próprio dela. A ação da fábula não tem necessidade desse desígnio interior, pode considerar-se realizada quando o autor atinge graças a ela o seu próprio desígnio» (*ibid.*, p. 35). O autor de fábulas pode pôr de lado as personagens, a partir do momento em que elas serviram para ilustrar a sua sentença; ao passo que o dramaturgo deve continuar a sua lógica própria, se quiser que a ação seja verdadeiramente realizada e não só interrompida. As personagens do teatro ou da epopeia existem de certa maneira por si próprias; encontram a sua razão de ser numa lógica interna. As personagens da fábula, pelo contrário, só existem em função de uma intenção que lhes é exterior. A literalidade do texto épico ou dramático opõe-se ao papel transitivo, submisso, da ação na fábula.

A mesma distinção é assinalada na *Dramaturgia de Hamburgo,* em que Lessing se interroga acerca das diferenças entre duas obras: um conto moral de Marmontel, retomado sob a forma de drama por Favart. Como é de esperar, segundo Lessing, essas diferenças não decorrem nem da dissemelhança dos dois autores, nem das circunstâncias representadas aqui e ali, mas unicamente dos constrangimentos da forma. «O autor da fábula, escreve Lessing, pode interromper a ação onde quiser, desde que tenha atingido o seu fim (*Ziel*); não se importa com o interesse que damos às personagens que lhe serviram para essa ação. [...] O drama, pelo contrário, não pretende de forma nenhuma dar uma lição determinada, que provenha do assunto da peça; o seu objetivo são as paixões acesas e sustentadas pelo decorrer dos acontecimentos e pelas peripécias da fábula, ou pelo prazer que nos dá uma pintura verdadeira e vivente dos costumes e dos carateres.»

Eis o que explica a atitude diferente dos dois autores: «Se é verdade que Marmontel quis com a sua narrativa ensinar-nos que o amor não suporta o constrangimento, que se devem conseguir as atenções com a benevolência e não com altivez e com força, tinha razão em terminar do modo como terminou. [...] Mas, quando Favart quis transpor este conto para cena, percebeu logo que a forma dramática (*die dramatische Form*) fazia desvanecer quase na totalidade a demonstração da máxima moral; e que, quando esta mesma demonstração poderia ser inteiramente conservada, a satisfação que sentiríamos com isso não poderia ser nem maior, nem tão viva, de forma a dar lugar a outro prazer, que é mais essencial ao género dramático. [...] Mas, como não podia mudar os carateres desde o início sem se privar de um grande número de jogos de cena, que julgava perfeitamente de acordo com o gosto da plateia, só lhe restava fazer o que fez» (XXXV, pp. 173–175). Favart não podia agir de outro modo a não ser como agiu; e isto devido à pressão inexorável da «forma» (aqui dramática). Através desta tripla oposição — do geral e do particular, da imagem e da narrativa, do alegórico e do literal —, Lessing parece descobrir uma mesma categoria que decide logo à primeira como deve operar quem se empenha no campo da literatura.

Prosseguindo a exploração do mapa dos géneros, chegamos a subdivisões mais familiares: tragédia e comédia, poesia épica e poesia lírica. É nas cartas que dirige, em 1756–1757, a Mendelssohn e a Nicolai que Lessing se demora particularmente nestas distinções. Eis, por exemplo, uma discussão entre a diferença da tragédia e da poesia heroica (*Heldengedichte*).

«Para que se misturam as espécies de poesia sem nenhuma necessidade e se deixa invadir o domínio de uma pela outra? Assim como na poesia heroica a admiração é a coisa principal, e todas as outras paixões, a piedade em especial, lhe são submetidas, também na tragédia a piedade é a coisa principal, e qualquer outra paixão, em especial a admiração, lhe é submetida; quer isto dizer que apenas serve para ajudar a suscitar a piedade. O poeta heroico torna o herói infeliz para salientar a sua perfeição. O escritor trágico salienta a perfeição do seu herói para tornar a sua infelicidade ainda mais penosa» (*Briefwechsel*, p. 80).

Chegados a este ponto, poderia perguntar-se em que medida este determinismo da forma, professado por Lessing, é diferente da exigência tradicional de uma submissão às regras dos géneros clássicos. Poderia pensar-se à primeira vista que o próprio Lessing é fiel à tradição, quando por exemplo afirma: «Um poeta pode ter feito muito e no entanto ter perdido o seu tempo. Não basta que a obra produza um efeito sobre nós: é preciso ainda que seja o efeito que mais lhe convém, de acordo com o género a que pertence» (DH, LXXIX, p. 361). Mas não podemos ficar pelo efeito superficial destas frases; porque tudo aqui depende do sentido que se dá à palavra «género»: é mesmo neste contexto que a conceção de Lessing aparece em toda a sua especificidade.

Sem o dizer de maneira explícita, Lessing modifica radicalmente o sentido desta noção (e, mais geralmente, o da noção de «forma») ([6]). Mais do que conceber o género como um conjunto de regras exteriores às quais as obras se devem conformar, Lessing procura mostrar as relações estruturais que existem entre os elementos constitutivos do género; daí a oposição entre géneros internos e externos, ou lógicos e normativos, ou ainda, utilizando os seus próprios termos, entre as propriedades essenciais (*Wesentliche Eigenschaften*) do género e as suas propriedades acidentais (*Zufällige*), «que o uso tornou necessárias» (DH, LXXVII, p. 357); é também esta a diferença que existe na atividade do crítico entre descrever e prescrever. A unidade de tempo é um aspeto acidental do drama, inventado pelos teóricos do classicismo, e que não tem nenhuma justificação na lógica do género; em contrapartida, a existência de uma dimensão temporal (por oposição à espacialidade da imagem) é uma característica essencial de toda a narrativa. Ou antes: Batteux dá uma longa lista dos ornamentos apropriados para a fábula. «Mas todos esses ornamentos entram em conflito com o ser verdadeiro (*Wirklichen Wesen*) da fábula» (GW, IV, p. 74), não são necessariamente essenciais, mas habituais. E o que se passa com a presença de animais nas fábulas, sendo eles uma das suas «propriedades essenciais» (p. 46)? O que é essencial não são os animais em si, mas a função que assumem de modo apropriado: ou seja, constituindo uma tipologia de carateres notórios e constantes. As verdadeiras regras não são trabalho de um legislador, mas decorrem da essência do género; é por isso que não se constituem como uma simples lista, mas formam um sistema onde tudo se relaciona. Uma regra implica outra: por exemplo, uma vez que é preciso uma moral na fábula, esta deve ser breve. Percorre-se o caminho que vai das características de superfície às propriedades profundas, e daí à própria essência do género. Ou inversamente: «A partir do meu princípio fundamental, escreve Lessing, deduzem-se de maneira fácil e feliz não somente as regras já conhecidas, mas também uma multidão de novas regras» (*Briefwechsel*, p. 55). O mesmo acontece na *Dramaturgia*, onde resume a definição aristoteliana de tragédia ao essencial e conclui: «nestas duas ideias deduzem-se perfeitamente todas as regras do género e até a forma que lhe convém, que é a forma dramática» (LXXVIL, pp. 357–358). Só E. A. Poe professará um determinismo interno tão absoluto ([7]).

Como descobrir essas essências? O caso é relativamente simples ao nível mais geral, o da literatura por oposição às outras artes: aqui é o material — quer dizer a linguagem — que determina as escolhas fundamentais. Mas como justificar as subdivisões da literatura? Uma hipótese possível teria sido: pelas subdivisões da linguagem; mas Lessing não a utilizará e, quando a menciona, rejeita-a: «seria lamentável que esses dois géneros (epopeia e tragédia) não apresentassem nenhuma diferença mais essencial do que a duração, ou a interrupção de diálogo pela narrativa do poeta, ou a divisão em atos e livros» (*Briefweschsel*, pp. 89–90). Outra via muito mais tradicional seria: proceder por indução, a partir das obras dos clássicos gregos e latinos; mas é aqui precisamente que Lessing se distancia da doutrina do «classicismo». Não deixa de dar como exemplo as obras de Homero e de Sófocles; mas não pode contentar-se com o facto porque isso implicaria que a perceção fosse a base de todo o conhecimento. Lessing, pelo contrário, exigirá sempre que se proceda por várias etapas: primeiro uma observação exata, a partir daí a descoberta de uma regra abstrata e por fim a apresentação do facto inicialmente observado como uma instância entre outras da categoria universal que acaba de estabelecer. É por causa desta recusa em se manter ligado aos modelos legados pelo passado que Lessing se solidariza com os críticos anteriores: «Todos aceitam a forma dramática na tragédia como uma tradição: é assim agora, porque foi assim antigamente; e deixamo-la tal qual ela é porque achamos que é assim que deve ser» (DH, LXXVII, p. 358). A originalidade de Lessing está em conseguir transformar as regras empíricas num princípio abstrato, só sendo importantes([8]) as regras que daí se puderem deduzir. A grande diferença entre um Boileau e Lessing é que, para o primeiro, o sistema de géneros é considerado definitivo, ao passo que, para o segundo, é um sistema aberto. O determinismo absoluto que

Lessing proclama tem qualquer coisa de paradoxal: repousa em bases muito relativas, quase relativistas. Há qualquer coisa de irrisório em ser tão exigente e lógico no pormenor, uma vez que a escolha primeira e decisiva é afinal de contas arbitrária: uma escolha vale por outra(9). Viu-se isto um pouco mais atrás, na comparação entre epopeia (poesia heroica) e tragédia: uma considera a admiração como o cúmulo das paixões, a outra a piedade; nenhuma é apesar disso melhor do que outra, e esta primeira escolha não é determinada por nada. Todavia logo que se deu este primeiro passo, jogou-se tudo; à liberdade total sucede, de repente, como por encanto, uma necessidade absoluta. A predominância da necessidade determina a escolha da intriga, esta prevê a natureza dos carateres, que por sua vez exigem um determinado vocabulário em vez de outro. Outro exemplo: que pensar da injúria em cena? «Se há um género de drama onde gostaria de ver banidas as injúrias, era a comédia. Porque, aqui, quais poderão ser as suas consequências? Trágicas? Nesse caso, estão para além da esfera da comédia. Ridículas? Então estão aquém e só pertencem à farsa» (DH, LVI, p, 269). A injúria em si não é boa nem má, simplesmente implica uma série de correlações que não se devem ignorar; em consequência (e como na obra tudo se relaciona), é adequada à tragédia e à farsa, mas não se aplica à comédia. A lógica interna dos géneros é absoluta, implacável, mas a escolha de um género em vez de um outro é inteiramente livre. Os traços essenciais não são intrinsecamente diferentes dos traços acidentais, só têm sobre estes a vantagem de serem escolhidos em primeiro lugar: a diferença entre os dois é de *posição* no interior de uma estratégia. Não há más substâncias, mas más relações: qualquer que seja o ponto de partida não se pode ser coerente consigo próprio; e é nisto que o género consiste: é a lógica das relações mútuas entre elementos constitutivos da obra.

O sistema de géneros não é fechado; por conseguinte não preexiste necessariamente à obra: o género pode nascer ao mesmo tempo que o objetivo desta última. Aquele que cria, com sucesso, géneros novos é um homem de génio; o génio não é mais do que um *genoteta*. É assim que Lessing interpreta esta noção, essencial para a estética do século XVIII ([10]). «O que se pretende finalmente com a mistura dos géneros? Deve-se separá-los o mais rapidamente possível, nos tratados dogmáticos; mas, quando um homem de génio faz participar a sua obra de vários géneros, é preciso esquecer o livro dogmático e ver unicamente se o autor realizou o seu objetivo. O que me importa que uma peça de Eurípedes não seja inteiramente uma narrativa ou um drama? Chamai-lhe um ser híbrido; basta que esse híbrido me agrade e me instrua mais do que as produções regulares dos vossos autores puros, tais como Racine e outros» (DH, XLVIH, p. 236). A coerência interna e não a conformidade a uma regra externa é o que assegura o sucesso da obra. Não há pois qualquer contradição entre o génio e as regras, se se considerarem estas como inerentes à forma artística escolhida. «Os críticos acrescentam [...]: "as regras abafam o génio!" Como se o génio se deixasse sufocar por alguma coisa e ainda por cima por alguma coisa que vem dele, como eles próprios asseguram! [...] O génio [...] traz em si o controlo de todas as regras» (*ibid.*, XCVI, p. 435). A coerência interna é a única exigência a respeito do génio — assim como da arte. «Queria pelo menos, se as suas personagens não pertencem ao nosso mundo real, que pudessem pertencer a outro mundo, a um mundo em que os fenómenos fossem encadeados numa ordem diferente desta, mas onde não deixassem de estar menos estreitamente interligados (*eben so genau verbunden*); [...] Porque assim é o mundo particular do homem de génio, que, para imitar o Génio supremo [...] em miniatura, desloca as partes do mundo presente, modifica-as, encurta-as, aumenta-as para as tornar um todo ao qual liga os seus próprios desígnios» (*ibid.*, XXXIV, p. 167). O génio não imita o mundo que Deus criou, mas o Deus que cria os mundos coerentes; a lógica de Lessing não é teológica. Tal é resumidamente a sua posição sobre o problema da forma (e sobre a endogénese): Não importa qual é o mundo (o género) escolhido; basta que os fenómenos aí se encontrem «estreitamente ligados»...

Uma vez identificadas e formuladas as regras, como verificar a sua justeza? Fazendo-as funcionar, aplicando-as sucessivamente e confrontando o resultado final com a nossa imagem intuitiva do género em questão. É especialmente nos *Traités sur la fable* que Lessing procede desta maneira: «Lemos em Aristóteles: "Eleger um magistrado à sorte é como se o proprietário de um barco, tendo necessidade de um piloto, tirasse à sorte qual dos seus marinheiros seria o substituto, em vez de escolher com cuidado o mais hábil deles para ocupar esse lugar." Eis dois casos particulares que fazem parte de uma mesma verdade moral geral. Um é o que a ocasião apresenta no próprio momento; o outro é o que é inventado. Este último é uma fábula? Ninguém o considerará como tal. Mas se lêssemos em Aristóteles: "Se quereis nomear magistrados à sorte, temo que vos aconteça o mesmo que ao proprietário do barco que, precisando de um piloto", etc., isto promete uma Fábula; mas porque razão? Qual é a diferença que há entre este pedaço e o anterior? Se prestarmos atenção, não encontraremos outra a não ser esta: no primeiro caso, o proprietário do barco é introduzido a dizer: É como se (um proprietário, etc.). Este proprietário só existe em estado de possibilidade, ao passo que no segundo existe realmente, é um fulano, proprietário de barco» (GW, IV, pp. 38–39). Para provar a verdade da sua regra, Lessing cria uma instância particular, que testa com a nossa intuição; só então a regra é confirmada ou infirmada.

Outra regra: a necessidade que há de representar animais. «Se na fábula do Lobo e do Cordeiro se substituir o Lobo por Nero, e Britannicus estiver em lugar do Cordeiro, perderá desde logo as suas características de Fábula aos olhos de toda a gente. Se em vez do Lobo e do Cordeiro tivéssemos o Gigante e o Anão, perderia muito menos porque o Anão e o Gigante são indivíduos cuja denominação basta para que se lhes conheça o caráter. Mas se transformarmos (*verwandle*) esta fábula noutra que se passe entre os homens...» (*ibid.*, p. 51). Segue-se uma versão da fábula([11]).

Vê-se que não se trata aqui de dar simplesmente um exemplo: ou, se preferem, que o próprio estatuto de exemplo é profundamente modificado. O índice da regra explícita, sabemo-lo hoje pela gramática generativa, é poder engendrar enunciados conformes à imagem intuitiva que temos de cada género. A regra serve para produzir o texto (ou para transformar o texto noutro). Deste modo, Lessing inventou um modo de análise que está hoje na base das ciências humanas; nos termos de Dilthey, «é o primeiro grande exemplo de um modo de investigação analítico no domínio dos fenómenos do espírito»([12]).

Tendo partido da questão da origem das obras, passámos impercetivelmente para a da sua estrutura: a descrição rigorosa das obras iguala a sua produção. Com efeito, as duas equações separadas possuem um termo comum: conhecer as obras é conhecer as causas formais, e ao mesmo tempo são as causas formais que produzem as obras. Ao aplicar-se a lei lógica da transitividade, obtém-se: conhecer as obras é saber produzi-las. Porque não há, segundo Lessing, abismo entre a atividade de conhecimento e a atividade de invenção. «Porque há tanta falta de inventores e de cabeças independentes em todas as artes e ciências? A melhor resposta a esta questão é outra questão: Porque não somos mais bem-educados?» (*ibid.*, p. 81). É, aliás, no sentido de uma produção que terminam os *Traités sur la fable.* Lessing vê uma «utilidade particular» das fábulas para o ensino: conhecendo-as, aprender-se-á a inventá-las; tendo aprendido o que é a invenção num domínio, poderá alargar-se a todos os outros. E sugere os processos concretos que permitirão aos alunos inventar fábulas ou transformar uma fábula noutra. Porque, convém não esquecer, o determinismo formal que Lessing prega não ultrapassa o nível genérico; no interior de cada género são possíveis numerosas variações (e, aliás, em parte realizadas)([13]). Examinando cada fábula na perspetiva do seu género, descobre-se que apenas é uma das inúmeras fábulas que podem ser produzidas a partir da mesma fórmula abstrata. Prefigurando a atitude de um Valéry ou de um Queneau, Lessing descobre a *literatura potencial*: a partir de uma só obra e variando os elementos no quadro fixado pelas regras do género, podem obter-se milhares de milhões de outras obras... Será possível «interromper a história mais cedo, prolongá-la, mudar esta ou aquela circunstância de modo a encontrar nela uma moral diferente» (*ibid.*, p. 84). E Lessing deu-nos exemplos dessa máquina combinatória, recolhidos no seu próprio grupo de fábulas! «A célebre fábula do leão e do burro começa assim: Um leão e um burro tinham um trabalho em comum e iam à caça juntos. — Aqui o professor para. O burro em companhia do leão? Como devia estar orgulhoso com esta sociedade! (*Veja-se a oitava fábula do meu segundo livro.*) O leão em companhia do burro? Será que ele não devia envergonhar-se com semelhante sociedade? (*Veja-se a sétima fábula.*) Assim nasceram duas fábulas com uma pequena modificação na história da antiga fábula; modificação que leva igualmente a um fim, mas um fim diferente daquele que era proposto por Esopo» (*ibid.*). Graças ao conhecimento da endogénese, uma fábula produz outras.

«À verdadeira crítica pertence a capacidade de produzir o que deve ser criticado», escrevia Novalis. Lessing seria então o primeiro crítico verdadeiro: nele o conhecimento confunde-se com a capacidade de produção, a poética com a poiética. Não se pode traçar um limite entre o estudo da criação e o estudo da obra: a poética é o poiético. Mais precisamente: a melhor forma de poética (e, de facto, a única verdadeira) é uma poiética de endogénese. Conhece-se verdadeiramente a obra quando se é capaz, a partir desse conhecimento, de produzir outras obras do mesmo género. A atitude científica coincide aqui com a atitude criativa; os dois sentidos do verbo «engendrar», técnico e poético, fundem-se num só.

Não há pois lugar para distinguir a poética da poiética de endogénese. Em contrapartida, a oposição entre endogénese e exogénese, ou, mais exatamente, entre a génese abstrata das formas e a génese concreta e factual da obra individual, merece a nossa atenção. O erro comum era considerar as obras como o produto da pura exogénese: num movimento de reação contra a tradição, Lessing elimina inteiramente os fatores externos da génese: a deformação não é menor. Conhecer uns e outros, captar o próprio movimento da sua articulação: será esse talvez o objetivo da poiética (da poética) nos nossos dias.

A ORIGEM DOS GÉNEROS

1

Persistir em ocupar-se de géneros pode parecer hoje em dia passatempo ocioso, se não anacrónico. Todos sabem que havia baladas, odes e sonetos, tragédias e comédias, no tempo dos clássicos, mas e hoje? Mesmo os géneros do século XIX, que já não são todavia por nós considerados como géneros propriamente ditos, como a poesia e o romance, parecem desagregar-se, pelo menos na literatura «propriamente dita». Como escrevia Maurice Blanchot a propósito de um escritor moderno, Hermann Broch, «este experimentou, como muitos outros escritores do nosso tempo, essa pressão impetuosa da literatura, que já não tolera a distinção dos géneros e quer ultrapassar os limites».

Seria mesmo um sinal de modernidade autêntica o facto de um escritor já não obedecer à separação dos géneros. Esta ideia, de que se podem seguir as transformações desde a crise romântica do início do século XIX (ainda que os próprios românticos alemães tenham sido grandes construtores de sistemas genéricos), encontrou nos nossos dias um dos mais brilhantes porta-vozes na pessoa de Maurice Blanchot. Mais intensamente do que ninguém, disse o que os outros não ousavam pensar ou não sabiam formular: não há hoje intermediário entre a obra singular e individual e a literatura inteira, género último; não há, porque a evolução da literatura moderna consiste precisamente em fazer de cada obra uma interrogação sobre o próprio ser da literatura. Releiamos esta página particularmente eloquente: «Só importa o livro, uma vez que está afastado dos géneros e fora das rubricas, prosa, poesia, romance, testemunho, nos quais se recusa a incluir e aos quais denega o poder de lhe marcar um lugar e de lhe determinar a forma. Um livro já não pertence a um género, todo o livro releva da única literatura, como se essa já detivesse, na sua generalidade, os segredos e as formas que lhe permitem por si só dar ao que se escreve a realidade do livro. Tudo se passaria, pois, como se, tendo sido os géneros anulados, a literatura se afirmasse só por si, brilhasse, inteira e única, na claridade misteriosa que propaga e que cada criação literária lhe reenvia, multiplicando-a — como se não houvesse uma essência da literatura» (*Le livre à venir,* Paris, 1959, pp. 136, 243–244). E ainda: «o facto de as formas, os géneros já não terem significação verdadeira (e seria por exemplo absurdo perguntar se *Finnegan's Wake* pertence ou não à prosa ou a uma arte que se chamaria romanesca) indica esse trabalho profundo da literatura que procura afirmar-se na sua essência, arruinando as distinções e os limites» (*L'espace littéraire,* Paris, 1955, p. 229; cf. também *L'entretien infini,* Paris, 1969, p. VI).

As frases de Blanchot parecem ter por si a força da evidência. Apenas um ponto desta argumentação poderia inquietar: é o privilégio dado ao nosso *agora.* Sabe-se que a interpretação da história se faz a partir do momento presente, tal como a do espaço se constrói a partir do *aqui,* e a de uma pessoa a partir do *eu.* Contudo, quando à constelação do eu-aqui-agora é atribuído um lugar tão excecional — ponto de realização de toda a história —, podemos perguntarmo-nos se a ilusão egocêntrica não será significativa de qualquer coisa (em suma, um erro complementar a que Paullan chamava «ilusão do explorador»).

Aliás, se lermos os próprios escritos de Blanchot, onde se afirma esta desaparição dos géneros, deparamos aí com a presença de categorias cuja semelhança com as distinções genéricas é difícil de negar. Assim, um dos capítulos de *O Livro por Vir* [*Le livre à venir*] é consagrado ao diário íntimo; outro à palavra profética. Ao falar do mesmo Broch («que já não tolera a distinção dos géneros»), Blanchot diz-nos que «se entrega a todos os modos de expressão-narrativos, líricos e discursivos» (p. 141). Mais importante ainda é o facto de todo esse livro se basear na distinção entre dois, não talvez géneros, mas modos fundamentais, a narrativa e o romance, caracterizando-se a narrativa pela procura obstinada do seu próprio lugar de origem — que obscurece e esconde este último. Não foram «os» géneros que desapareceram, mas os-géneros-do-passado que foram substituídos por outros. Já não se fala de poesia e de prosa, de testemunho e de ficção, mas do romance e da narrativa, do narrativo e do discursivo, do diálogo e do diário.

O facto de a obra desobedecer ao género não o torna inexistente; tem-se a tentação de dizer: pelo contrário. E isto por uma dupla razão. Primeiro, porque a transgressão para existir enquanto tal tem necessidade de uma lei — que será precisamente transgredida. Poderíamos ir mais longe: a norma só se torna visível — só existe — mediante as suas transgressões. É aliás o que o próprio Blanchot escreve: «Se é verdade que Joyce infringe a forma romanesca tornando-a aberrante, também é verdade que ela só existe graças a essas alterações. Desenvolver-se-ia não engendrando monstros, obras informes sem lei e sem rigor, mas provocando unicamente exceções a ela própria, que formam ao mesmo tempo a lei e a suprimem. [...] É preciso pensar que, de cada vez que nessas obras excecionais se atinge um limite, é só a exceção que nos revela a "lei" de que constitui também o insólito e necessário desvio. Tudo se passaria como se, na literatura romanesca e talvez em toda a literatura, nunca pudessemos reconhecer a regra senão através da exceção que a anula: a regra ou, mais precisamente, o centro de que a obra certa é a afirmação incerta, a manifestação já destrutiva, a presença momentânea e logo negativa» (*Le livre à venir*, pp. 133–134).

Mas há mais. A obra não só pressupõe necessariamente uma regra, para poder ser uma exceção, como também, logo que é reconhecida no seu estatuto excecional, se torna, por sua vez, graças ao sucesso de livraria e à atenção dos críticos, uma regra. Os poemas em prosa podiam parecer uma exceção no tempo de Aloysius Bertrand e de Baudelaire; mas quem ousaria ainda hoje escrever um poema em alexandrinos, com versos rimados — a menos que quisesse fazer uma nova transgressão e uma nova norma? Os excecionais jogos de palavras de Joyce não se terão tornado a regra de uma certa literatura moderna? O romance, por muito «novo» que seja, não continua a ter influência sobre as obras que se escrevem?

Para voltar aos românticos alemães, e a Friedrich Schlegel em especial, encontram-se nos seus escritos, ao lado de certas afirmações crocianas («cada poema, um género»), frases que têm o sentido oposto e que estabelecem uma equação entre a poesia e os seus géneros. A poesia partilha com as outras artes a representação, a expressão, a ação sobre o recetor. Tem em comum com o discurso quotidiano ou científico o uso da linguagem. Só os géneros lhe são exclusivamente próprios. «A teoria das espécies poéticas seria a doutrina da arte específica da poesia.» «As espécies de poesia são a própria poesia» (*Conservation sur la poésie*). A poesia são géneros, a poética, a teoria dos géneros([1]).

A advogar a legitimidade de um estudo do género, eis que se encontra, depois disto, uma resposta à questão colocada implicitamente pelo título: a origem dos géneros. De onde vêm os géneros? Pois bem, vêm simplesmente de outros géneros. Um novo género é sempre a transformação de um ou de vários géneros antigos: por inversão, por deslocamento, por combinação. Um «texto» de hoje (que também é um género, em certo sentido) deve tanto à «poesia» como ao «romance» do século XIX, assim como a «comédia lacrimejante» combinava as características da comédia e da tragédia do século precedente. Nunca houve literatura sem géneros, ela é um sistema em contínua transformação, e a questão das origens não pode historicamente abandonar o terreno dos próprios géneros: no tempo não há um «antes» dos géneros. O próprio Saussure dizia: «o problema da origem da linguagem é o mesmo problema das suas transformações.» E também Humboldt: «nós só chamamos original a uma língua quando desconhecemos os estados anteriores dos seus elementos constitutivos.»

A questão da origem que eu queria colocar não é todavia de natureza histórica, mas sistemática; uma e outra parecem tão legítimas como necessárias. A questão não é: o que precedeu os géneros no tempo? Mas sim: o que preside a todo o momento ao nascimento de um género ou, mais exatamente, será que existem, na linguagem (uma vez que se trata aqui de géneros do discurso), formas que, anunciando os géneros, ainda não o são? E, se sim, como se produz a passagem de uns a outros? Mas, para tentar responder a estas perguntas, é preciso primeiro perguntar: o que é no fundo um género?

2

À primeira vista, a resposta parece ser evidente: os géneros são classes de textos. Mas semelhante definição dissimula mal, por detrás da pluridade de termos postos em jogo, o seu caráter tautológico: os géneros são classes, o literário é o textual. Mais do que multiplicar nomes, será necessário interrogarmo-nos sobre o conteúdo desses conceitos.

E primeiro sobre o conceito de texto ou, propondo ainda um sinónimo, de discurso. É, dir-nos-ão, uma sequência de frases. E é aqui que começa um primeiro mal-entendido.

Esquece-se muitas vezes uma verdade elementar de toda a atividade do conhecimento, ou seja, que o ponto de vista escolhido pelo observador recorta e redefine o seu objeto. O mesmo acontece com a linguagem: esquece-se que o ponto de vista do linguista delineia, no seio da matéria da língua, um objeto que lhe é próprio; objeto que já não será o mesmo, se mudarmos de ponto de vista, ainda que permaneça a mesma matéria.

A frase é uma entidade da língua e do linguista. A frase é uma combinação de palavras possível, não é uma enunciação secreta. A mesma frase pode ser enunciada em circunstâncias diferentes: não mudará de identidade para o linguista, mesmo que, por causa dessa diferença de circunstâncias, mude de sentido.

Um discurso não é feito de frases, mas de frases enunciadas, ou, de forma ainda mais breve, de enunciados. Ora, a interpretação do enunciado é por um lado determinada pela frase que se enuncia e, por outro, pela sua própria enunciação. Esta enunciação inclui um locutor que enuncia, um alocutário a que nos dirigimos, um tempo e um lugar, um discurso que precede outro que segue; numa palavra, um contexto de enunciação. Noutros termos ainda, um discurso é sempre e necessariamente um ato de fala([2]).

Voltemo-nos agora para o outro termo da expressão «classe do texto»: *classe*. Só levanta problemas pela sua facilidade: pode sempre encontrar-se uma propriedade comum a dois textos e reuni-los numa classe. Teremos interesse em chamar «género» ao resultado de semelhante reunião? Penso que estaríamos de acordo com o uso corrente da palavra e que ao mesmo tempo disporíamos de uma noção cómoda e operante se convencionássemos chamar géneros às únicas classes de textos que foram tomadas como tal ao longo da história ([3]). Os testemunhos desta constatação encontram-se antes de mais no discurso sobre os géneros (discurso metadiscursivo) e, de maneira esporádica e indireta, nos próprios textos.

A existência *histórica* dos géneros é assinalada pelo discurso sobre os géneros; isto não quer todavia dizer que os géneros sejam só noções metadiscursivas e já não discursivas. Para dar um exemplo, sabemos da existência histórica do género «tragédia» em França, no século XVIII, graças ao discurso sobre a tragédia (que começa com a existência da própria palavra); mas isto não significa que as tragédias não tenham características comuns e que não seja possível fazer outra discrição a não ser histórica. Como todos sabem, toda a classe de objetos pode ser convertida por uma passagem da extensão à compreensão numa série de propriedades. O estudo dos géneros, que tem como ponto de partida os testemunhos sobre a existência dos géneros, deve ter como objetivo único, precisamente, o estabelecimento destas propriedades ([4]).

Os géneros são pois unidades que se podem descrever segundo dois pontos de vista diferentes, o da observação empírica e o da análise abstrata. Numa sociedade, institucionaliza-se a recorrência de certas propriedades discursivas, e os textos individuais são produzidos e concebidos em relação à norma que constitui essa codificação. O género, literário ou não, não é mais do que essa codificação de propriedades discursivas.

Semelhante definição implica uma explicitação dos dois termos que a compõem: o de propriedade discursiva e o de codificação.

«Propriedade discursiva» é uma expressão que tomo em sentido inclusivo. Todos sabem que, mesmo que consideremos apenas os géneros literários, qualquer aspeto do discurso pode ser tornado obrigatório. A canção opõe-se ao poema por traços fonéticos; o soneto é diferente da balada na sua fonologia, a tragédia opõe-se à comédia pelos elementos temáticos; a narrativa de suspense difere do romance policial clássico pela disposição da sua intriga; finalmente, a autobiografia distingue-se do romance porque o autor finge contar os factos e não construir ficções. Poderíamos servir-nos, para reagrupar estas diferentes espécies de propriedades (mas essa classificação não é muito importante para o meu propósito), da terminologia do semiótico Charles Morris, adaptando-a aos nossos objetivos: essas propriedades relevam tanto do aspeto semântico do texto como do aspeto sintático (a relação das partes entre si), tanto da pragmática (relação entre utentes) como finalmente do verbal (termo ausente em Morris, que nos poderia servir para englobar tudo o que diz respeito à materialidade dos signos).

A diferença entre um ato de fala e outro é portanto também uma diferença entre um género e outro, e pode situar-se em qualquer um destes níveis do discurso.

Através do passado, puderam distinguir-se, e mesmo opor-se, as formas «naturais» da poesia (por exemplo, o lírico, o épico, o dramático) e as suas formas convencionais, tal como o soneto, a balada ou a ode. É preciso ver em que plano semelhante afirmação tem um sentido. Ou o lírico, o épico, etc., são categorias universais, portanto do discurso (o que não excluiria o facto de serem complexas, e, por exemplo, ao mesmo tempo semânticas, pragmáticas e verbais), mas, nesse caso, pertencem à poética geral e não (especificamente) à teoria dos géneros: caracterizam os possíveis *do* discurso e não os reais *dos* discursos. Ou então, quando empregamos estes termos, estamos a pensar em fenómenos históricos; assim, a epopeia é encarnada pela *Ilíada* de Homero. Neste caso trata-se realmente de géneros, mas no plano discursivo estes não são qualitativamente diferentes de um género como o soneto, baseado também em constrangimentos temáticos, verbais, etc. Tudo o que se pode dizer é que certas propriedades discursivas são mais importantes do que outras; estou pessoalmente muito mais intrigado com os constrangimentos que dizem respeito ao aspeto pragmático do texto do que com a sua estrutura fonológica.

É pelo facto de os géneros existirem como uma instituição que funcionam como «horizonte de espera» (para os leitores) e como «modelos de escrita» para os autores. Estas são, com efeito, duas vertentes da existência dos géneros (ou, se se prefere, deste discurso metadiscursivo que tem o género como objeto). Por um lado os autores escrevem em função do (o que não quer dizer de acordo com o) sistema genérico existente e escrevem aquilo que podem testemunhar no texto, fora dele ou mesmo, de certa maneira, entre os dois: sobre a capa do livro; este testemunho não é evidentemente o único meio de provar a existência de modelos de escrita. Por outro lado, os leitores leem em função do sistema genérico, que conhecem através da crítica da escola, do sistema de difusão do livro ou simplesmente por ouvirem dizer; não é no entanto necessário que estejam conscientes desse sistema.

Através da institucionalização, os géneros comunicam com a sociedade em que aparecem. É também por este aspeto que interessarão mais ao etnólogo ou ao historiador. Com efeito, o primeiro reterá, antes de mais, num sistema de géneros, as categorias que o diferenciam do sistema dos povos vizinhos; estas categorias deverão correlacionar-se com os outros elementos da mesma cultura. O mesmo acontece com o historiador: cada época tem o seu próprio sistema de géneros, que se relaciona com a ideologia dominante, etc. Como qualquer instituição, os géneros destacam as características constitutivas da sociedade a que pertencem.

A necessidade de institucionalização permite responder a outra questão que se tentou colocar: admitindo mesmo que todos os géneros provêm de atos de fala, como explicar que todos os atos de fala não produzam géneros literários? A resposta é: uma sociedade escolhe e codifica os atos que correspondem de modo mais significativo à sua ideologia: é por isso que existem determinados géneros numa sociedade, e a sua ausência noutra é reveladora dessa ideologia e permite-nos diagnosticá-la com uma maior segurança. Não é por acaso que a epopeia é possível numa época, o romance noutra, opondo-se o herói deste ao herói coletivo daquela: cada uma destas escolhas depende do quadro ideológico no seio do qual se opera.

Poderíamos precisar ainda o lugar da noção de género através de duas distinções simétricas. Uma vez que o género é a codificação historicamente atestada das propriedades discursivas, é fácil conceber a ausência de cada uma das duas componentes desta definição: a realidade histórica e a realidade discursiva. No primeiro caso, estaremos perante categorias da poética geral que, segundo os níveis do texto, se chamarão: modos, registos, estilos, ou mesmo formas, maneiras, etc. O «estilo nobre» ou a «narração na primeira pessoa» são claramente realidades discursivas: mas não se pode fixá-las num só momento do tempo; são sempre possíveis. Reciprocamente, no segundo caso, tratar-se-ia de noções que pertencem à história literária no sentido lato, tais como corrente, escola, movimento ou, noutro sentido da palavra, «estilo». É verdade que o movimento literário do simbolismo existiu historicamente; mas isso não prova que as obras dos autores que dele se reclamavam tenham em comum propriedades discursivas (mais do que banais); a unidade pode bem ter sido feita em torno de manifestações comuns, etc. Admitamos que seja o caso; teríamos então um exemplo de fenómeno histórico que não tem realidade discursiva precisa — o que não o torna desapropriado ao estudo, mas o distingue dos géneros e, com mais razão ainda, dos modos, etc. O género é o lugar de encontro da poética geral e da história literária dos eventos; desta forma, é um objeto privilegiado, o que lhe poderia dar a honra de se tornar a personagem principal dos estudos literários.

Tal é o quadro global de um estudo dos géneros([5]). As nossas descrições atuais dos géneros serão talvez insuficientes; isso não prova a impossibilidade de uma teoria dos géneros, e as proposições precedentes pretendem ser preliminares a semelhante teoria. Queria a este propósito lembrar outro fragmento de Friedrich Schlegel em que ele procura formular uma opinião equilibrada sobre a questão e onde pergunta se a impressão negativa com que se fica quando se toma conhecimento das distinções genéricas não será devida simplesmente à imperfeição dos sistemas propostos pelo passado. «A poesia deverá ser simplesmente subdividida? Ou deve permanecer una e indivisa? Ou alternar entre separação e união? A maior parte das imagens do sistema universal poético são ainda mais grosseiras e infantis do que aquelas que os antigos tinham sobre o sistema astronómico antes de Copérnico. As subdivisões habituais da poesia são apenas uma construção morta para um horizonte limitado. O que se sabe fazer, ou o que tem algum valor, é a terra imóvel no centro. Mas no universo da poesia nada está imóvel, tudo evolui e se transforma e se move harmoniosamente; e os cometas também têm leis de movimento imutáveis. Mas antes que se possa calcular o curso destes astros, determinar com antecedência o seu regresso, não se terá entretanto descoberto o sistema universal da poesia» (*Athenaeum*, 434). Os cometas também obedecem a leis imutáveis... Os antigos sistemas só sabiam descrever o resultado morto; é preciso aprender a apresentar os géneros como princípios de produção dinâmicos, sob pena de nunca se apreender o verdadeiro sistema da poesia. Talvez seja chegado o momento de pôr em prática o programa de Friedrich Schlegel.

Voltemos agora à questão inicial, que diz respeito à origem sistemática dos géneros. Já teve, de certa maneira, uma resposta, visto que, como ficou dito, os géneros provêm, como qualquer ato de fala, da codificação de propriedades discursivas. Seria pois necessário reformular assim a nossa questão: haverá alguma diferença entre os géneros (literários) e os outros atos de fala? Orar é um ato de fala; a oração é um género (que pode ser ou não ser literário): a diferença é mínima. Mas, para dar outro exemplo: contar é um ato de fala, e o romance um género em que certamente se conta qualquer coisa; no entanto, a distância é grande. Enfim, terceiro caso: o soneto é sem dúvida um género literário, mas não existe a atividade verbal «sonetear»; há pois géneros que não derivam de um simples ato de fala.

Em suma, podem ser encaradas três possibilidades: ou o género, tal como o soneto, codifica as propriedades discursivas como faria qualquer outro ato de fala, ou o género coincide com um ato de fala que também tem uma existência não literária, como a oração, ou, enfim, deriva de um ato de palavra que mediatiza um certo número de transformações ou de amplificacões — seria o caso do romance, a partir do ato de contar. Só o terceiro caso presente cria uma situação nova: nos dois primeiros, o género não é diferente dos outros atos. Aqui, em contrapartida, não se parte diretamente de propriedades discursivas, mas de outros atos de fala já constituídos; passa-se de um ato simples a um ato complexo. É também o único que merece um tratamento à parte das outras ações verbais. A nossa questão sobre a origem dos géneros torna-se então: quais são as transformações que sofrem certos atos de fala para produzirem certos géneros literários?

3

Tentarei responder examinando alguns casos concretos. A escolha de processo já implica que, assim como o género não é em si mesmo nem um facto puramente discursivo nem puramente histórico, a questão da origem sistemática dos géneros não possa manter-se na pura abstração. Mas, se a ordem da exposição nos encaminha, por razões de clareza, do simples ao complexo, a ordem da descoberta, essa, segue o caminho inverso: partindo dos géneros observados, tenta encontrar-se o germe discursivo.

O meu primeiro exemplo será de uma cultura diferente da nossa: a dos Lubas, habitantes do Zaire; escolhi-o por causa da sua relativa simplicidade([6]). «Convidar» é um ato de fala dos mais comuns. Poderíamos restringir o número de fórmulas utilizadas e obter deste modo um convite ritual, como entre nós se pratica em certas ocasiões solenes. Mas nos Lubas há também um género literário menor, derivado do convite e que se pratica mesmo fora do contexto de origem. Num exemplo, o «eu» convida o cunhado a entrar em casa. Esta fórmula explícita só aparece no entanto nos últimos versos do convite (29–33; trata-se de um texto ritmado). Os vinte e oito versos precedentes contêm uma narrativa, na qual o «eu» vai a casa do irmão, e é este que o convida. Eis o início dessa narrativa:

> Fui a casa do meu cunhado,
> O meu cunhado disse-me: bom dia,
> E eu disse-lhe: bom dia para ti também.

> Alguns momentos depois, ele dizia:
> Entra em casa, etc.

A narrativa não acaba aqui: leva-nos a um novo episódio, em que o «eu» pede para ter companhia na refeição; o episódio repete-se duas vezes:

> Eu disse: ó cunhado
> Chama os teus filhos,
> Para comerem comigo esta massa.
> O cunhado disse-me:
> As crianças já comeram,
> Já se foram deitar.
> Eu disse-lhe:
> Ó cunhado nesse caso
> Chama o teu cão grande.
> O cunhado disse-me:
> O cão já comeu,
> Já se foi deitar, etc.

Segue-se uma transição formada por alguns provérbios e, no fim, chega-se ao convite direto, dirigido desta vez pelo «eu» ao cunhado.

Sem entrar em pormenores, pode constatar-se que entre o ato verbal de convite e o género literário «convite», de que o texto precedente é um exemplo, acontecem várias transformações:

1. uma *inversão* dos papéis de enunciador e destinatário: «eu» convida o cunhado, o cunhado convida «eu»;
2. uma *narrativização* ou, mais exatamente, o encadeamento do ato verbal de convite no de contar; obtemos, em vez de um convite, a narrativa de um convite;

3. uma *especificação:* não só se é convidado, como também convidado a comer; não só se aceita o convite, como também se deseja ser acompanhado;
4. uma *repetição* da mesma situação narrativa, mas que comporta
5. uma *variação* nos atores que assumem o mesmo papel: uma vez as crianças, outra vez o cão.

Esta enumeração claro que não é exaustiva, mas pode dar-nos uma ideia da natureza das transformações que sofre o ato de fala. Estas dividem-se em dois grupos que poderíamos chamar a) internas, nas quais a derivação se faz no próprio interior do ato da palavra inicial; é o caso das transformações 1 e 3 a 5; e b) externas, em que o primeiro ato de fala se combina com um segundo, consoante esta ou aquela relação hierárquica; é o caso da transformação 2, em que «convidar» está encaixado em «contar».

Vejamos agora um segundo exemplo, ainda da mesma cultura luba. Partir-se-á de um ato de fala ainda mais essencial, que é: nomear, atribuir um nome. Entre nós, a significação dos antropónimos é a maioria das vezes esquecida; os nomes próprios significam por evocação de um contexto ou por associação e não mediante os morfemas que os compõem. Este caso é possível nos Lubas: mas, ao lado desses nomes desprovidos de sentido, encontram-se outros, cujo sentido é muito atual e cuja atribuição é aliás motivada por esse sentido. Por exemplo (não marco os tons):

> *Lonji* significa «Ferocidade»
> *Mukunza* significa «Luminosidade da pele»
> *Nguenyi* significa «Inteligência»

Fora destes nomes de certo modo oficiais, o indivíduo pode também receber sobrenomes, mais ou menos estáveis, cuja função pode ser o elogio ou simplesmente a identificação através das características do indivíduo, como, por exemplo, a profissão. A elaboração destes sobrenomes já os aproxima das formas literárias. Eis alguns exemplos de algumas das formas destes sobrenomes, os *makumbu* ou nomes de elogio:

Cipanda wa nshindumeenu, trave em que nos apoiamos
Dileji dya Kwikisha munnuya, sombra sob a qual nos refugiamos
Kasunyi kaciinyi nkelende, machado que não teme os espinhos

Vê-se que os sobrenomes podem ser considerados como uma expansão dos nomes. Num caso como no outro, descrevem-se os seres tal como são ou como deveriam ser. Do ponto de vista sintático, passa-se do nome isolado (substantivo ou adjetivo substantivado) ao sintagma composto de um nome mais uma relativa que qualifica. Semanticamente, passamos das palavras tomadas no sentido literal às metáforas. Estes sobrenomes, tal como os próprios nomes, podem também aludir a provérbios ou ditados correntes.

Enfim, há nos Lubas um género literário estabelecido — e bem estudado(7) — que se chama *kasala.* São cânticos de dimensões variáveis (que podem ultrapassar os oitocentos versos) que «evocam as diferentes pessoas e os acontecimentos de um clã, exaltam com grande louvor os defuntos e os vivos, e declamam os seus feitos e gestos elevados» (Nzuji, *op. cit.*, p. 21). Trata-se pois de uma nova mistura de características e de elogios: indica-se, por um lado, a genealogia das personagens, situando-as umas em relação às outras: por outro, atribui-se-lhes qualidades notáveis; esses atributos incluem muitas vezes sobrenomes, como os exemplos que acabamos de observar. Além disso, o bardo interpela as personagens, incita-as a portarem-se de maneira admirável. Cada um destes processos é repetido muitas vezes. Vê-se que todas as características do *kasala* estavam contidas em potência no nome próprio, e mais ainda nessa forma intermédia que representava o sobrenome.

Voltemos agora ao terreno mais familiar dos géneros da literatura ocidental, para tentar saber se podemos observar transformações semelhantes às que caracterizam os géneros lubas.

O primeiro exemplo será o género que eu mesmo descrevi na *Introdução à Literatura Fantástica*. Se a minha descrição é correta, este género caracteriza-se pela hesitação que o leitor sente em relação à explicação natural ou sobrenatural dos acontecimentos evocados. Mais exatamente, o mundo que se descreve é o nosso, com as suas leis naturais (não estamos no maravilhoso), mas no seio deste universo produz-se um acontecimento para o qual é difícil procurar uma explicação natural. O que codifica este género é pois uma propriedade pragmática da situação discursiva: a atitude do leitor, tal como é prescrita pelo livro (e que o leitor individual pode ou não adotar). Este papel do leitor, na maioria das vezes, não é implícito, mas encontra-se representado no texto com as características de uma personagem testemunha; a identificação de um pelo outro é facilitada pela atribuição da função do narrador a essa personagem: o emprego do pronome da primeira pessoa «eu» permite ao leitor identificar-se com o narrador e também com a personagem-testemunha, que hesita em relação à explicação que deve dar aos acontecimentos passados.

Deixemos de lado, para simplificar, esta tripla identificação entre leitor implícito, narrador e personagem testemunha; admitamos que se trata de uma atitude do narrador representado. Uma frase que se encontra num dos romances fantásticos mais representativos, o *Manuscrito Encontrado em Saragoça*, de Potocki, resume emblematicamente esta situação: «quase acreditei que os demónios tinham, para me enganar, animado os corpos dos enforcados.» Vê-se a ambiguidade da situação: o acontecimento sobrenatural é designado pela proposição subordinada; a principal exprime a adesão do narrador, mas uma adesão modelada pela aproximação. Esta proposição principal implica pois a inverosimilhança intrínseca do que se segue e o que constitui por isso mesmo o quadro «natural» e «razoável» no qual o narrador quer manter-se (e é claro, manter-*nos*).

O ato de fala que se encontra na base do fantástico é pois, ainda que simplificando um pouco a situação, um ato complexo. Poderíamos escrever a sua forma deste modo: «Eu» (pronome de que já se explicou a função) + verbo de atitude (tal como «acreditar», «pensar», etc.) + modalização desse verbo; no sentido da incerteza (modalização que segue duas vias principais: o tempo do verbo será o passado, permitindo assim a instauração de uma distância entre o narrador e a personagem; os advérbios de modo como «quase», «talvez», «sem dúvida», etc.) + proposição subordinada que descreva um acontecimento sobrenatural.

Desta forma abstrata e reduzida, o ato de fala «fantástico» pode, é claro, situar-se fora da literatura: seria o ato de uma pessoa relatando um acontecimento que foge ao comum das explicações naturais, quando essa pessoa no entanto não quer renunciar a esse comum e nos relata a sua incerteza (situação talvez rara nos nossos dias, mas de qualquer modo perfeitamente real). A identidade do género é inteiramente determinada pela do ato de fala; o que não quer dizer no entanto que os dois sejam idênticos. Esse nódulo enriquece-se com uma série de amplificações, no sentido retórico: 1) uma narrativização: é preciso criar uma situação em que o narrador acabará por formular a nossa frase emblema ou um dos seus sinónimos; 2) uma gradação ou pelo menos uma certa irreversibilidade de certos temas, tais como as perversões sexuais ou os estados próximos da loucura, que terão preferência em relação aos outros; 4) uma representação verbal que explorará por exemplo a incerteza que se pode ter ao escolher entre o sentido literal e o sentido figurado de uma expressão; temas e processos que procurei descrever no meu livro.

Não há pois, do ponto de vista da origem, nenhuma diferença de natureza entre os géneros fantásticos e os géneros que encontramos na literatura oral luba, ainda que subsistam diferenças de graus, quer dizer de complexidade. O ato verbal que exprime a hesitação «fantástica» é menos comum que o que consiste em nomear ou em convidar; mas não é menos ato verbal que os outros. As transformações que sofre para se tornar género literário são talvez mais numerosas e mais variadas do que aquelas com que nos familiarizámos na literatura luba: são de qualquer forma da mesma natureza.

A autobiografia é outro género próprio da nossa sociedade, que se escreveu com suficiente rigor para que o possamos agora interrogar na nossa perspetiva atual([8]). Para dizer as coisas mais simplesmente, a autobiografia define-se por duas identidades: a do autor com o narrador e a do narrador com a personagem principal. Esta última identidade é evidente: é ela que resume o prefixo «auto» e que permite distinguir a autobiografia da biografia e das memórias. A primeira é mais subtil: separa a autobiografia (tal como a biografia e as memórias) do romance, sendo este último impregnado de elementos tirados da vida do autor. Esta identidade separa, em suma, todos os géneros «referenciais» ou «históricos» de todos os géneros «ficcionais»: a realidade é claramente indicada, visto que se trata do próprio autor do livro, pessoa no estado civil inscrita na sua cidade natal.

Estamos perante um ato de fala que codifica simultaneamente as propriedades semânticas (é o que implica a identidade narrador-personagem) e as propriedades pragmáticas (pela identidade autor-narrador, finge-se dizer a verdade e não uma ficção). Desta forma, o ato de fala é extremamente divulgado fora da literatura: é praticado sempre que se conta. É curioso observar que os estudos de Lejeune e de Bruss sobre os quais me apoio aqui, tentando fazer uma discrição do género, estabeleceram com efeito a identidade do ato de fala que é o seu centro. Este deslize de assunto é revelador: a identidade do género provém do ato de fala em que se baseia, ou seja, em contar; o que não impede que, para se tornar um género literário, este contrato inicial sofra inúmeras transformações (deixo aos especialistas do género o cuidado de as estabelecer).

E o que se passará com os géneros ainda mais complexos, como o romance? Não ouso entregar-me à formulação da série de transformações que presidem ao seu nascimento; mas, mostrando sem dúvida otimismo, direi ainda aqui que o processo não me parece ser qualitativamente diferente. A dificuldade do estudo da «origem do romance», entendida neste sentido, proviria unicamente do infinito encaixamento dos atos de fala uns nos outros. No alto da pirâmide haveria o contrato ficcional (portanto, a codificação de uma propriedade pragmática), que por sua vez exigiria a alternância de elementos descritivos e narrativos, quer dizer, que descrevessem os estados imobilizados e as ações que se desenvolvem no tempo (é de ter em atenção que estes dois atos de fala são coordenados entre si e não encaixados, como nos casos precedentes). Acrescentar-se-iam os constrangimentos respeitantes ao aspeto verbal do texto (a alternância do discurso do narrador com o das personagens) e o seu aspeto semântico (a vida pessoal em vez dos grandes frescos da época) e assim por diante...

A enumeração rápida que acabo de fazer não é aliás em nada diferente, a não ser justamente pela sua brevidade e esquematismo, dos estudos que já se consagraram a este género, e todavia talvez seja: faltava esta perspetiva — deslocamento ínfimo ou talvez ilusão ótica? — que permite ver que não há um abismo entre a literatura e o que não é literatura e que os géneros literários têm origem pura e simplesmente no discurso humano.

II

OS DOIS PRINCÍPIOS DA NARRATIVA

Uma vez que se vai tratar de narrativa, começarei por contar uma história.

Richard Minutolo está apaixonado por Catella, a mulher de Filippe. Mas não é correspondido, apesar de todos os seus esforços. Sabe que Catella tem muitos ciúmes do marido e decide aproveitar-se dessa fraqueza. Divulga então publicamente o seu desinteresse por Catella; encontrando-a um dia, confirma-lhe isso pessoalmente e ao mesmo tempo põe-na ao corrente das propostas que Filippe teria feito à sua própria mulher. Catella fica furiosa e quer saber tudo. Nada mais fácil, responde Richard, Filippe marcou um encontro com a mulher, no dia seguinte, num estabelecimento de banhos dos arredores; o que Catella tem a fazer é ir em seu lugar e persuadir-se-á por si própria da perfídia do marido. É o que faz; mas em vez do marido encontra Richard, sem no entanto o reconhecer, porque o quarto do encontro está mergulhado numa obscuridade total. Catella deixa-se seduzir por aquele que julga ser o seu marido: mas logo a seguir começa a injuriá-lo, revelando-lhe que não é a mulher de Richard, mas sim Catella. É nessa altura que Richard lhe diz que não é Filippe; Catella fica desesperada, mas Richard demonstra-lhe que o escândalo não serviria de nada e que, por outro lado, «os beijos do amante têm mais sabor do que os beijos do marido».

Tudo termina pois em bem, e Boccaccio acrescenta que este conto foi recebido na sua primeira narração por um «concerto de louvores» (*Decameron,* III, 6). Eis pois uma sequência de frases que toda a gente concordará em considerar como uma narrativa. Mas o que *faz* a narrativa? Voltemos ao princípio da história. Boccaccio descreve primeiro Nápoles, lugar de ação; a seguir apresenta os três protagonistas; depois disso fala-nos do amor que Richard sente por Catella. Será isto uma narrativa? Julgo mais uma vez que estaremos facilmente de acordo em responder que não. Não são as dimensões do texto que pesam na decisão; este só ocupa dois parágrafos em Boccaccio, e sentimos que, se fosse cinco vezes maior, as coisas não seriam diferentes. Em contrapartida, quando Boccaccio diz: «Tal era o seu estado de alma quando...» (e em português passa-se aqui do imperfeito para o perfeito), a narrativa está engrenada. A explicação parece simples: assistimos, no início, à descrição de um estado; ora, a narrativa não se contenta com isso e exige o desenvolvimento de uma ação, quer dizer, a mudança, a diferença.

Toda a mudança constitui com efeito um novo elo da narrativa. Richard sabe do extremo ciúme de Catella — o que lhe permite conceber o seu plano — que a seguir pode levar à prática — Catella reage do modo esperado — o encontro acontece — Catella revela a sua verdadeira identidade — Richard revela a sua — ambos descobrem em conjunto a felicidade. Cada uma das ações assim isoladas segue a precedente e, na maior parte das vezes, estabelece com ela uma relação de causalidade. O ciúme de Catella é uma *condição* do plano que será concebido; o plano tem como *consequência* o encontro; a crítica pública é *implicada* pelo adultério, etc.

Descrição e narrativa pressupõem ambas a temporalidade; mas temporalidade de natureza diferente. A descrição inicial situava-se com efeito no tempo, mas esse tempo era contínuo; ao passo que as mudanças, próprias da narrativa, recortam o tempo em unidades descontínuas; o tempo — pura duração — opõe-se ao tempo dos eventos. Só a descrição não basta para fazer uma narrativa, mas a narrativa não dispensa a descrição. Se dispuséssemos de um termo genérico que incluísse simultaneamente narrativa e descrição (quer dizer, os textos que só contêm descrições), poderíamos servir-nos de um termo relativamente pouco usado em francês: *ficção* (*fiction*). A vantagem seria dupla: primeiro porque a ficção inclui narrativa e descrição; a seguir, porque evoca o uso transitivo e referencial que se faz das palavras num e noutro caso (e um Raymond Roussel, que cria a narrativa a partir da distância existente entre dois sentidos de uma mesma palavra, não nos dá um contraexemplo), por oposição ao uso intransitivo, literal, que é feito da linguagem em poesia.

Este modo de ver a narrativa como um encadeamento cronológico e por vezes causal de unidades contínuas não é novo; é hoje bem conhecido o trabalho de Propp sobre o conto de fadas russo, que termina com uma apresentação semelhante. Propp chama função a cada uma das ações assim isoladas, quando é vista na perspetiva da sua utilidade para o conjunto do conto; e postula que não há mais do que trinta e uma variedades de funções para todos os contos de fadas russos. «Se lermos de seguida todas as funções, vemos que uma função decorre de outra por uma necessidade lógica e artística. Vemos também que nenhuma função exclui uma outra. Pertencem todas ao mesmo eixo, e não a vários eixos.» As funções seguem-se umas às outras e não se assemelham.

Propp analisa assim integralmente um conto, intitulado *Les oies-cygnes;* lembremos aqui essa análise. É a história de uma menina que se esquece de tomar conta do irmão, e os gansos-cisnes raptam-no. A menina parte à procura dele e, judiciosamente aconselhada por um ouriço, consegue encontrá-lo. Leva-o, os gansos perseguem-nos, mas, ajudada pelo rio, pelo pomar e pela sertã, consegue chegar a casa sã e salva com o irmão. Propp identifica nesta narrativa vinte e sete elementos, entre os quais dezoito funções (os outros elementos são descrições, transcrições, etc.), que fazem todos parte da lista canónica das trinta e uma. Cada uma destas funções é situada no mesmo plano; cada uma delas é absolutamente diferente das outras; a única relação que mantêm entre si é de sucessão.

Poderemos interrogar-nos sobre a justeza desta análise, mais exatamente sobre o facto de saber se Propp não terá confundido necessidade genérica (e empírica) e necessidade teórica. Todas as funções serão talvez igualmente necessárias no conto de fadas russo; mas sê-lo-ão pelas mesmas razões? Façamos uma experiência. Ao relatar o conto russo, omiti algumas das funções iniciais: por exemplo, que os pais tinham proibido a menina de se afastar de casa; que esta tinha preferido ir brincar; etc. O conto não deixa por isso de ser uma narrativa, fundamentalmente idêntica a si própria. Em compensação, se não dissesse que uma menina e um rapaz viviam atinadamente em casa, ou que os gansos tinham raptado o rapaz, ou que a menina tinha partido à sua procura, etc., o conto deixaria de existir, ou então seria outro conto. Por conseguinte, nem todas as funções são necessárias do mesmo modo à narrativa; devemos aqui introduzir uma ordem hierárquica.

Analisando deste modo *Les oies-cygnes*, chegaremos ao seguinte resultado: este conto comporta cinco elementos obrigatórios, 1. A situação de equilíbrio inicial. 2. A degradação da situação com o rapto da criança. 3. O estado de desequilíbrio constatado pela menina. 4. A procura e a descoberta do rapaz. 5. O restabelecimento do equilíbrio inicial, a reintegração na casa paterna. Nenhuma destas cinco ações poderia ter sido alterada sem que o conto perdesse a sua identidade. Pode, é claro, imaginar-se um conto que omita os dois primeiros elementos e comece por uma situação já deficiente; ou que omita os dois últimos, terminando na infelicidade. Mas pressentimos que, nesse caso, seriam duas metades do ciclo, ao passo que aqui dispomos do ciclo completo. As investigações teóricas mostraram — e os estudos empíricos confirmaram — que este ciclo participa da própria definição da narrativa: não se pode imaginar uma narrativa que não contenha pelo menos uma parte.

As outras ações isoladas por Propp não têm todas o mesmo estatuto. Algumas delas são facultativas; são acrescentadas ao esquema fundamental. Por exemplo, a ausência da menina no momento do rapto pode ser ou não motivada. Outras são alternativas: pelo menos uma delas deve aparecer no conto; trata-se de uma concretização da ação prescrita pelo esquema. Por exemplo, como é que a menina encontra o irmão? Graças à intervenção de um auxiliar. Poderia encontrá-lo graças à agilidade das suas pernas ou ao seu poder de adivinhação, etc. Sabe-se que Claude Bremond se entregou ao trabalho de fazer o catálogo das alternativas possíveis de que uma narrativa dispõe, qualquer que ela seja.

Mas, se hierarquizarmos deste modo as ações elementares, apercebemo-nos de que entre elas se estabelecem novas relações: já não nos podemos contentar com a consecução ou com a consequência. É evidente que o primeiro elemento repete o quinto (o estado de equilíbrio); e que o terceiro é a sua inversão. Para mais, o segundo e o quarto são simétricos e inversos: a criança é raptada de casa, ou aí reconduzida. Não é pois verdade que a única relação entre as unidades seja a de sucessão; podemos dizer que essas unidades se encontram também numa relação de transformação. Eis-nos perante os dois princípios da narrativa.

Será que pode haver uma narrativa sem segundo princípio, ou seja, sem as transformações? Ao discutir os problemas de definição e de denominação, é preciso estar consciente de um certo arbitrário que acompanha necessariamente estes atos. Encontramo-nos perante um contínuo de factos e de relações: estabelecemos a seguir um limite, considerando narrativa tudo o que está para cá dele, e tudo o que está para lá dele não narrativa. Mas as palavras da língua de que nos servimos revelam cambiantes diferentes para este ou para aquele sujeito falante. Opus, ainda há momentos, narrativa a descrição por causa dos tipos de temporalidade que manifestam; mas algumas pessoas chamariam «narrativa» a um livro como *No Labirinto*, de Robbe-Grillet, que no entanto suspende o tempo narrativo e considera como simultâneas as variações no comportamento das personagens. O mesmo acontece com a presença ou a ausência de relações de transformação entre as ações individuais. Pode construir-se artificialmente uma narrativa que seja desprovida delas; poderíamos mesmo encontrar, em algumas crónicas, exemplos reais da pura lógica de sucessão. Mas estaremos facilmente de acordo, julgo, em que essas crónicas e o romance de Robbe-Grillet não são os representantes típicos da narrativa. Direi mais: salientar a diferença entre narrativa e descrição ou entre princípio de sucessão e princípio de transformação permite-nos compreender porque achamos semelhantes narrativas de certa maneira marginais. Habitualmente, mesmo a narrativa mais simples, a menos elaborada, joga em simultâneo com os dois princípios: um testemunho disso (anedótico) é um título francês de um *western* italiano recente: *Vou, disparo e volto logo* (*Je vais, je tire, je reviens*); por detrás da aparente pureza da sucessão dissimula-se uma relação de transformação, entre «ir» e «voltar»!

Qual será a natureza destas transformações? A que observámos até agora consiste em trocar um termo pelo seu contrário ou pelo contraditório: chamemos-lhe, para simplificar, a *negação*. Lévi-Strauss e Greimas insistiram muito nesta transformação, ao estudarem as suas variedades particulares, levando-nos até a pensar que era a única possível. Não há dúvida de que essa transformação goza de um estatuto particular: isso deve-se sem dúvida ao lugar singular que a negação já ocupa no nosso sistema de pensamento. A passagem de A a não-A é de certa maneira o paradigma de toda mudança. Mas o estatuto excecional não deve de forma alguma ocultar a existência de outras transformações — e veremos que são numerosas. No conto analisado por Propp, pode por exemplo observar-se uma transformação de modo: é a proibição — quer dizer, uma obrigação negativa — imposta à menina, pelos pais, de não abandonar, por um momento que seja, o irmão. Ou, ainda, uma transformação de intenção: a menina decide partir à procura do irmão e a seguir parte efetivamente; entre uma e outra coisa, a relação que se estabelece é a mesma que entre intenção e realização.

Se voltarmos agora ao nosso conto do *Decameron*, podemos nele observar as mesmas relações. Richard, no início, é infeliz e no fim feliz: eis a negação. Deseja possuir Catella, e a seguir possui-a: eis a transformação de modo. Mas há outras relações que parecem desempenhar aqui um papel mais importante. Uma só e mesma ação é apresentada três vezes: há primeiro o projeto de Richard atrair Catella para o estabelecimento de banhos, a seguir vem a perceção errónea desta cena por Catella, que julga reencontrar o marido; por fim, revela-se a verdadeira situação. A relação entre a primeira e a terceira proposições é a mesma que existe entre projeto e realização;

na relação entre a segunda e a terceira opõem-se a perceção errónea de um acontecimento e a sua perceção correta. É este logro que constitui evidentemente a mola propulsora da narrativa boccacciana. Uma diferença qualitativa separa o primeiro tipo de transformações do segundo. Tratava-se, no primeiro caso, da modificação aplicada a um predicado de base: este era tomado na sua forma positiva ou negativa, modalizado ou não modalizado. Aqui, o predicado inicial encontra-se acompanhado de um segundo predicado, tal como «projetar» ou «aprender», que paradoxalmente designa uma ação autónoma, mas que não pode simultaneamente aparecer sozinha: projeta-se sempre outra ação. Vemos aqui o esboço de uma oposição entre dois tipos de organização da narrativa: por um lado aquele em que se combinam a lógica e a sucessão das transformações do primeiro tipo; serão de algum modo as narrativas mais simples, e gostaria de reservar para este tipo de organização o nome de *mitológico*. Por outro lado, o tipo de narrativa em que a lógica de sucessão é secundada pelo segundo género de transformações; são narrativas em que a importância do acontecimento é menor do que a perceção que temos dele, do que o grau de conhecimento que possuímos dele, o que me leva a propor o nome de *gnoseológico* para este segundo tipo de organização narrativa (poderíamos também chamar-lhe «epistémico»).

É evidente que uma oposição deste género não visa levar à distribuição de todas as narrativas do mundo em dois polos: aqui as mitológicas, ali as gnoseológicas. Como em todo o estudo tipológico, procuro salientar as categorias abstratas que permitem a distinção das diferenças reais entre uma e outra narrativas. Aliás, não é necessário que uma narrativa possua só um tipo de transformações, e não também o outro. Voltando ao conto *Les oies-cygnes*, podem igualmente observar-se os traços de uma organização gnoseológica.

Por exemplo, o rapto do irmão produziu-se na ausência da menina: em princípio, ela ignora que é responsável por isso, e haveria aqui oportunidade para uma procura de conhecimento. Mas o conto diz apenas «a menina adivinha que eles tinham raptado o irmão», sem se demorar neste processo. Em contrapartida, o conto de Boccaccio repousa inteiramente na ignorância, seguida de reconhecimento. Querendo ligar tal narrativa particular a tal tipo de organização narrativa, deve procurar-se a predominância, qualitativa ou quantitativa, de certas transformações, não a sua presença exclusiva. Observemos agora alguns outros exemplos de organização gnoseológica. Uma obra como a *Demanda do Graal* dá habitualmente a conhecer as sequências que relatam acontecimentos materiais por outras em que o mesmo acontecimento é evocado sob a forma de predição. Estas transformações de suposição têm, neste texto, uma particularidade: realizam-se sempre e são mesmo tomadas como um imperativo moral pelas personagens. Assim, o desenlace da intriga é contado desde as primeiras páginas pela tia de Perceval: «Porque sabemos, neste país como noutros lugares, que no fim três cavaleiros terão mais do que todos os outros, a glória da Demanda: dois serão virgens, e o terceiro casto. Dos dois virgens, um será o cavaleiro que procurais, e vós sereis o outro; o terceiro será Bohort de Gaunes. Estes três cavaleiros concluirão a Demanda.» Ou ainda a irmã de Perceval, que prevê onde morrerão o seu irmão e Galaaz: «Pela minha honra, enterrai-me no Palácio Espiritual. Sabeis porque vo-lo peço? Porque Perceval nele repousará, e vós depois dele.» De um modo geral, em toda a segunda parte do livro, as ações futuras são primeiro anunciadas pela irmã de Perceval, sob a mesma forma de profecias imperativas.

Estas suposições, que precedem o acontecimento, são completadas por outras, de que só nos lembramos na altura em que o acontecimento já sucedeu. Os acasos da viagem levam Galaaz a um mosteiro: inicia-se a aventura do escudo; e, na altura exata em que aparece um cavaleiro celeste, que declara que tudo tinha sido previsto de antemão. «Eis pois o que fareis, diz José. Colocai o escudo ali, no lugar em que será enterrado Nascien. Será ali que aparecerá Galaaz, cinco dias depois de ter recebido a ordem da cavalaria. Tudo se realizou como ele tinha anunciado, visto que no quinto dia chegastes a essa abadia onde jaz o corpo de Nascien.» O mesmo acontece com Gauvain; recebe um rude golpe da espada de Galaaz e lembra-se imediatamente: «Eis que está cumprida a sentença que ouvi no dia de Pentecostes, a propósito da espada que tinha na mão. Foi-me anunciado já há muito tempo que receberia um golpe terrível, e é a mesma espada com que este cavaleiro acaba de me atingir. A coisa passou-se tal e qual como me tinha sido predita.»

Mais do que por esta transformação particular da suposição que é o «anúncio», a *Demanda do Graal* caracteriza-se por outra transformação, de conhecimento, que consiste numa reinterpretação dos acontecimentos já passados. Em geral, todos os atos realizados na Terra recebem da parte dos gentis-homens e dos eremitas uma interpretação da ordem do celeste; muitas vezes acrescentam-se revelações puramente terrestres. Deste modo, quando se lê o início da *Demanda,* pensa-se ter compreendido tudo: eis os nobres cavaleiros que decidem partir à procura do Graal, etc. Mas a narrativa dá-nos a conhecer pouco a pouco outro sentido destas mesmas cenas: o Lancelote que julgávamos forte e perfeito é um pecador incorrigível, vive em adultério com a rainha Genoveva. Monsenhor Gauvain, que foi o primeiro a fazer o voto de partir em demanda, nunca acabará, porque o seu coração é duro, e não pensa muito em Deus. Os cavaleiros que admirávamos muito a princípio são pecadores inveterados que serão castigados: já há muitos anos que não se confessavam. Os acontecimentos do início são novamente evocados, mas desta vez sabemos a verdade, e não só a aparência enganosa.

O interesse do leitor não vem desta pergunta «O que se vai passar a seguir?», que nos reenvia à lógica de sucessão ou à narrativa mitológica. Sabe-se desde o início o que se passará, quem conseguirá o Graal, quem será castigado e porquê. O interesse nasce de uma questão muito diferente, questão essa que reenvia à organização gnoseológica e que é a seguinte: O que é o Graal? A narrativa conta, como muitas outras, uma demanda; o que no entanto se procura não é um objeto, mas um sentido, o sentido da palavra Graal. E, visto que a questão diz respeito mais ao ser do que ao fazer, a exploração do futuro empalidecerá perante a do passado. Ao longo da narrativa interrogar-nos-emos sobre a significação do Graal; a narrativa principal é uma narrativa de conhecimento; idealmente, nunca terminará.

A procura do conhecimento domina também outro tipo de narrativa, que não teríamos qualquer escrúpulo em aproximar da *Demanda do Santo Graal:* é o romance policial de mistério. Sabe-se que este último se constitui pela relação problemática de duas histórias, a história do crime, ausente, e a história do inquérito, presente, cuja única justificação é fazer-nos descobrir a primeira história. Um elemento desta última é-nos com efeito relatado desde o início: é cometido um crime quase sob os nossos olhos; mas não conhecemos nem os verdadeiros agentes nem os verdadeiros móbeis. O inquérito consiste em voltar incessantemente aos mesmos acontecimentos, em verificar e corrigir os mais ínfimos pormenores, até que no fim surja a verdade dessa mesma história inicial; é uma narrativa de aprendizagem. Mas, diferentemente do *Graal,* o conhecimento caracteriza-se aqui por possuir apenas dois valores: verdadeiro ou falso. Sabe-se ou não se sabe quem matou; ao passo que a demanda de sentido no *Graal* conhece uma infinidade de graus intermédios, e, mesmo no fim, não temos a certeza de que ela tenha terminado.

Se tomarmos agora como terceiro exemplo um conto de Henry James, veremos que a procura gnoseológica pode tomar ainda formas diferentes (*Coração das Trevas*, de Conrad, apresenta ainda uma variante diferente, como se verá). Tal como no romance policial, procura-se aqui a verdade acerca do acontecimento material, não de uma entidade abstrata; mas, como na *Demanda do Graal*, no fim do livro não temos a certeza de conhecer a verdade: passámos antes de uma primeira ignorância a uma ignorância menor. *Dans la cage* conta, por exemplo, a experiência de uma telegrafista que tinha a atenção concentrada em duas pessoas que mal conhecia, o capitão Everard e Lady Bradeen. Lê os telegramas que estas personagens enviam, ouve pedaços de frases, mas, apesar da sua capacidade em imaginar os elementos ausentes, não consegue reconstituir o retrato fiel dos dois desconhecidos. Aliás, o encontro do capitão em pessoa não modifica muito as coisas: pode ver como ele é fisicamente, observar-lhe os gestos, ouvir-lhe a voz, mas a sua «essência» continua tão intangível, se não mais, como quando os separava a *cage* vidrada. Os sentidos só captam as aparências, a verdade é inacessível.

A compreensão torna-se particularmente difícil, porque a telegrafista parece saber muito mais do que sabe quando em certas circunstâncias interroga outras pessoas intermediárias. Assim, quando encontra uma amiga, Mrs. Jordan, esta pergunta-lhe: «Como, não sabe do escândalo?...» Ela, a telegrafista, pensa um pouco e responde o seguinte: «Oh! Não veio nada a público...»

James recusar-se-á sempre a nomear diretamente a «verdade» ou a «essência»: esta só existe sob a forma de múltiplas aparências. Esta ideia preconcebida afetará profundamente a organização das suas obras e vai despertar-lhe a atenção para as técnicas do «ponto de vista», para aquilo a que ele próprio chama «that magnifícent and masterly indirectness»: *Dans la cage* apresenta-nos a visão da telegrafista, acerca de Mrs. Jordan, que conta, ela própria, o que ouviu ao noivo, Mr. Drake, o qual, por sua vez, só conhece de vista o capitão Everard e Lady Bradeen!

Mais uma vez, o processo de conhecimento é dominante no conto de James, e não está nele presente por exclusão de qualquer outro. *Dans la cage* submete-se à organização mitológica: o equilíbrio primeiro da telegrafista é perturbado pelo encontro com o capitão; no entanto, no fim da narrativa, voltará ao seu projeto inicial, que era casar com Mr. Mudge. Por outro lado, paralelamente às transformações de conhecimento propriamente ditas, não há outras que possuam as mesmas propriedades formais, sem ser através do mesmo processo (o termo «gnoseologia» já não é aqui apropriado); é o caso, em particular, daquilo a que se poderia chamar a «subjetivação», a reação ou a tomada de posição pessoal perante o acontecimento. *Em Busca do Tempo Perdido* desenvolverá esta última transformação até à hipertrofia: o menor incidente da vida, tal como o grão de areia à volta do qual cresce a pérola, servirá de pretexto a longas descrições sobre a maneira como o acontecimento é vivido por esta ou por aquela personagem.

É preciso distinguir aqui duas maneiras de julgar as transformações: segundo o seu poder formativo ou segundo o seu poder evocador. Entendo por poder formativo a aptidão de uma transformação formar, só por si, uma sequência narrativa. É difícil imaginar (ainda que não seja impossível) uma narrativa que só comporte transformações de subjetivação, que se reduza à descrição de um acontecimento e das reações que ele suscita em diferentes personagens. Até o romance de Proust comporta elementos de uma narrativa mitológica: a incapacidade de escrever do narrador será ultrapassada; a família de Swann e a de Guermantes, primeiro separadas, reunir-se-ão com o casamento de Gilberte com Saint-Loup. A negação é claramente uma transformação de grande poder formativo; mas o par ignorância (ou erro)-conhecimento serve também muitas vezes para enquadrar as narrativas. Os outros processos da narrativa mitológica parecem menos aptos a formar (na nossa cultura pelo menos), por si próprios, sequências. Uma narrativa que só tivesse transformações modais assemelhar-se-ia mais a um livro didático e moral, em que as sequências seriam do tipo: «X deve portar-se como um bom cristão — X porta-se como um bom cristão». Uma narrativa que fosse apenas constituída por relações de intenção assemelhar-se-ia a certas passagens de *Robinson Crusoe*: Robinson decide construir uma casa — constrói a casa; Robinson decide fazer um jardim — faz o jardim, etc.

Mas este poder formativo (ou, se preferirmos, sintático) de certas transformações não deve ser confundido com o que nós apreciamos especialmente num romance, ou com aquilo em que o sentido é mais rico, ou ainda com o que permite distinguir com precisão uma narrativa de outra. Lembro-me de que uma das cenas mais apaixonantes de um filme recente de espionagem, *The Ippcress File,* consistia em mostrar-nos o herói principal a preparar uma omelete. Naturalmente que a importância deste episódio era nula (poderia ter comido tranquilamente uma sandes de presunto); mas esta cena preciosa tornava-se como que o emblema de todo o filme. É o que eu chamo poder evocador de uma ação: parece-me que são sobretudo as transformações de modo que caracterizam este universo fictício por oposição a outro; mas, só por si, ser-lhes-ia difícil produzir uma sequência narrativa autónoma.

Agora que começamos a familiarizar-nos com esta oposição entre princípio de sucessão e princípio de transformação (assim como com as variantes deste último), poderíamos perguntarmo-nos se não leva, com efeito, à oposição que Jakobson considerou entre metonímia e metáfora. É possível fazer essa aproximação, mas não me parece necessário. É difícil assimilar todas as transformações em relações de similitude, assim como toda a similitude em metáfora. A sucessão também não ganharia nada em ser considerada metonímia ou contiguidade, uma vez que uma é essencialmente temporal, a outra espacial. A aproximação seria tanto mais problemática quanto, segundo Jakobson, «o princípio de similaridade governa a poesia», e «a prosa, pelo contrário, move-se essencialmente através das relações de contiguidade»; ora, segundo o nosso ponto de vista, sucessão e transformação são igualmente necessárias à narrativa. Se fosse preciso opor narrativa a poesia (ou épica a lírica), poderíamos primeiramente reter (e nisto de acordo com Jakobson) o caráter transitivo ou intransitivo do signo; em segundo lugar, a natureza da temporalidade representada: descontínua aqui, presente perpétuo acolá (o que não quer dizer atemporalidade); em terceiro lugar, a natureza dos nomes que ocupam um lugar do sujeito semântico, ou *tema,* aqui e ali: a narrativa só admite nomes particulares como sujeito, a poesia admite tanto nomes particulares como gerais. O discurso filosófico, esse, caracteriza-se ao mesmo tempo pela exclusão de nomes particulares e pela atemporalidade: a poesia seria pois uma forma intermédia entre discurso narrativo e discurso filosófico.

Mas voltemos à narrativa e perguntemo-nos se todas as relações entre uma ação e outra se distribuem entre o tipo mitológico e o tipo gnoseológico. O conto analisado por Propp tinha um episódio, com que não me demorei. Tendo partido à procura do irmão, a menina encontrou alguns doadores possíveis. Primeiro um ouriço, a quem pediu uma informação: este prometeu dar-lha se ela lhe deixasse comer do seu pão; mas a menina, insolente, recusou.

A seguir encontrou um pomar e um rio: «propostas análogas, a mesma insolência nas respostas». Propp designa estes três episódios com o termo «triplamente»; é um processo muito frequente no folclore.

Qual é a relação exata entre estes três episódios?

Viu-se que nas transformações as duas proposições eram aproximadas: a diferença residia numa transformação acrescentada ao predicado. Mas agora, nas três ações descritas por Propp, é precisamente o predicado que permanece idêntico: de cada vez que há uma oferta de um, o outro recusa com insolência. O que muda são os agentes (os sujeitos) de cada proposição ou então os circunstantes. Mais do que serem transformações uma da outra, estas proposições aparecem como *variações* de uma só situação, ou como aplicações paralelas de uma mesma regra.

Poderíamos conceber um terceiro tipo de organização da narrativa, já não mitológica ou gnoseológica, mas talvez *ideológica,* na medida em que é uma regra abstrata, uma ideia que produz as diferentes peripécias. A relação das proposições entre si já não é direta, passa-se da forma negativa à forma positiva, ou da ignorância ao conhecimento: as ações são ligadas por intermédio de uma fórmula abstrata: a da ajuda oferecida e a da recusa insolente, no caso de *Les oies-cygnes.* Muitas vezes, para encontrar a relação entre duas ações materialmente distintas, deve-se procurá-la numa abstração muito grande.

Tentei, a propósito de vários textos, descrever as regras lógicas, os imperativos ideológicos que regem os acontecimentos do universo narrativo (mas poderíamos também fazê-lo para cada uma das narrativas anteriormente evocadas). Assim, em *As Ligações Perigosas* todas as ações das personagens podem ser apresentadas como o produto de algumas regras muito simples e abstratas: essas regras, por sua vez, reenviam à ideologia organizadora do livro.

O mesmo acontece em *Adolfo*, de Constant. As regras que regem o comportamento das personagens são aqui essencialmente duas. A primeira decorre da lógica do desejo tal como é afirmada pelo livro; poderíamos formulá-la assim: deseja-se o que se não tem, rejeita-se o que se tem. Consequentemente, os obstáculos reforçam o desejo, e toda a ajuda o enfraquece. O amor de Adolfo sofrerá um primeiro golpe, quando Elléonore deixar o conde de P para vir viver com ele. Um segundo, quando ela trata dele dedicadamente, depois de ter sido ferido. Cada sacrifício de Elléonore exaspera Adolfo: tem cada vez menos coisas para desejar. Em contrapartida, quando o pai de Adolfo decide provocar a separação do casal, o efeito é inverso, e Adolfo enuncia-o explicitamente: «Julgando separar-me dela, só conseguirá prender-me ainda mais.» O trágico desta situação deve-se ao facto de o desejo, para obedecer a esta lógica particular, não deixar apesar disso de ser desejo: quer dizer, de magoar quem não é capaz de o satisfazer.

A segunda lei deste universo, igualmente moral, será formulada por Constant do seguinte modo: «A grande questão na vida é a dor que se causa, e a mais engenhosa metafísica não justifica o homem que despedaça o coração de quem o ama.» Não se pode regular a vida pela procura do bem, sendo a felicidade de um sempre a desgraça do outro. Mas pode-se organizá-la a partir da exigência de tentar fazer o menos mal possível: este valor negativo será o único que aqui terá um estatuto absoluto. Os mandamentos desta lei levá-lo-ão aos da primeira, sendo os dois contraditórios. É o que explica o facto de Adolfo sofrer tanto em ter de dizer a «verdade» a Elléonore. «Ao falar assim, vi de repente o seu rosto coberto de lágrimas: parei, retrocedi, contradisse-me, expliquei» (cap. 4).

No capítulo 6, Elléonore ouve tudo até ao fim; desmaia, e Adolfo não pode deixar de lhe confirmar o seu amor. No capítulo 8, surge um pretexto para a abandonar, mas não o aproveitará: «Poderia porventura castigá-la das imprudências que a tinha feito cometer, e, friamente hipócrita, procurar um pretexto nessas imprudências, para a abandonar sem piedade?» A piedade prima sobre o desejo.

Assim, certas ações isoladas, independentes, muitas vezes realizadas por personagens diferentes, revelam a mesma regra abstrata, a mesma organização ideológica.

A organização ideológica parece possuir um fraco poder formativo: é raro encontrar uma narrativa que não enquadre as ações que são produto de outra ordem — mas que não acrescenta à primeira uma segunda organização, porque não se pode ilustrar uma lógica ou uma ideologia ao infinito; não há razão para que esta ilustração preceda — ou siga — aquela outra. Assim, em *As Ligações Perigosas* as ações descritas são retomadas no interior de um quadro que releva da organização mitológica: o estado excecional que constitui o reino dos «vencidos», Valmont e Merteuil, será substituído por um regresso à moral tradicional.

O caso é um pouco diferente em *Adolfo* e em *Cadernos do Subterrâneo*, outro texto que ilustra a organização ideológica, como veremos num capítulo ulterior. Outra ordem — que não é a simples ausência de precedentes — aí se instaura, e é feita de relações que se poderiam chamar «espaciais»: repetições, antíteses e gradações. Assim, em *Adolfo,* a sucessão dos capítulos segue uma linha precisa: retrato de Adolfo no primeiro capítulo; aumento dos sentimentos nos capítulos dois e três; a sua lenta degradação do quarto ao décimo. Cada nova manifestação dos sentimentos de Adolfo deve ser superior à precedente na primeira parte e inferior na outra. O fim torna-se possível graças a um acontecimento que parece ter um estatuto narrativo excecional, a morte. Em *Cadernos do Subterrâneo,* a sucessão de acontecimentos obedece simultaneamente à gradação e à lei do contraste. A cena com um oficial apresenta resumidamente os dois papéis oferecidos ao narrador; a seguir a ser humilhado por Zverkov, humilha por seu turno Lisa; é de novo humilhado pelo criado Apollone e de novo humilha Lisa, mais gravemente ainda. A narrativa interrompe-se graças ao anúncio de uma ideologia diferente, que Lisa revela e que consiste em recusar a lógica do senhor e do escravo e em amar os outros por si próprios.

Observamo-lo mais uma vez: as narrativas individuais exemplificam mais do que um tipo de organização narrativa, «com efeito, qualquer uma delas poderia servir de exemplo a todos os princípios organizadores»; mas a análise de um destes tipos é mais esclarecedora para a compreensão de um texto particular.

Poderia fazer-se uma observação análoga, mudando radicalmente de nível, e dizer: uma análise narrativa será esclarecedora para o estudo de certo tipo de textos e não para outros. Porque o que eu aqui examino não é o texto, com as suas variedades próprias, mas a narrativa, que pode desempenhar um papel importante ou nulo na estrutura de um texto, e que por outro lado também aparece em textos literários e noutros sistemas simbólicos. É verdade que hoje já não é a literatura que fornece as narrativas de que toda a sociedade parece ter necessidade para viver, mas o cinema: os cineastas contam-nos histórias, ao passo que os escritores brincam com as palavras... As observações tipológicas que acabei de apresentar dizem respeito em princípio não só às narrativas literárias, como é o caso dos meus exemplos, mas a todas as espécies de narrativas; relevam menos da poética do que de uma disciplina que me parece merecer plenamente o direito de existir e que seria a *narratologia.*

O DISCURSO PSICÓTICO

A minha hipótese baseia-se num lugar-comum da psiquiatria, a que tentarei dar um sentido preciso. Desde Bleuler até Henri Ey, passando por Freud, diz-se que a psicose implica uma deterioração na visão que o indivíduo tem do mundo exterior ([1]). Se a psicose é geralmente uma perturbação na relação entre o eu e a realidade exterior, nesse caso o discurso psicótico será um discurso que falha no trabalho de evocação da realidade, ou seja, no trabalho de referência.

Esta falha da referência pode tomar várias formas. Primeiro, no caso mais simples, e para nós mais marginal, o doente pode refugiar-se no silêncio, na recusa da fala — e, com mais razão ainda, recusar-se a referir o que quer que seja.

Em segundo lugar, o processo de referência pode realizar-se normalmente, mas o mundo a que nos referimos não terá para nós, os não psicóticos, existência real, visto que não há nenhum índice no próprio discurso que permita deduzir que se passa o mesmo com aquele que o profere. A referência faz-se, mas em relação a um mundo imaginário, ou antes, a um mundo em que não existe diferença entre real e imaginário.

Em terceiro lugar, é possível um caso de certa maneira intermédio: o sujeito fala, mas não se consegue, a partir do seu discurso, construir qualquer mundo de referência.

No primeiro caso, é a própria fala que é atacada; no segundo, são as coisas de que se fala; no terceiro, a capacidade de as palavras se referirem às coisas, a possibilidade de se passar de umas a outras. Estes três casos correspondem, em linhas gerais, a três espécies de psicoses admitidas pela nosografia atual: são, por ordem, a catatonia, a paranoia e a esquizofrenia.

Será compreensível que, ao fazer uma exposição sobre o discurso psicótico, não tenha nada a dizer acerca da catatonia, que é precisamente a recusa da linguagem. A paranoia também não levanta muitos problemas segundo este ponto de vista. O discurso paranoico é muito semelhante, enquanto discurso, a um discurso considerado normal; a única diferença importante reside no facto de os referentes evocados não terem forçosamente para nós existência real. Seria suficiente, no entanto, que esse discurso fosse apresentado como uma ficção (por alusão, por tropo, por brincadeira), para que desaparecessem todas as suas características patológicas. É precisamente aquilo que o paranoico nunca poderá fazer, porque ignora essa distinção.

Eis um exemplo do discurso paranoico, produzido (por escrito) pela senhora N., que afirma conhecer Cristo na sua presente encarnação, que está no mesmo hospital que ela:

> A penúltima vez, quando fui visitar o Cristo-Rei à 11.ª divisão, internado sob o pseudónimo de Sr. X., acompanhada por duas pessoas, só me foi dada autorização para o ver através das grades. O seu rosto tinha mudado! Parecia-se com o Príncipe Sihanuk! Para mim, isso não é surpreendente. Os seres imortais podem transformar-se em qualquer

> outro ser para nos porem à prova! [...] A última vez que quis ver o Cristo-Rei, ou Deus-Pai, curiosamente, um enfermeiro deixou-me entrar, rapidamente e sem dificuldade, na 11.ª divisão. Era certamente um extraterrestre, pelo que pude compreender depois da minha visita. Apressei-me a subir à 11.ª divisão e, apesar dos meus esforços e dos enfermeiros em procurá-lo, ele não estava lá! É claro que partiu em missão com o seu corpo visível e invisível.

Compreende-se perfeitamente que aquilo que a senhora N. quer dizer possa ser por nós evocado e que o universo que ela descreve possa surgir no nosso espírito; mas não acreditamos na existência de extraterrestres, de seres imortais ou de corpos humanos invisíveis. Se este texto se apresentasse como uma narrativa maravilhosa, nunca teríamos pensado em paranoia. Mas a narrativa maravilhosa é acompanhada de índices que nos dão a perceber que o seu autor não «acredita» nos acontecimentos evocados. A diferença não está no discurso propriamente dito, mas na atitude do locutor em relação a ele: considera-o como verdadeiro ou fictício, para o tomar à letra ou para o interpretar de forma indireta. Esta diferença pode traduzir-se no discurso através da utilização de índices apropriados: lexicais (é o caso do subtítulo «conto maravilhoso» ou do uso convencional do «era uma vez»), fonéticos (entoação e expressividade sonora) ou, finalmente, não verbais (gestos ou situações que indiquem a qualidade do discurso que os segue ou precede). É destes índices que o discurso paranoico se encontra desprovido (ou, quando aparecem, são incoerentes).

Há outra diferença entre o discurso paranoico e o não paranoico, mas situa-se a um nível mais abstrato e separa os discursos que se podem considerar «sobreorganizados» dos outros. Nada acontece sem razão no mundo da senhora N., e nada é desprovido de sentido; tinha proposto anteriormente, para designar estes fenómenos, os termos «pan-determinismo» e «pan-significação». Esta característica é comum ao discurso paranoico e a todo o discurso sistemático e interpretativo: o do filósofo, do sábio, do crítico. Estes últimos, tal como o paranoico, veem tudo aquilo que o indivíduo vulgar vê, mas também outras coisas de que este último não suspeita. A diferença entre os representantes destas profissões e o paranoico é, por um lado, quantitativa: o desejo de explicar tudo, de tudo compreender, tem diversos graus. Por outro lado, é qualitativa: o paranoico é aquele que perde a possibilidade de distinguir a ficção da verdade (e de verificar as suas interpretações); ou seja, aquele que perdeu o uso dos índices que servem para separar as duas.

Vejamos agora o discurso esquizofrénico, o mais interessante do ponto de vista linguístico, porque é em si próprio que contém as suas particularidades. Citarei um breve enunciado, cujo autor é M. C.:

> Sem dúvida que o diretor enfrentou a prefeitura, pois esse é o seu papel, uma vez que é diretor administrativo, diz-me ele, pespegou-me com o bisturi na cara e a camisola nos braços. O diretor fez-me agarrá-lo, e eu fiz agarrar dois polícias, naturalmente, uma vez que os dois estão de acordo em desfigurar, o interno aplica-me a anestesia; agora que o inquérito terminou, ele desfigurou, é demasiado tarde, agora desfigurou, é ele a culpa.

Vê-se bem como é grande o contraste em relação ao discurso paranoico anteriormente citado: naquele caso era fácil reconstituir a referência, agora não é possível evocar os acontecimentos que estas palavras deveriam relatar. O discurso já não refere: resta saber porquê. Em que dados linguísticos se baseia essa impossibilidade?

Vimos que a perturbação paranoica se reduzia à ausência de índices de ficção (ou de sentido indireto), e sabe-se que Bateson([2]) quis encontrar nesta perturbação do funcionamento metalinguístico da linguagem o traço característico do discurso psicótico. Mas o que era verdadeiro no caso da paranoia deixa de o ser no da esquizofrenia. É verdade que, ainda aqui, há perturbações que se podem inscrever no quadro do funcionamento metalinguístico, mas são já de uma natureza diferente; não têm que ver com as etiquetas que permitem distinguir os modos de linguagem, mas com os elementos que asseguram a coerência de um discurso. Todavia, essa coerência pode ser perturbada por outros meios diferentes dos fracos elementos metalinguísticos. E, para mais, essa perturbação da coerência não é um facto último: a incoerência é uma das razões pelas quais a referência se tornou impossível. Poderia esquematizar-se do seguinte modo a hierarquia destas categorias:

Utilizaremos esta repartição, por muito arbitrariamente que seja, para examinar os processos linguísticos que tornam impossível a referência.

perturbações de referência
- por incoerência
  - por não funcionamento metalinguístico (1)
  - por outras razões (2)
- por outras razões (3)

1. Comecemos pelos factos que dizem respeito ao processo metalinguístico que se elabora no discurso. Não se trata, repito-o, da ausência de termos que qualifiquem o estatuto do discurso que se segue ou precede, mas de um funcionamento específico dos elementos linguísticos, que, num discurso, reenviam a outros segmentos do enunciado, assegurando deste modo a coerência do conjunto. O primeiro tipo destes elementos é evidentemente a *anáfora,* sob todas as formas e mais particularmente as pronominais: há aqui muitas anáforas, mas mantêm-se indeterminadas; baseando-nos nas leis habituais do discurso, é impossível identificar os referentes (os antecedentes). O enunciado citado é quanto a isto exemplar. Fala-se no início do diretor: mas é ele que a seguir é evocado pelo «ele»? É uma surpresa ver-lhe atribuído o bisturi. A seguir «fez-me agarrá-lo»: o quê? «Os dois»: serão os polícias? «Ele desfigurou»: quem, o diretor, o interno ou um dos polícias? E quem é o «ele» culpado? No resto do discurso do mesmo doente, encontra-se continuamente «isso», «lá», «isto», etc., cujos antecedentes são impossíveis de encontrar.

Vê-se que aqui se aborda um aspeto muito diferente do funcionamento linguístico, em oposição à paranoia: as anáforas são metalinguísticas, na medida em que reenviam a outras partes do discurso. O caso é um pouco semelhante ao das *conjunções* que exprimem as relações entre proposições. Duas proposições podem ter entre elas relações de causalidade ou de adversidade, ou de sucessão temporal, ou de inclusão, etc.: estas relações podem ser ou não ser nomeadas por partes apropriadas do discurso, tais como «porque», «mas», «a seguir», «por exemplo», etc. Esta nomeação, pode por sua vez ser ou não justificada; sabe-se que Spitzer via o traço característico do estilo de Charles-Louis Phillippe nas «motivações pseudo-objetivas», quer dizer naquelas em que os «porque» não correspondem a nenhuma relação de causalidade. É um fenómeno do mesmo género que se observa nos enunciados dos esquizofrénicos. Tínhamos um exemplo no nosso enunciado: «fiz agarrar dois polícias, naturalmente, uma vez que os dois estão de acordo em desfigurar.» É necessário observar aqui que o papel inicial, desenvolvido pelas conjunções, pode ser igualmente assegurado pelos semas de outra palavra, semas que indiquem também a relação entre proposições. É o caso dos verbos causativos: dizer que uma coisa impediu outra é criar entre as duas uma relação de causalidade — que pode parecer-nos ou não justificada.

Uma terceira propriedade destes discursos liga-se às perturbações do funcionamento metalinguístico: é a ausência de uma hierarquia percetível entre os segmentos que compõem o discurso. Esta estrutura hierárquica do discurso manifesta-se antes do mais por aquilo a que se poderia chamar *balizadores*, que descrevem o resto do discurso, explicitando deste modo as relações de hierarquia. Ora, estes últimos não se encontram no discurso esquizofrénico; mesmo uma simples lembrança de uma parte precedente do discurso é excecional.

2. No discurso não esquizofrénico, estes aspetos do funcionamento metalinguístico servem para assegurar a sua coerência; as perturbações que sofrem no discurso esquizofrénico tornam a estabilidade impossível. Esta falta de coerência foi desde sempre considerada como um dos traços característicos da fala nos esquizofrénicos: o que se sabe menos, mais uma vez, é quais os meios linguísticos que asseguram habitualmente essa coerência e em que consiste a sua alteração. Já se viu qual o papel que desempenhavam determinados elementos metalinguísticos no discurso; eles não são os únicos que se prestam à manutenção da coerência.

Ao nível da proposição, para atingir a coerência, é necessário que esta seja inteira. Ora, as proposições inacabadas formigam no discurso esquizofrénico. Uma variante desse inacabamento é a perturbação das relações entre os membros da proposição, por exemplo, da relação de *transitividade* (sabe-se da relação que há entre transitividade e causalidade).

Assim, M. C. emprega os verbos transitivos de maneira absoluta, como no enunciado citado («para desfigurar», «ele desfigurou»), ou com complemento indireto.

Mas a incoerência revela-se, antes de mais, na relação interproposicional. Ainda aqui se podem distinguir vários casos. Em primeiro lugar, observa-se muitas vezes uma espécie de *assíndeto* semântico, proposições coladas umas às outras sem qualquer relação de conteúdo, sem conjunções, que indiquem a sua hierarquia. O caso será ainda mais claro quando a transição é observável, mas releva daquilo que Wundt chamava as associações *extrínsecas*. Estas são de duas espécies principais: metonímias de coincidência, quer dizer, de tempo e de lugar, e associações a partir do significante. O significante serve muitas vezes de condutor no discurso; é aquilo a que os psiquiatras chamam a «intoxicação verbal»: uma palavra (ou uma sílaba, ou uma expressão) aparece várias vezes de seguida, mantendo ou alterando o seu sentido; é o caso dos verbos «agarrar» e «desfigurar» no nosso exemplo. Enfim, a coerência interproposicional é particularmente fraca quando as proposições que se seguem constituem *contradições*.

3. Tal como o desfuncionamento metalinguístico, também a coerência não é um facto último; produz por sua vez um resultado, que é impossibilidade de construir a referência. Esta relação de causa e efeito não é evidente: todavia, logo que formulada, torna-se uma evidência. A referência é uma construção mental do alocutário: ao ouvir X. falar-me da sua noite de ontem, sou capaz de construir uma representação dos acontecimentos evocados. Nem todo o segmento linguístico é referencial, e nem todas as proposições contribuem na mesma medida para essa construção. Se X. se contenta em enunciar sentenças gerais, terei da sua noite uma representação mais vaga do que se ele me enumerar os nomes dos presentes e descrever as suas ações. Mas, antes de abordar esta variedade referencial de proposições, é preciso salientar uma condição preliminar: é que todos os segmentos do discurso se referem ao mesmo acontecimento e descrevern-no de um modo constante. Ora, o inacabamento impede a referência, a descontinuidade implica uma referência de diferentes acontecimentos, e a contradição implica que essa referência seja diversa. A coerência é, pois, uma condição necessária à referência.

No entanto, não é suficiente, apenas preliminar. A referência existe mediante uma série de índices particulares (os *shifters*, os nomes próprios e as datas, os sintagmas nominais, em certas condições); é fundamentada por predicados, e, se eles forem mais concretos, precisos e determinados, melhor ainda. Os predicados são a carne da referência; os índices, a ossatura. Podemos pois esperar perturbações próprias dos esquizofrénicos, dizendo respeito a cada um destes aspetos da referência. É o que não deixa de acontecer.

Um discurso que não tenha referência, que não permita a construção de representações é um discurso que não encontra a sua justificação para lá dele próprio, é um discurso que apenas é discurso. Todos os que se interessaram pelos esquizofrénicos repetiram, depois de Bleuler: «o paciente tem intenção de escrever, mas não escreve *qualquer coisa* [...] Muitos doentes [...] falam, mas não dizem nada (*reden aber sagen nitchts*).» Escrever é para o esquizofrénico um verbo intransitivo, fala sem nada dizer. O que é, ao mesmo tempo, a apoteose e o fim da linguagem.

Queria, antes de terminar, lembrar uma questão muitas vezes debatida, ou seja, as relações entre loucura e literatura, entre discurso psicótico e poético. Numerosas obras tentaram estabelecer o paralelo entre os dois quando não acontece, de forma ainda mais brutal, tentar-se pensar que os poetas são loucos, ou inversamente. Dir-se-á por exemplo, que aqui e ali há metáforas, ali e acolá se privilegia o significante, aqui e lá o texto é absurdo. Por vezes, acrescenta-se ao grupo assim constituído, as crianças, os selvagens e os nossos antepassados, os hominianos, para formarem o bloco do «pré-lógico» do «paleológico» ou do «pré-edipiano».

Para mim, a comparação apresentada deste modo não tem nenhum interesse, na medida em que a «literatura» não é um tipo de discurso semelhante à fala psicótica. A literatura é uma instituição cujo conteúdo varia com as culturas e as épocas, e não pode ser na totalidade comparada com nenhum discurso particular.

A aproximação torna-se no entanto possível, se utilizarmos, em vez de literatura, a *ideia* que fizermos dela em épocas diferentes ou mesmo a ideia do que ela deveria ser. A recusa da linguagem, enquanto evocação do mundo ou, como se diz em teoria estética, enquanto imitação, data, aproximadamente, da época romântica (da segunda metade do século XVIII); poderíamos agora dizer que, a partir dessa altura, a ideia de literatura começa a «psicotizar-se». K. Ph. Moritz exige para a poesia o direito de se transformar naquilo que Bleuler julga ser o discurso psicótico: uma linguagem que se basta a si própria, uma fala plena que não reenvia a nada que lhe seja exterior; falar por falar, como dizia Novalis em *Les Disciples à Saïs*. Ainda hoje, continuamos a viver com essa ideia romântica de literatura; não será, pois, de surpreender se nos forem propostas novas aproximações.

O paralelo entre conceções literárias e discurso psicótico pode ser ainda levado mais longe. A reação contra a representação dá-se no século XX de forma paranoica: a analogia universal, o mundo das correspondências caracterizam os românticos e os simbolistas, que são atraídos simultaneamente pelo sobrenatural (muito semelhante, apesar de tudo, ao da Sra. N.). Nos nossos dias, ao contrário, a reação é esquizofrénica: não é o mundo habitualmente representado que se tenta substituir por outro mundo, é a própria representação que deve dar lugar à não-representação. E os processos de literatura que se aproximam o mais possível deste ideal não são muito diferentes daqueles que acabámos de rever.

Será de esperar que o passo seguinte seja a catatonia, quer dizer, uma literatura do silêncio? ([3])

A LEITURA COMO CONSTRUÇÃO

Não se conhece o omnipresente. Nada mais comum do que a experiência da leitura, e nada de mais figurado. Ler: é tão evidente que, à primeira vista, parece não haver nada a dizer sobre o assunto.

Nos estudos sobre literatura, encarou-se por vezes — raramente — o problema da leitura segundo dois pontos de vista muito diferentes: um considera os leitores na sua diversidade histórica ou social, coletiva ou individual, o outro considera a imagem do leitor, tal como é representado nalguns textos: o leitor como personagem ou ainda como «narratário». Mas sobra um domínio inexplorado, o da lógica da leitura, que não é representada no texto e que todavia é anterior à diferença individual.

Há vários tipos de leitura. Apenas abordarei aqui um deles, não o menor: a leitura dos textos clássicos de ficção, mais exatamente os textos considerados representativos. Só e apenas essa leitura se manifesta como uma construção.

Apesar de já não considerarmos a arte e a literatura como uma imitação, dificilmente nos desembaraçamos de uma maneira de ver, inscrita até nos nossos hábitos linguísticos, que consiste em considerar o romance em termos de representação, de transposição de uma realidade — que lhe seria preexistente. Mesmo que ele procure apenas descrever o processo de criação, essa visão é já um problema; é francamente deformante, se relacionada com o próprio texto.

Primeiro, o que existe é o texto e nada mais do que ele; só ao submetê-lo a um tipo particular de leitura construímos, a partir dele, um universo imaginário. O romance não imita a realidade, cria-a: esta fórmula dos pré-românticos não é uma simples inovação terminológica: só a perspetiva de construção nos permite compreender corretamente o funcionamento do texto considerado representativo.

A questão da leitura reduz-se à pergunta seguinte: como é que um texto nos leva à construção de um universo imaginário? Quais são os aspetos do texto que determinam a construção por nós produzida ao ler, e de que modo a determinam? Comecemos pelo mais simples.

O DISCURSO REFERENCIAL

Só as frases referenciais permitem a construção: ora, nem todas as frases são forçosamente referenciais. É um facto bem conhecido pelos linguistas e pelos lógicos: não será necessário determo-nos muito nesta questão.

A compreensão é um processo diferente da construção. Tomemos estas duas frases de *Adolfo:* «Sentia-a melhor do que eu; desprezava-me por ser indigno dela. É uma terrível infelicidade não ser amado quando se ama; mas ainda é pior se se é amado com paixão, quando já não se ama.» A primeira destas frases é referencial; evoca um acontecimento (os sentimentos de Adolfo): a segunda não: é uma sentença. A diferença entre as duas é assinalada por índices gramaticais; a sentença exige o presente, a terceira pessoa do verbo e não possui anáforas.

Uma frase é ou não é referencial, não há um grau intermédio. No entanto, as palavras que a compõem não são todas semelhantes neste aspeto: a escolha que o autor fará no léxico provocará resultados muito diferentes. Duas oposições independentes parecem ser aqui particularmente pertinentes; a do sensível e do não-sensível: a do particular e do geral. Por exemplo, referir-se-á assim ao seu passado: «no meio de uma vida muito dissipada»; esta expressão evoca acontecimentos percetíveis, mas a um nível muito geral; imaginam-se facilmente centenas de páginas que descreveriam exatamente o mesmo facto. Enquanto nesta outra frase — «Via no meu pai não um censor, mas um observador frio e cáustico, que primeiro sorria com piedade, e que acabava logo a conversa com impaciência» — se nota uma justaposição de acontecimentos sensíveis e não sensíveis: o sorriso, o silêncio, são factos observáveis; a piedade e a impaciência são as suposições — sem dúvida justificadas — sobre sentimentos a que não temos nenhum acesso direto.

Habitualmente, encontram-se no mesmo texto de ficção amostras de todos estes registos da fala (mas sabe-se que a sua repetição varia segundo as épocas, as escolas — ou ainda em função da organização global do texto). As frases não referenciais nunca são apreendidas pela leitura como construção (fazem parte de outra leitura). As frases referenciais levam a construções de qualidade diferente, de acordo com a sua maior ou menor generalidade, e ao evocarem acontecimentos mais ou menos sensíveis.

OS FILTROS NARRATIVOS

As qualidades do discurso até agora evocadas podem ser identificadas fora de todo o contexto: são inerentes às próprias frases. Todavia, leem-se textos inteiros e não frases.

Comparam-se, portanto, as frases entre si do ponto de vista do universo imaginário que elas levam a construir; e diferem em vários aspetos ou, ainda, segundo diversos parâmetros. O acordo parece ser feito, em análise narrativa, para reter três parâmetros: o tempo, a visão e o modo. Ainda aí se está num domínio relativamente conhecido (que tentei salientar na minha *Poética*); é necessário agora encará-lo simplesmente do ponto de vista da leitura.

O modo: o estilo direto é o único meio de eliminar toda a diferença entre o discurso narrativo e o universo que ele invoca; as palavras são idênticas às palavras, a construção é direta e imediata. O mesmo não acontece com os acontecimentos não verbais, nem com o discurso transposto. Uma frase de *Adolfo* diz: «O nosso hóspede, que falou com um criado napolitano, que servia o estrangeiro sem saber o seu nome, disse-me que ele não viajava por curiosidade, porque não visitava nem as ruínas, nem os lugares, nem os monumentos, nem os homens.» Podemos imaginar a conversa do narrador com o hóspede, ainda que seja pouco provável que este tenha utilizado, mesmo em italiano, uma frase idêntica à que segue a fórmula: «disse-me que». A construção da conversa entre o hóspede e o criado, igualmente evocada, é muito menos determinada; dispomos, pois, de uma liberdade maior se a quisermos construir nos seus pormenores. Enfim, as conversas e as outras atividades comuns ao criado e a Adolphe são inteiramente indeterminadas; apenas nos é transmitida uma impressão global.

A palavra do narrador poderá ser igualmente considerada como estando no estilo direto, ainda que num grau superior; em especial se (como no caso de *Adolfo*, por exemplo) esse narrador é representado no texto. A sentença excluída anteriormente da leitura como construção será aqui recuperada — já não como enunciado, mas como enunciação. Que Adolfo, o narrador, tenha formulado semelhante máxima sobre a infelicidade do ser amado informa-nos sobre o seu caráter e portanto sobre o universo imaginário de que participa.

No plano temporal: o tempo do universo imaginário (o tempo de história) é ordenado cronologicamente; ora, as frases do texto não obedecem, não podem obedecer, a essa ordem. Do mesmo modo, algumas frases evocam vários acontecimentos distintos, mas comparáveis (narrativa iterativa); no momento de construção, restabelecemos a pluralidade.

A «visão» que temos dos acontecimentos evocados é evidentemente determinante para o trabalho de construção. Por exemplo, numa visão valorizante, damos conta a) — do acontecimento relatado; b) — da atitude daquele que «vê» nesse acontecimento. Ou, ainda, sabemos distinguir a informação que uma frase nos transmite sobre o seu objeto daquela que diz respeito ao seu sujeito; assim, «o editor» de *Adolfo* pode apenas pensar na segunda, comentando do seguinte modo a narrativa que acabámos de ler: «Odeio essa vaidade que se ocupa dela própria relatando o mal que fez, que tem a pretensão de se queixar ao descrever-se e que, pairando indestrutível, no meio de ruínas, se analisa em vez de se arrepender.» O editor constrói o sujeito da narrativa (Adolfo, o narrador), não o seu objeto (Adolfo, a personagem, e Ellénore).

Normalmente, não nos apercebemos de como o texto ficcional é repetitivo ou, se se quiser, redundante; poderíamos mesmo dizer, sem qualquer receio, que cada acontecimento da história é pelo menos relatado duas vezes. Estas repetições são moduladas, a maior parte das vezes, pelos filtros que acabámos de enumerar: uma conversa será, uma vez reproduzida, de novo evocada sumariamente; um acontecimento será observado de vários pontos de vista; será evocado no futuro, no presente e no passado. Todos estes parâmetros podem ainda combinar-se entre si.

A repetição é muito importante no processo de construção, uma vez que se constrói *um* acontecimento a partir de *várias* narrativas. As relações entre as narrativas repetitivas variam desde a identidade até à contradição; e mesmo a identidade material não leva necessariamente à identificação de sentido (um bom exemplo disto é o recente filme de Coppola, *O Vigilante* [*The Conversation*]). Também são diversas as funções destas repetições: contribuem para inventariar os acontecimentos (no inquérito policial) ou para os dissolver: é o caso de *Adolfo,* onde a mesma personagem, em momentos muito próximos, pode ter visões contraditórias de um mesmo acontecimento, e nos faz compreender que os estados psíquicos não existem por si, mas sempre em relação a um interlocutor, a um parceiro. O próprio Constant formulava assim a lei deste universo: «O objeto que nos escapa é necessariamente muito diferente daquele que nos persegue.»

Para se poder, ao ler um texto, construir um universo imaginário, é pois necessário que esse texto seja ele próprio, referencial; nessa altura, tendo-o lido, deixamos «trabalhar» a nossa imaginação, filtrando a informação recebida, graças a perguntas do género: em que medida a descrição deste universo é fiel (modo)? Qual foi a ordem em que se desenvolveram os acontecimentos (tempo)? Em que medida é necessário ter em linha de conta as deformações trazidas pelo refletor da narrativa (visão)? Mas isto é apenas começar o trabalho de leitura.

SIGNIFICAÇÃO E SIMBOLIZAÇÃO

Como sabemos o que acontece ao ler? Por introspeção; e, se procurarmos confirmar uma impressão, podemos recorrer às narrativas contadas por outras pessoas, depois da leitura. No entanto, duas narrativas acerca do mesmo texto nunca serão idênticas. Como explicar esta diversidade? Pelo facto de essas narrativas descreverem, não o universo do próprio livro, mas esse universo transformado, tal como se encontra na psique de cada indivíduo. Poderíamos esquematizar os estádios desse percurso do seguinte modo:

1. Narrativa do autor		4. Narrativa do leitor
↓		↑
2. Universo imaginário evocado pelo autor	→	3. Universo imaginário construído pelo leitor

Poderia perguntar-se se existe realmente diferença entre o estádio dois e três, tal como aparece no esquema. Haverá outras construções além das individuais? É fácil demonstrar que a resposta a esta pergunta deve ser positiva. Não há sombra de dúvida de que, para qualquer leitor de *Adolfo,* Ellénore vive primeiro com o conde de «P»; a seguir deixa-o e vive com Adolfo; separam-se, e ela vai ter com ele a Paris; etc. Não há, pelo contrário, nada que possa garantir com a mesma certeza se Adolfo é fraco ou simplesmente sincero.

A razão desta dualidade deve-se ao facto de o texto evocar os acontecimentos de duas maneiras, a que resolvi chamar: significação e simbolização. A viagem de Ellénore a Paris é *significada* pelas palavras do texto. A fraqueza (eventual) de Adolfo é *simbolizada* por outros acontecimentos do universo imaginário, e estes são significados por palavras. Por exemplo, é significado o facto de Adolfo não saber defender Ellénore nos seus discursos; por sua vez, este facto simboliza a sua incapacidade de amar. Os factos significados estão contidos: basta para isso que se conheça a língua em que este texto está escrito. Os factos simbolizados são interpretados; e as interpretações variam de um sujeito para outro.

A relação entre os estádios dois e três, indicados acima, é pois uma relação de simbolização (enquanto a de um a dois, ou a de três a quatro é de significação). Trata-se aliás de uma relação única, mas num conjunto heterogéneo.

Primeiramente, resumimos: quatro é (quase) sempre mais pobre do que dois, portanto, também três é mais pobre do que dois. Em segundo lugar, enganamo-nos. Num caso como no outro, o estudo da passagem do estádio dois para o três leva-nos à psicologia projetiva: as transformações operadas informam-nos acerca do sujeito da leitura — por que razão ele retém (ou mesmo acrescenta) certos acontecimentos em vez de outros? Mas há outras transformações que nos informam sobre o próprio processo de leitura, e são elas que, aqui, estarão na base das nossas preocupações.

É-me difícil dizer se o estado de coisas que observo nos exemplos mais diversos de ficção é um facto universal ou se é condicionado histórica e culturalmente. O que se passa é que em todos os exemplos, a simbolização e a interpretação (a passagem do estádio dois ao estádio três) implicam a existência de um *determinismo* dos acontecimentos. Talvez a leitura de outros textos, por exemplo de poemas líricos, exigisse um trabalho de simbolização que assentasse sobre outros pressupostos (a analogia universal)? Ignoro-o; mas no texto de ficção a simbolização baseia-se na admissão, implícita ou explícita, de um princípio de causalidade. Por conseguinte, as questões levantadas aos acontecimentos, que constituem a imagem mental do estádio dois, são deste género: qual a sua causa? Qual o seu efeito? Serão as respostas a estas perguntas que se acrescentarão à imagem mental, tal como a encontramos no estádio três.

Admitamos que esse determinismo é universal; não o é seguramente a forma que tomará neste ou naquele caso. A forma mais simples, mas pouco divulgada na nossa cultura enquanto norma de leitura, consiste na construção de outro facto da mesma natureza. Um leitor pode dizer: se João matou Pedro (facto presente na ficção) é porque Pedro dormia com a mulher de João (facto ausente na ficção). Este raciocínio típico de um inquérito judicial não é seriamente aplicado ao romance; parte-se do princípio de que o autor não brinca e que nos transmitiu (significou) todos os acontecimentos pertinentes para a compreensão da história (o caso de *Armance* é excecional). O mesmo acontece com as sequências: há muitos livros que prolongam outros livros, que narram as consequências do universo imaginário representado pelo primeiro texto, mas o conteúdo do segundo livro não é habitualmente considerado como sendo *inerente* ao universo do primeiro. Ainda nesse caso, as práticas de leitura afastam-se das da vida quotidiana.

É segundo outra causalidade que habitualmente se procede numa leitura-construção; as causas e as consequências do acontecimento devem procurar-se numa matéria que não lhe é homogénea. Parecem ser mais frequentes dois casos (como também observava Aristóteles): o acontecimento é tomado como consequência (e/ou a causa) ou de um traço de caráter, ou de uma lei impessoal. *Adolfo* contém numerosos exemplos de uma e da outra interpretação, integrados no próprio texto. Eis como Adolfo descreve o pai: «não me lembro, durante os meus dezoito anos, de ter tido com ele alguma vez uma conversa de uma hora… Não sabia ainda o que era a timidez…» A primeira frase significa um facto (ausência de conversa prolongada). A segunda leva-nos a considerar esse facto como simbolizante de um traço de caráter, que é a timidez: se o pai age assim, é porque é tímido. O traço de caráter é a causa da ação. E eis um exemplo do segundo caso: «Dizia para comigo que era necessário não precipitar nada, que Ellénore estava muito pouco preparada para a confissão em que meditava, e que mais valia continuar à espera. Quase sempre, para se viver em tranquilidade com nós próprios, mascaramos em cálculos e sistemas as nossas impotências e as nossas fraquezas: isso satisfaz essa parte de nós que é, por assim dizer, espectadora da outra.» Aqui a primeira frase descreve o acontecimento, e a segunda explica-nos a razão, que é uma lei universal do comportamento humano e não um traço de caráter individual. Acrescentemos que é este segundo tipo de causalidade que é dominante em *Adolfo:* este romance ilustra leis psicológicas e não psicologias individuais.

Depois de ter construído os acontecimentos que compõem uma história, entregamo-nos a um trabalho de reinterpretação, que nos permite construir, por um lado, os carateres, por outro, o sistema de ideias e de valores subjacentes ao texto. Esta reinterpretação não é arbitrária; é controlada por duas séries de constrangimentos. A primeira está contida no próprio texto: basta que o autor nos ensine, durante algum tempo a interpretar os acontecimentos que evoca. É o caso dos extratos de *Adolfo* que acabo de citar: depois de ter estabelecido algumas interpretações deterministas, Constant pode não nomear nunca mais a causa de um acontecimento; nós aprendemos a lição e continuaremos a interpretar como ele nos ensinou. Semelhante interpretação, presente no texto do livro, tem pois uma dupla função: por um lado, informa-nos da causa desse acontecimento particular (função exegética) e, por outro, inicia-nos num sistema de interpretação que será o do autor ao longo do texto (função metaexegética). — A segunda série de constrangimentos resulta do contexto cultural: se lermos que fulano decepou a mulher em pedacinhos, não necessitamos de indicações do texto para concluirmos que se trata de um ser cruel. Estes constrangimentos culturais, que serão os lugares comuns de uma sociedade (o seu verosímil), modificam-se com o tempo, o que permite explicar a diferença de interpretação dada a certos textos antigos. Por exemplo, já não sendo o amor extraconjugal considerado como prova da corrupção de uma alma, é difícil compreendermos as condenações sofridas por tantas heroínas do passado.

Os carateres, as ideias: identidades deste género são simbolizadas através das ações, mas podem ser igualmente significadas. É precisamente o caso dos extratos de *Adolfo* que citei: a ação simbolizava a timidez do pai, mas a seguir Adolfo significava-a dizendo «Meu pai era tímido»; o mesmo acontece com a máxima geral. Os carateres e as ideias podem portanto ser evocados de duas maneiras: direta ou indiretamente. As informações tiradas de uma e de outra fontes serão confrontadas pelo leitor, no seu trabalho de construção; podem ou não concordar. É evidente que a dosagem relativa destas duas espécies de informação varia muitíssimo no decurso da história da literatura: Hemingway não escreve como Constant.

O caráter assim constituído não deve ser distinguido da personagem: nem toda a personagem é um caráter. A personagem é um segmento do universo espácio-temporal representado, sem mais; há personagens quando uma forma linguística referente (nomes próprios, determinados sintagmas nominais, pronomes pessoais) aparece no texto a propósito de um ser antropomorfo. Enquanto tal, a personagem não tem conteúdo: alguém é identificado sem ser descrito. É possível imaginar — e há — textos onde a personagem se limitaria a isto: ser o agente de uma série de ações. Mas, a partir do momento em que surge o determinismo psicológico, a personagem transforma-se em caráter: age assim *porque* é tímido, fraco, corajoso, etc. Sem determinismo (desta espécie), não há caráter.

A construção do caráter é um comportamento entre a diferença e a repetição. Por um lado, é necessário assegurar a continuidade: o leitor deve construir o mesmo caráter. Esta continuidade é já dada pela identidade de nome, de que é a função principal. A partir daí todas as misturas são possíveis: todas as ações podem ilustrar o mesmo traço de caráter, a personagem pode ter um comportamento contraditório, ou pode mudar o aspeto circunstancial da sua vida, ou pode sofrer uma modificação profunda de caráter...

Os exemplos ocorrem facilmente ao espírito para ser necessário lembrá-los; ainda aqui, as escolhas são ditadas mais pela história dos estilos do que pela idiossincrasia dos autores.

O caráter pode ser, pois, um efeito da leitura; há uma leitura psicologizante a que se poderia submeter qualquer texto. Mas, na realidade, não é um efeito arbitrário, não é por acaso que encontramos carateres nos meados dos séculos XVIII e XIX, e não os encontramos nas tragédias gregas, nem no conto popular. O texto contém sempre em si próprio uma notícia sobre o seu modo de emprego.

A CONSTRUÇÃO COMO TEMA

Uma das dificuldades do estudo da leitura resulta do facto da sua observação ser trabalhosa: a introspeção é incerta, o inquérito psicossociológico fastidioso. É pois com alguma consolação que se descobre o trabalho de construção representado no interior dos próprios textos ficcionais — onde é muito mais cómodo estudá-lo.

O texto ficcional apodera-se da construção como tema, simplesmente porque é impossível evocar a vida humana sem influenciar esse processo essencial. Cada personagem é obrigada, a partir das informações que recebe, a construir os acontecimentos e as personagens que o envolvem; nisto é rigorosamente paralelo ao leitor que constrói o universo imaginário a partir das suas informações sobre ele (o texto, o verosímil): a leitura torna-se assim (inevitavelmente) um dos temas do livro.

No entanto, esta temática pode ser mais ou menos valorizada, mais ou menos explorada. Em *Adolfo*, por exemplo, é explorada de maneira muito parcial: só é destacada a indecidibilidade ética das ações. Se quisermos servir-nos dos textos ficcionais como de um material para o estudo da construção, é necessário escolher os textos em que ele se torna um dos temas principais: *Armance* de Stendhal é um exemplo.

Toda a intriga deste romance é, com efeito, submetida à procura de conhecimento (narrativa gnoseológica). Uma construção errónea de Octave serve de ponto de partida: julgava que Armance apreciava muito o dinheiro, por causa de um certo comportamento (a interpretação vai da ação ao traço de caráter); logo que este mal-entendido é dissipado, segue-se-lhe outro, simétrico e inverso: Armance julga agora que Octave aprecia muito o dinheiro. Este xadrez inicial mistura a futura figura das construções. Armance constrói a seguir corretamente o seu sentimento por Octave: mas este leva dez capítulos até descobrir que o que sente por Armance não se chama amizade, mas amor. Durante cinco capítulos, Armance julga que Octave não a ama; Octave pensa que Armance não gosta dele durante os quinze capítulos centrais do livro; o mesmo mal-entendido repete-se no fim. A vida das personagens passa-se à procura da verdade, quer dizer, a construir os acontecimentos e os factos que as rodeiam. O desenlace trágico da relação amorosa não é devido, como foi dito muitas vezes, à impotência, mas ao desconhecimento. Octave suicida-se por causa de uma construção incorreta: julga que Armance já não o ama. Como diz Stendhal numa frase emblemática: «Faltava-lhe perspicácia e não caráter.»

Deste rápido resumo ressalta a possibilidade de variação dos vários aspetos do processo de construção. Pode-se ser o agente ou o paciente, o emissor ou o recetor de uma informação; pode-se ser também as duas coisas. Octave é agente quando dissimula ou revela; paciente quando sabe ou se engana. Pode-se construir um acontecimento (de «primeiro grau»), ou a construção ser feita através de outras coisas, para além do acontecimento (no segundo grau). Assim, Armance renuncia ao seu casamento com Octave porque imagina o que os outros imaginariam neste caso. «Serei julgada pelos outros como uma dama de companhia que seduziu o rapaz da casa. Ouço daqui o que diria Mme. e duquesa D'Ancre e mesmo as mulheres mais respeitáveis, por exemplo a marquesa de Seyssui, que vê em Octave o esposo para uma das suas filhas.» Do mesmo modo, Octave renuncia ao sentido, construindo as construções possíveis dos outros. «Se me mato, Armance ficará comprometida; toda a sociedade se interrogará com curiosidade, durante oito dias, sobre as mais pequenas circunstâncias desta noite; e cada um desses senhores que estavam presentes terá autoridade para fazer uma narrativa diferente.»

O que sobretudo se aprende em *Armance* é que a construção pode ser conseguida ou falhada; e, se todas as vitórias se assemelham (é a «verdade»), as falências variam, tal como as suas causas: os erros de informação transmitida. O caso mais simples é o da total ignorância: até uma certa altura da intriga, Octave dissimula a existência de um segredo que lhe diz respeito (papel ativo) Armance também ignora essa existência (papel passivo). A seguir, a existência do segredo pode ser conhecida, mas sem nenhuma informação suplementar; o recetor pode então reagir ao imaginar a verdade (Armance supõe que Octave matou alguém). Constitui-se um grau ulterior por ilusão: o agente não dissimula, mas mascara;

o paciente não ignora, mas engana-se. É o caso mais frequente neste livro: Armance camufla o seu amor por Octave, fingindo que casará com outro; Octave pensa que Armance só lhe dedica amizade. Pode-se ser simultaneamente agente e paciente do disfarce: assim, Octave esconde a si próprio o amor que sente por Armance. Finalmente, o agente pode revelar a verdade, e o paciente conhecê-la.

A ignorância, a imaginação, a ilusão, a verdade, o processo de conhecimento passam pelo menos por três graus, antes de conduzir a personagem a uma construção definitiva. Os mesmos estádios são possíveis no processo de leitura. Habitualmente a construção representada no texto é isomorfa daquela que considera o mesmo texto como ponto de partida. O que as personagens ignoram também o leitor ignora, mas é claro que são igualmente possíveis outras combinações. No romance policial, é Watson que constrói tal como o leitor; mas Sherlock Holmes constrói melhor: dois papéis igualmente necessários.

AS OUTRAS LEITURAS

As falhas da leitura-construção não põem de forma alguma em causa a sua identidade: não se deixa de construir pelo facto de a informação ser errónea ou insuficiente para intensificar o processo de construção. É no entanto possível que a construção já não se produza e que outros tipos de leitura a substituam.

As diferenças de uma leitura para outra não se encontram forçosamente onde esperamos encontrá-las. Por exemplo, não me parece que haja um grande desvio entre a construção feita a partir de um texto literário e a construção feita a partir de outro texto, referencial, mas não literário. Esta proximidade era subentendida na proposição feita no parágrafo precedente, em que se dizia que a construção das personagens (a partir de materiais não literários) era análoga à do leitor (a partir do texto do romance). Não se constrói a «ficção» de forma diferente da «realidade». O historiador que, a partir de documentos escritos, ou o juiz que, apoiando-se em testemunhas reais, reconstituem uns e outros, os «acontecimentos», não procedem em princípio diferentemente do leitor de *Armance*; o que não quer dizer que não subsistam diferenças de pormenor.

Uma questão mais difícil e que ultrapassa os limites deste estudo diz respeito à relação entre a construção feita a partir de informações verbais e a que se baseia noutras perceções. Depois de ter sentido o odor da perna de carneiro, constrói-se uma perna de carneiro; o mesmo acontece a partir de uma audição, de uma visão, etc.; é aquilo a que Piaget chama a «construção do real». As diferenças correm o risco de aqui serem maiores.

Mas não é necessário ir mais longe do que o romance, para encontrar a matéria que nos obriga a outro tipo de leitura. Há textos literários que não nos levam a nenhuma construção, os textos não representativos. Deveríamos mesmo distinguir aqui vários casos. O mais evidente é o de um certo poema, considerado habitualmente lírico, que não descreve acontecimentos, que não evoca nada que lhe seja exterior. O romance moderno, por seu turno, obriga-nos a uma leitura diferente: o texto é referencial, mas a construção não se faz porque é, de alguma maneira, indecidível. Este aspeto é obtido pelo desregramento de um qualquer dos mecanismos necessários à construção, tal como os descrevemos nos parágrafos precedentes. Só para dar um exemplo: viu-se que a identidade da personagem se baseava na identidade e na ausência de ambiguidade do seu nome. Imaginemos agora que, num texto, a mesma personagem seja evocada sucessivamente com a ajuda de vários nomes, uma vez «João», outra «Pedro», ou uma vez «o homem dos cabelos negros» e outra vez «o homem de olhos azuis», sem que nada nos assinale a correferência das duas expressões; ou imaginemos ainda que «João» designa não uma, mas três ou quatro personagens: o resultado será sempre o mesmo — a construção não é possível, porque o texto é representativamente indecidível. Vê-se a diferença entre isto e as falhas de construção, evocadas mais acima: passa-se do desconhecido ao inconhecível. Esta prática literária moderna tem a sua contrapartida no exterior da literatura: é o discurso esquizofrénico. Ao preservar a sua intenção representativa, este último torna a construção impossível através de uma série de processos apropriados (repertoriados no capítulo precedente).

Bastou, por agora, ter chamado a atenção para as outras leituras paralelas à leitura como construção. O reconhecimento desta última variedade é tanto mais necessária quanto o leitor individual, sem suspeitar destes matizes teóricos que ele exemplifica, lê o texto de várias maneiras ao mesmo tempo, ou sucessivamente.

É, pois, necessário aprender a construir a leitura — como construção ou como desconstrução.

EM TORNO DA POESIA

1. TEORIAS DA POESIA

O discurso da poesia caracteriza-se em primeiro lugar e de maneira evidente, pela sua natureza versificada. Mas o verso não é suficiente para a definição de poesia. Poderia, consequentemente, formular do seguinte modo a questão que gostaria de debater nas páginas que se seguem: sendo a poesia considerada como um discurso versificado, poderão descobrir-se nela outras características linguísticas, noutros níveis? Mais do que propor respostas da minha responsabilidade, tentarei situar aqui, em relação umas às outras, as respostas que são hoje em dia dadas a esta problemática.

Para me facilitar o trabalho de enumeração, partirei como é hábito de uma imagem do texto que distingue os aspetos verbal, semântico, sintático e pragmático. As regras de versificação são um exemplo típico do «verbal», por isso deixo de lado, logo à primeira, todas as respostas que se limitam a esse aspeto, e volto-me para os outros.

Curiosamente, são raros, hoje em dia, os estudos que dão uma definição pragmática de poesia — ou, para falar numa linguagem mais simples, que a definem pelo estado de espírito do autor, precedente à sua aparição, ou pelo do leitor, que se lhe seguiu. O facto é curioso, porque testemunha uma repugnância que antes era totalmente ausente e continua a ser, por parte dos que se inebriam de poesia em vez de fazer dela um objeto de dissertação. Aliás, conhecem-se bem as razões desta renúncia: na sua forma vulgar e inocente, semelhante resposta não define verdadeiramente a poesia. Não é porque um dia se sofreu que se escreve automaticamente poesia; e, aliás, é a partir do poema que se conclui sobre o estado do seu autor; este é um efeito do texto, não a sua causa; a verdadeira questão seria: quais as propriedades do texto que nos levam a estas conclusões? Assim como, para os sentimentos do leitor, dizer que o discurso poético é aquele que provoca a emoção só serve para adiar a questão essencial, que é: como? Mas podem imaginar-se novas variantes na resposta pragmática: por exemplo, a versificação desempenha o papel de um sinal que estabelece um contrato particular entre o emissor e o recetor, um contrato que determina que a leitura poética deve seguir outras regras diferentes daquelas que são utilizadas noutros atos de fala, etc. É a via que Jonathan Culler começou a explorar em *Structuralist Poetics*; falta, sem dúvida fazer ainda muito mais.

A maior parte dos estudos atuais consagra-se aos aspetos semântico e sintático. Comecemos pelo primeiro. Operando alguns reagrupamentos e simplificações, poderiam distinguir-se três respostas principais que dizem respeito ao semantismo poético, a que darei os nomes de ornamental, afetiva e simbolista.

A teoria *ornamental* da poesia é a da grande corrente da retórica clássica, e de que se não conhece atualmente defensores; só nos interessa aliás de maneira marginal, porque consiste em recusar à poesia toda a especificidade semântica. Duas expressões têm o mesmo sentido, mas uma formula-o de maneira mais bela, mais ornada; é essa que convém à poesia. Os ornamentos poéticos servem para «deleitar» e não contribuem muito para instruir. É pois, com efeito, uma teoria pragmática que recusa explicitamente a diferença semântica.

Segundo a teoria *afetiva,* há uma diferença entre aquilo que em poesia e sem ser em poesia as palavras designam: neste caso têm um conteúdo intelectual, nocional, conceptual, no outro um conteúdo emotivo, afetivo ou «patético». Encontramos diversas versões desta teoria em Condillac (e, já antes disso, em Port-Royal), em I. A. Richards, nos positivistas lógicos ou ainda em Jean Cohen. Como já tinha observado Philip Weelwright, «o positivismo dá maior destaque aos efeitos emotivos do poema, em vez de se dedicar a um exame do seu significado, através das palavras»: esta teoria está de acordo com uma perspetiva filosófica racionalista e positivista. Considera-se, de certa maneira, muito seriamente a significação (conceptual), para admitir que o poema possa também ter uma significação; mas simultaneamente não se quer desvalorizar este último, e ser-lhe-á concedido um domínio específico, numa parte da experiência que não é a linguagem comum, e onde ele reencontra a pertinência que antes lhe faltava. A diferença entre poesia e não-poesia encontra-se, finalmente, no próprio conteúdo do que é dito: num caso os sentimentos, no outro as ideias.

Todavia, na sua imensa maioria, os nossos contemporâneos não aderem nem à teoria ornamental, nem à teoria afetiva, mas a uma terceira, cuja origem é claramente romântica: uma maioria tão predominante que dificilmente nos apercebemos de que apenas se trata de uma teoria entre outras (e não da verdade enfim revelada). Neste caso, a diferença semântica entre poesia e não-poesia já não é procurada no conteúdo de significação, mas no modo de significar: sem significar outra coisa, o poema significa de modo diferente. Uma maneira diversa de dizer a mesma coisa seria: as palavras são (somente) signos da linguagem quotidiana, enquanto em poesia se tornam símbolos; daí o facto de empregar o nome de simbolistas para designar estas teorias.

Lembrarei em algumas palavras em que consiste a teoria romântica do símbolo, noção em que culmina toda a estética do romantismo (e entendo por «romântica» a doutrina do círculo de Viena, de que faziam parte, antes de mais, os irmãos Schlegel, Novalis e Schelling; mas encontramos os ingredientes desta teoria até em Kant, Goethe, ou Solger). Poderíamos resumi-la em cinco pontos (ou cinco oposições entre símbolo e «alegoria»): 1) — o símbolo mostra o vir a ser do sentido, não o seu ser, a produção e não o produto acabado. 2) — O símbolo é intransitivo, não serve apenas para transmitir a significação, mas deve ser tomado em si próprio. 3) — o símbolo é intrinsecamente coerente, o que quer dizer, no caso de um símbolo isolado, que é motivado (e não arbitrário). 4) — O símbolo concretiza a fusão dos contrários, e em especial do abstrato e do concreto, do ideal e do material, do geral e do particular. 5) — O símbolo exprime o indecidível, quer isto dizer que os signos não simbólicos não conseguem transmiti-lo; é, por conseguinte, intraduzível, e o seu sentido é plural — inesgotável.

A crítica americana dá-nos um exemplo da influência romântica sobre a reflexão contemporânea. Vejamos o brilhante ensaio de R. P. Blackmur: «A linguagem como gesto» (retomado no seu livro *Language as Gesture*). O discurso poético distingue-se, porque aí as palavras tornam-se gestos, e «é pelo poder do gesto descoberto ou invocado que um simples nome se transforma num símbolo rico e complexo»; «os gestos são os primeiros passos para a produção de símbolos». Mas o que é um gesto verbal? «é aquilo que toma uma forma quando se identifica com o seu sujeito». O gesto iguala a motivação. E um símbolo é «aquilo que utilizamos para exprimir, de modo permanente, um sentido que não pode ser expresso inteiramente por palavras diretas, ou por combinação de palavras». As palavras tornam-se gestos quando produzem um sentido novo, ao aparecerem de novo. Para obter estes efeitos semânticos, recorre-se ao que a retórica chamava figuras: repetições, oposições ou outras disposições convencionais.

Geoffrey Hartman, utilizando uma outra linguagem, participa, parece-me, do mesmo enquadramento conceptual: não há outro problema no poema a não ser o da significação; mas aqui as palavras significam ou mais ou menos do que na linguagem vulgar, têm uma precisão simultaneamente maior e mais reduzida, são ao mesmo tempo mais redundantes e mais ambíguas; a figura exemplar da poesia consiste numa sobreposição dos extremos, numa indeterminação do meio. Outros investigadores exploraram muito nos nossos dias as relações de motivação entre significante e significado.

A sedução dos exemplos analisados por Blackmur ou Hartman, a beleza das suas próprias análises, não substituem sempre a argumentação lógica (e já não poética): será este o único traço pertinente? E sê-lo-á para toda a poesia? Queria, a este propósito, lembrar outro estudo sobre esta problemática, o de Philip Wheelwright, que, no capítulo «Os traços da linguagem expressiva» do seu livro *The Burning Fontain*, enumera em sete virtudes cardeais aquilo que para ele ultrapasse explicitamente a poesia, para incluir nelas toda a literatura, a mitologia, a religião, mas que não se manifestam de modo menos exemplar na poesia: esta enumeração, se fosse mais bem conhecida, teria talvez poupado muitas das discussões sobre a diferença entre a linguagem poética e a outra (a primeira versão deste texto data de 1942). São elas: 1) a motivação, que também implica a intradutibilidade poética e a fusão entre significante e significado. 2) A inconstância do sentido das palavras nos diferentes contextos em que se empregam. 3) A pluralidade do sentido no próprio seio de um único contexto. 4) A expressão do inefável, do vago, do confuso. 5) A formação das novas configurações semânticas. 6) A recusa da lei do terceiro excluído. 7) A recusa da lei da não-contradição.

Seja qual for a justeza destas oposições, elas não dizem respeito só — ou mesmo apenas — ao discurso versificado; não se vê, aliás, em que é que o verso seria necessário para que se produzissem essas transformações no modo de significar. A este respeito, saberemos muito mais, graças a Yuri Tynianov, autor de *Problème de la langue du vers.* Como os outros formalistas, Tynianov participa da corrente de ideias românticas, e parte da ideia de intransitividade. Mas tem, para lá disso, um mérito duplo: é o primeiro de todos os outros que acabamos de passar em revista que tenta deduzir as características semânticas do discurso poético das suas características «verbais» — quer dizer, da versificação. Além disso, e sem, no entanto, perder a sua sensibilidade literária ou o seu conhecimento da história, propõe-se fazer uma descrição concreta e linguística (e não poética ou filosófica) deste fenómeno da linguagem. Poderíamos resumir assim o seu raciocínio: o fechamento do verso comunica o sentimento de uma necessidade de construção verbal (é um tema de Valéry) e tem um efeito de *contração,* depois do qual as palavras reforçam a sua significação contextual, sintática ou, como diz Tynianov, *flutuante,* em detrimento do nódulo lexical. Em poesia, as palavras mantêm «um laço mais forte e mais estreito do que no discurso quotidiano; surge entre as palavras uma *correlação posicional*». As palavras em poesia iluminam-se com lumes recíprocos...

Mas já é tempo de passar ao último grupo de teorias sobre o discurso poético, que chamei de «sintáticas» e que situam toda a especificidade poética na relação entre as partes do texto, e já não entre os seus níveis (forma e conteúdo, significante e significado, etc.). No plano das ideias gerais, permanecemos num terreno familiar: é outro formalista, amigo de Tynianov, Roman Jakobson, que parece ter influenciado todos os autores que trabalham nesta perspetiva; Jakobson, apesar dos esforços, apenas se limitou a traduzir para uma terminologia linguística as ideias de August Wilhelm Schlegel e de Novalis. A razão deste sucesso reside, sem dúvida, em parte, na simplicidade e na elegância da hipótese jakobsoniana. Como Tynianov, parte da versificação, mas retém outro aspeto: não o fechamento, mas o princípio de semelhança que governa o encadeamento das sequências fónicas (ou seja, a repetição). A hipótese consistirá então numa simples afirmação de coerência e de unidade entre os diferentes planos do texto: as semelhanças métricas (paranomásias, aliterações, paragramas), gramaticais (o paralelismo) e semânticas (a metáfora).

Num fragmento, que Tynianov recorda no seu livro, Novalis já afirmava que a poesia se caracterizava pela natureza das associações (diferentes das causais) que ligam as suas unidades; e, noutro fragmento, substituía a motivação «vertical» por uma motivação «horizontal»: «a poesia realça cada elemento isolado, através de uma conexão especial com o resto do conjunto». A. W. Schlegel tinha mesmo estabelecido, numa página da *Kunstlehre*, a transição na continuidade, o melhor meio de tornar a linguagem intransitiva e autónoma (como é considerada em poesia).

Não tenho outra teoria sintática a propor, devo apenas salientar que a hipótese romântica, mais uma vez, é apenas uma hipótese entre muitas outras possíveis. É surpreendente constatar até que ponto a doutrina romântica domina a produção atual dos «poeticistas» (ainda que o ponto de partida romântico seja esquecido). Outro sinal desta predominância (a menos que não seja o mesmo) é o papel desempenhado pelos poetas românticos (no sentido lato) na elaboração da nossa imagem de poesia: pensem, por exemplo, no lugar ocupado (em França) só por Baudelaire nas análises contemporâneas de poesia! Ora trata-se apenas e afinal de uma doutrina historicamente determinada e limitada (como lembrava recentemente Gérard Genette em *Mimologiques*) e não (necessariamente) de uma evidência eterna ou objetiva. O «postulado da *correlação do plano da expressão e do plano do conteúdo* que define a especificidade da semiótica prática» (A. J. Greimas) distingue-se de outros postulados possíveis, devido à sua origem romântica e não pela sua superioridade científica. Voltaremos à hipótese segundo a qual só a semelhança governa a poesia; essa hipótese baseia-se já numa primeira ideia, ou seja, que os diferentes planos do poema se assemelham na sua organização — trata-se de semelhança ao quadrado, de analogia fundada na analogia —, e é precisamente o seu postulado implícito de coerência, *partis pris* filosófico, que deveríamos começar por interrogar. E se o texto poético não fosse coerente, harmonioso, unificado e repetitivo? E se a relação entre as partes fosse completamente diferente? Não só uma semelhança imperfeita, pimentada de diferenças ou mesmo de contrastes, mas pura e simplesmente outra?

Fiquemos, por agora, na questão levantada.

2. UM ROMANCE POÉTICO

Por três vezes, no seu romance *Heinrich von Ofterdingen*, Novalis opõe duas espécies de homens([1]). A primeira vez é Heinrich que o faz, durante uma conversa com os mercadores que o acompanham na viagem; a oposição diz respeito, mais exatamente, a «duas vias para atingir o conhecimento da história humana». «Uma, difícil e interminável, com inumeráveis desvios, é a via da experiência; e outra, um súbito salto ou quase, é a via da contemplação interior. O que caminha na primeira via está limitado a deduzir uma coisa das outras, numa contabilidade sem fim; mas o outro, ao contrário, vê imediatamente e conhece logo, por intuição, a natureza de todas as coisas e de cada circunstância, que pode desde logo examinar na diversidade vivente dos seus encadeamentos, comparando uma com todas as outras, tão facilmente, como se podem desenhar figuras num quadro».

Da segunda vez, é o próprio autor que toma a palavra, estamos no início do capítulo sexto. Eis o retrato da primeira espécie de homens: «os homens de ação, aqueles que nasceram para os negócios mundanos, não poderiam começar demasiado cedo a estudar tudo por eles próprios, entregando-se a isso [...]. Não lhes é permitido entregar-se a reflexões silenciosas, nem ceder aos convites do pensamento meditativo. O seu espírito não pode, de forma alguma, enroscar-se sobre si, e a sua alma não saberia ser contemplativa; é-lhes necessário, pelo contrário, voltarem-se incessantemente para o mundo exterior, e porem todo o seu zelo, a sua prontidão e a sua eficácia ao serviço da inteligência. São heróis, em volta de quem afluem e se congestionam os acontecimentos, que já só esperam ser dirigidos e realizados. Esses homens têm o poder de transformar em factos históricos todos os caprichos da sorte, e a sua vida é uma cadeia ininterrupta de acontecimentos simultaneamente singulares e complexos, surpreendentes, resplandecentes e memoráveis.»

E eis agora a descrição dos segundos. «O mesmo já não acontece com estes seres recolhidos, tranquilos, desconhecidos, para quem o mundo é interior, a ação contemplativa, e a vida um segredo e um discreto crescimento das forças interiores. Nenhuma impaciência os atrai para o exterior. Basta-lhes possuir em silêncio, e, se a cena imensa do mundo exterior lhes não inspira nenhum desejo de aí se produzirem a eles próprios, é porque acham o espetáculo suficientemente maravilhoso e instrutivo para passarem o seu tempo e contemplá-lo. [...] Acontecimentos demasiado importantes ou demasiado diversos só contribuiriam para perturbar estes homens. O seu destino é uma existência muito simples, e basta-lhes algumas narrativas e livros para terem conhecimento de tudo o que aparece no mundo e saber tudo o que ele contém [...]. É a cada passo que fazem, em si próprios, as descobertas mais surpreendentes sobre a essência e a significação deste mundo. Esses são os poetas...»

Enfim, a terceira vez, é Klingshor que evoca rapidamente o mesmo contraste e contenta-se em sublinhar a simetria perfeita entre as duas espécies de homens: os heróis puros, diz, «são a mais nobre figura, em oposição ao poeta, a contraimagem e o paralelo». Noutra comparação, Novalis observa que, se a poesia pode despertar o heroísmo, o contrário nunca é verdade.

Poderíamos esquematizar assim esta oposição, para a manter presente na memória:

HERÓIS	POETAS
Experiência	Contemplação
ação	reflexão
negócios mundanos	essência e significação do mundo
acontecimentos surpreendentes e memoráveis	existência simples
participação da própria pessoa	interesse pelo espetáculo do mundo
corpo	alma
aprendizagem lenta no tempo	conhecimento imediato
passagem de uma a outra coisa por dedução	captação intuitiva de cada coisa do microcosmos depois da sua comparação
cadeia ininterrupta de acontecimentos	acréscimo de forças interiores
manutenção da diversidade e da singularidade	identidade secreta das coisas do micromosmos ao macrocosmos

Ora, Novalis considera o seu próprio romance como pertencendo a uma série, que se define igualmente por oposição a outra. Adivinha-se através de algumas breves observações que aparecem nos esboços e nos planos de *Heinrich von Ofterdingen*. «Não há uma transição propriamente dita para passar à segunda parte» — escreve — e ainda: «Disposição e coerência poética de Heinrich». Uma coerência e uma continuidade poéticas, não históricas. O seu amigo Tieck é mais explícito na *Notice* onde relata a continuação do romance, tal como Novalis lha descrevia: «Interessava-lhe pouco, com efeito, descrever este ou aquele episódio, encarar a poesia (identificada como o assunto do livro) sob um aspeto e ilustrá-la com histórias e personagens: pensava, pelo contrário, aliás tal como ele o indica na primeira parte: exprimir a própria essência da poesia e clarificar o seu propósito mais profundo [...]. A natureza, a história, a guerra ou a vida vulgar, com todas as suas banalidades, transformam-se e tornam-se poesia...» Um género histórico, ou narrativo, evocado em vão por Tieck como por Novalis, opõe-se a um outro género, poético. É evidentemente tentador assimilar as duas oposições. O próprio Novalis faz mais do que nos convidar a isso. Não só porque chama «poetas» aos homens e «poéticos» aos textos, mas também porque a segunda (e a mais longa) evocação das duas espécies de homens termina com esta constatação: «No fundo e por natureza, Heinrich tinha nascido para ser poeta.» *Heinrich von Ofterdingen,* história da vida de um poeta, e não de um herói, incarna simultaneamente o género e o homem poéticos.

O leitor de hoje não pode deixar de ser surpreendido por uma discordância entre o que vê na página do título, *Heinrich von Ofterdingen, um romance,* e o caráter tão pouco romanesco das páginas que lerá a seguir. Eu vejo a explicação desta impressão na oposição que Novalis fazia entre as duas espécies de textos: por um lado o romance poético de que

Ofterdingen seria um exemplo, e um romance que se poderia chamar, por oposição ao primeiro, narrativo. Seria tentado a atribuir a estes dois géneros, não só os traços evocados laconicamente a propósito dos textos, mas também aqueles, bem mais abundantes, que caracterizam as duas espécies de homens. Verei até nos traços genéricos de *Ofterdingen* uma certa maneira de qualificar o discurso da poesia tal como se praticou na época romântica e depois disso. Mas como passar pessoas a classes de textos?

Mais do que seguir as intuições de Novalis, procurarei, mantendo-as presentes no espírito, explicitar as minhas próprias intuições. Eu leio o livro; fico com a impressão de um «romance-não-inteiramente-feito-como-os-outros», e o qualificativo de «poético» ocorre-me logo ao espírito. Procuro então os pontos que, no texto, me levaram a essa impressão.

Tomando-me como exemplo desse leitor contemporâneo, tento anotar todos os pormenores que desde o primeiro capítulo do «romance» me parecem pouco «romanescos». A primeira ação relatada (pela segunda frase do texto) é que o herói, o adolescente, «pensa»: ação muito pouco ativa. Aliás, ele não pensa em nenhuma ação material, mas nas palavras de um Estrangeiro que dizem respeito, e é tudo o que saberemos acerca disso, à paixão experimentada por uma Flor Azul. Há, pois, em vez de uma ação do tipo «o adolescente faz tal coisa», uma deste tipo «O adolescente pensa que o Estrangeiro disse que a Flor Azul lhe suscitou uma paixão»; a ação propriamente dita só vem numa terceira fase. O mesmo acontece com a segunda ação, que é de novo uma lembrança, relativa às narrativas ouvidas antigamente.

A ação seguinte é o adolescente que sonha, e ele introduz a narrativa desse sonho. Lembrança e sonho têm isso em comum: deslocam a narrativa para outro nível, abrem uma nova linha narrativa e por isso mesmo suspendem a narrativa inicial. Neste sonho, há dois elementos que me prendem. Heinrich sonha que sonha com «acontecimentos indizíveis»: um desprendimento que começa a tornar-se familiar e que interrompe uma das narrativas, sem poder contar a outra. O segundo elemento encontra-se no fim do sonho, e só é verdadeiramente notável se esquecermos que se trata de um sonho: é a transformação da flor azul num «rosto doce». Se não admitirmos o sobrenatural, devemos procurar algum sentido alegórico nestas palavras: a identidade entre a flor e a mulher será apenas metafórica?

Terminado o sonho, outra ação se segue, mas cujo caráter não é muito mais ativo: o adolescente (Heinrich) e o seu pai envolvem-se num debate abstrato sobre a natureza dos sonhos. Nem a sua existência enquanto ato, nem o conteúdo dessa conversa influem no desenvolvimento da narrativa. O sonho é aí considerado como um meio de comunicação: comunica-se, pois, pela comunicação. E evocam-se os sonhos de outras pessoas, sem aliás, precisar o seu conteúdo. Heinrich conta que o capelão contou um sonho.

Por sua vez, o pai conta as lembranças que se relacionam com o encontro com um homem velho, e uma conversa cujo assunto era poesia. Portanto, o pai conta o que o velho lhe contou sobre o que os poetas contam… A seguir evoca um sonho, já com vinte anos; desta vez sou surpreendido à primeira leitura como Heinrich, pela semelhança deste sonho com o seu: aqui como ali, o sonhador entra numa caverna no meio de uma montanha, está maravilhado com a luz, sai numa planície e descobre uma flor extraordinária. Este paralelismo, na minha opinião, enfraquece mais a realidade, mesmo que fictícia, das ações evocadas, realidade já confusa pelo facto de se tratar de sonhos. À segunda leitura, descubro novos paralelos entre uma parte deste sonho e o desenvolvimento global da história; o mesmo acontece com uma parte do sonho precedente de Heinrich (a morte da bem-amada). O capítulo termina com a conclusão desta última narrativa de sonho.

Para resumir a minha impressão: a primeira narrativa limita-se a pouca coisa, uma vez que é interrompida sem cessar por narrativas segundas; poder-se-ia transcrevê-la, sem resumir muito, em Heinrich lembra-se, sonha, desperta, fala do sonho em geral, ouve o seu pai falar do sonho. Esta brevidade não é compensada nas narrativas de segundo grau (que aliás não deixam de, por sua vez, ser interrompidas por narrativas de primeiro grau): as ações que as constituem, tal como as da primeira narrativa, primeiro são internas e depois não desencadeiam nenhuma consequência no desenvolvimento da história. O paralelismo e a tendência para a alegoria acabam por criar essa impressão muito diferente da que normalmente cria um «romance».

Seria fastidioso continuar esta leitura, página a página. Penso que são os mesmos processos que mantêm o clima «poético», ao longo deste romance. Tentarei, pois, examiná-lo um por um, tendo em conta as suas outras aparições. Chamam-me a atenção quatro tipos de factos: a natureza das ações; os encaixamentos de narrativas, ou narrativas do segundo grau; os paralelismos, o alegorismo.

1. *Natureza das ações.* As ações percetíveis na primeira parte de *Heinrich von Ofterdingen* que não são assumidas por um narrador segundo podem ser assim enumeradas: Heinrich parte e chega ao seu destino sem ter encontrado nenhum obstáculo; já instalado, apaixona-se por Matilde, que também o ama. É tudo, e estaremos de acordo em pensar que não é muito para as 124 páginas de texto. Estas ações são poucas, e, além disso, não têm nada de extraordinário, não são «acontecimentos surpreendentes e memoráveis» para falar como Novalis; a qualidade não compensa a quantidade.

Mas fiz, para chegar a este resultado, várias restrições: apenas retive as ações percetíveis, contadas também diretamente pelo autor. Com efeito, em certas narrativas encaixadas, encontram-se mais ações percetíveis: é o que acontece com os contos relatados pelos mercadores, ou com as palavras de Soulima, do mineiro e do eremita; deixemos por agora de lado o efeito exercido pelo seu encaixamento. Na narrativa, assumida pelo autor, há muitas outras ações; mas seríamos tentados, como sugeria Novalis, a classificá-las antes como «reflexões». São, à sua maneira, ações de segundo grau: não por serem relatadas por um segundo narrador, mas só por poderem ter lugar como reação a outra ação, necessariamente anterior. É o caso de «lembrar-se», de «refletir em» ou de «pensar»; ora, nomear é a principal atividade de Heinrich. O interesse que este tem pelo «espetáculo do mundo» domina a sua própria participação no decorrer dos acontecimentos.

Outra atividade muito estimada pelas personagens do livro é: falar (as narrativas e os livros ocupam uma grande parte do seu tempo); ora, esta é por exemplo uma ação percetível. É necessário ainda precisar a natureza das palavras aqui enunciadas e o seu lugar no seio da variedade das conversas. Na verdade, falar é uma ação de primeiro grau, no sentido em que acabamos de empregar este termo; mas então consideramos o próprio ato de falar e não o que se comunica: para que Xerazade sobreviva é necessário que ela fale (muito), pouco importa o que diga. Ora, este aspeto da palavra não é valorizado no romance de Novalis: nenhuma atenção particular é dada ao facto de as personagens falarem.

Todavia, uma palavra puramente transitiva não é ainda contrária ao espírito romanesco; basta pensar nesse processo familiar do romance picaresco, onde as personagens encadeiam (ou encaixam) história sobre história: se a própria palavra não é uma ação no sentido pleno, o seu conteúdo pode ser uma narrativa de ações. Mas, postas de lado exceções assinaladas, não é o caso das palavras que as personagens trocam em *Heinrich von Ofterdingen*. Os seus propósitos repartem-se com efeito em duas categorias principais. Por um lado, são poemas, ditos ou cantados. No capítulo três, o futuro poeta é primeiro seduzido por «uma irresistível vontade de escrever algumas palavras no papel»; mais tarde, diante do seu sogro, recita um canto de 88 versos. No quarto capítulo, ouve-se primeiro o conto das Cruzadas, e a seguir o «Canto subtil e enfeitiçante de uma voz de mulher». No capítulo seguinte, o mineiro canta duas vezes, o eremita uma. No capítulo sexto, é primeiro Schwaning que canta, depois Klingshor. No seu projeto para a segunda parte, Novalis observa: «um poema de introdução para cada capítulo. Entre cada capítulo a poesia fala.»

Encontra-se muitas vezes um segundo tino de conversa, em que o assunto é geral: é mesmo o caso da maior parte dos diálogos em *Ofterdingen*. Já vimos que o pai e o filho conversavam sobre o sonho em geral: Heinrich e os mercadores são vias pelas quais acedemos ao conhecimento da história. Outra conversa dos mesmos protagonistas compara a pintura, a música e a poesia, assim como num encontro entre Heinrich e Klingshor. No capítulo quarto, fala-se de religião; no capítulo quinto, das riquezas engolidas pelo coração da terra e das vantagens e inconvenientes da solidão. Mesmo entre Heinrich e Matilde, a conversa tem antes a ver com o amor em geral do que com o sentimento que os une: mais do que os «casos» de amor, é a sua essência que lhes interessa.

Estas ações interiores (a reflexão) ou abstratas (os debates) neutralizam os raros momentos de ação, no verdadeiro sentido da palavra. Assim acontece no encontro de Heinrich e de Matilde: ou ainda no do mineiro e dos seus companheiros com o eremita. Por uma vez, podíamos pensar que estamos perante uma situação digna de um romance negro (*Gothic*). Visita noturna de grutas, descoberta de ossos de origem desconhecida, cântico subterrâneo. Descobre-se uma segunda caverna, onde está um homem sentado. O que se passa? O mineiro e o eremita entregam-se a um debate dos mais abstratos sobre o interesse da vida em sociedade. — De outro modo, as reflexões abundantes que acompanham a menor ação (por exemplo, a partida de Heinrich) têm o mesmo papel neutralizante.

Pouco «romanescas» em si próprias, as ações em *Ofterdingen* produzem um efeito semelhante pelo modo como se encadeiam entre si. Os sistemas de causas mais poderosas que se encontram geralmente num romance são de duas espécies: ou um acontecimento provoca outro (é o caso da narrativa clássica de aventuras), ou uma nova ação contribui para a descoberta de uma verdade escondida. Nenhuma destas duas formas de causalidade é representada no nosso livro; não se encontra nele nenhum segredo, e a causalidade dos acontecimentos limita-se a sequências do tipo: partida-viagem-chegada. Outra forma de causalidade é a do romance psicológico: todas as ações contribuem para a composição de um caráter (um pouco em oposição aos *Caractères* de la Bruyère, onde um caráter produz uma série de ações que o ilustram). Mas não se pode dizer que Heinrich seja um caráter, e a arte de motivação psicológica é inteiramente estranha a Novalis. Enfim, também não se encontra no seu romance essa causalidade, que tinha chamado «ideológica» e que consiste em que as ações sejam engendradas por uma lei abstrata, por exemplo, uma conceção da natureza moral do homem, como aconteceu mais ou menos na mesma época em *Adolfo* de Constant.

No entanto, os diferentes acontecimentos relatados em *Ofterdingen* não são entre eles desprovidos de relações.

Um pouco como no romance psicológico, contribuem todos para a formação de Heinrich: não do seu caráter, mas do seu espírito. Cada encontro sucessivo o faz descobrir uma parte da humanidade ou do mundo e enriquece o seu ser interior. Aliás, não poderíamos fazer melhor do que recordar as palavras de Novalis: a vida de Heinrich é um «secreto e discreto crescimento das forças interiores». «Tudo o que ele via, tudo o que ouvia, apenas servia, parecia-lhe, para lhe tirar um novo ferrolho do seu interior, para lhe abrir uma nova janela.» Um *Fragment* diz ainda mais precisamente: «em Heinrich, há finalmente uma descrição exaustiva da transfiguração interior do fundo da alma (*innern Verklärung des Gemüts*).» A transformação constitutiva da narrativa está muito presente; mas o que se transforma é só o *Gemüt*, e essa transformação traduz-se inteiramente em acontecimentos interiores, de que Novalis faz, mais do que a narrativa, a descrição exaustiva.

2. *Encaixamentos.* Os encaixamentos não têm, como é óbvio, a mesma função em Novalis do que por exemplo no *Dom Quixote;* pode mesmo dizer-se, tendo em conta o seu conjunto, que são narrativos apenas excecionalmente. Na maior parte do tempo, como se viu, são cantos ou reflexões abstratas que se encontram encaixadas. Muitas vezes também, Novalis diz que houve narrativa, mas não precisa o conteúdo: é o caso, no primeiro capítulo, das palavras do Estrangeiro, ou do sonho do capelão. Aliás, limita-se a frases do género: «um dia ouvi aquilo que se conta dos tempos antigos», «se ele tinha uma ideia do mundo, era unicamente através das narrativas que ouvira», «a mãe de Heinrich resolveu pô-lo a par da vida jovial que se levava em Sonabe, contando-lhe mil coisas desse país», «a conversa versava sobre a guerra, evocando a lembrança das aventuras antigas», etc. Novalis está mais atento à representação da enunciação do que à reprodução do enunciado. Voltemos ainda ao exemplo da primeira história do poeta relatada pelos mercadores. Estes contam que, durante as suas viagens passadas, alguém lhes contou a história de um poeta autor de magníficas histórias; mas

estas justamente, conclusão deste triplo encaixamento, não são relatadas.

Quanto a alguns encaixamentos propriamente narrativos (a segunda narrativa dos mercadores, as relações de Soulima, do mineiro, do eremita, o conde de Klingoshr), mesmo pondo de lado tudo o que, no interior destes, os distingue das narrativas tradicionais, não é possível impedirmo-nos de constatar que a sua diferença em relação à narrativa primeira torna os acontecimentos relatados menos cativantes, introduz uma distância suplementar entre eles e o leitor.

3. *Paralelismo.* A tendência para a semelhança ou para a identificação rege as relações características: «*São aqui salientadas todas as diferenças* pelas quais as épocas parecem separar-se umas das outras e os mundos oporem-se com hostilidade.» O principal paralelismo é o das duas partes; visto que a segunda parte nunca foi escrita, é preciso ainda dar a palavra a Tieck: «esta segunda parte intitula-se *a Conclusão,* assim como a primeira tinha por título *a Espera,* porque aí veríamos resolver-se e terminar tudo o que, na outra parte, se deixava adivinhar e pressentir.» Heinrich teria assim «revivido, mas numa perspetiva nova e bem mais ampla do que na primeira parte, a sua experiência da natureza, da vida e da morte, da guerra, do Oriente, da história e da poesia».

Este paralelismo global é multiplicado de inúmeras maneiras. Viu-se a semelhança dos sonhos do pai e do filho; Tieck revela também que, no início da segunda parte, «o jardineiro com que Heinrich conversa, é o mesmo homem velho que antigamente já o pai de Heinrich tinha acolhido». Ao encontrar Matilde, Heinrich pergunta-se: «Será que não é tal qual como no meu sonho. Quando tive a visão da Flor Azul?» A identificação das personagens umas com as outras é, aliás, muito frequente em Novalis, que anota num plano destinado à segunda parte: «Klingsohr é o monarca da Altântida. A Mãe de Heinrich é a Imaginação; o seu Pai, o Sentido. Schwaning é a Lua, o rei, e o colecionador de antiguidades é o mineiro e também o Ferro. [...] O imperador Friedrich é o Arctur.» Matilde também é Cvané e ao mesmo tempo Soulima (e também a Poesia, e a Flor Azul e Edda), e Novalis escreve «a jovem é tri-uma (*dreieiniges Madchen*)». São, como ele dizia, semelhantes a «desenhos de um quadro», que somos convidados a comparar e mesmo a trocar.

Quando uma narrativa encaixada se parece com a narrativa que a encaixa, ou seja, quando a parte se assemelha ao todo ou, para falar como Novalis, quando encontramos «em miniatura a imagem do mundo», estamos perante aquilo a que hoje se chama a narrativa em abismo. O que impressiona em *Ofterdingen* é a grande quantidade destas imagens. Elas são aqui de duas espécies: umas falam da arte ou da poesia em geral (do código), as outras deste livro em particular (da mensagem). Não nos espantaremos com as primeiras: Tieck falava do projeto que Novalis tinha de escrever outros romances para neles tratar de outros assuntos, «assim como tinha feito para a poesia, em *Ofterdingen*»; a personagem principal do livro é claramente um poeta. Os mercadores, o eremita, Heinrich e sobretudo Klingshor têm opiniões muito desenvolvidas sobre a poesia; viu-se ainda que, mesmo ao falar dos tipos de homens, não se abandonava verdadeiramente o assunto. A construção em abismo do próprio romance repete-se igualmente por várias vezes; encontramo-la, pelo menos parcialmente, nos sonhos do princípio; as fusões das personagens revelam-nos outras: o conto que preenche o terceiro capítulo é uma imagem reduzida do conjunto, visto que Klingsohr é o rei da Atlântida e que Heinrich é o poeta que casa com a sua filha. O mesmo acontece com o conto do próprio Klinzsohr. Os *Fragmentos* que dizem respeito ao livro anunciam outros reflexos, não realizados: «Na história do próprio *romance*», «ela conta a Heinrich a sua própria história (dele)».

Mas a construção em abismo mais perfeita e mais espetacular é a do capítulo quinto, onde Heinrich descobre a sua própria história num livro que pertence ao eremita. É verdade que ele não conhece a língua, mas pode deduzir a narrativa através das iluminuras; a semelhança é «total, surpreendente»; ele chega a ver uma «miniatura em que reconhece a caverna e, a seu lado, o velho mineiro e o eremita»; vê-se quase a olhar a imagem, que o mostra a olhar a imagem, etc. A única diferença é a do tempo: «todos tinham outros hábitos, que pareciam ser de outra época». O eremita acrescenta que «é um romance sobre o fabuloso destino de um poeta, em que o génio poético é apresentado na diversidade das suas formas e muito louvado». O paralelo torna-se verdadeiramente impressionante quando, ao conhecer-se o destino de *Heinrich von Ofterdingen*, se sabe que «falta o fim a este manuscrito».

Junto destas repetições e desdobramentos que o leitor descobre, há outros de outra espécie, que têm que ver simplesmente com a maneira como as personagens encaram o mundo que as rodeia. A sua vida está cheia de pressentimentos; assim, a mãe prevê que Heinrich encontrará uma jovem em Schwaning; o próprio Heinrich, quando deixa a cidade, tem o pressentimento de todo o percurso que o espera; sente-se cheio de deliciosas premonições no encontro com Matilde; a tal ponto que, qualquer que seja o acontecimento que se produza, as personagens têm a impressão de já o ter vivido: neste mundo onde o desenvolvimento temporal perdeu a sua pertinência, já não há experiência original, a repetição é inicial, o sentimento do «já conhecido» generalizou-se. «Heinrich teve a impressão, quando o velho se calou, de já ter ouvido em algum lado aquele cântico.» «Heinrich experimentava a sensação do já visto e tinha a impressão de atravessar os átrios do palácio interior e o segredo da terra.» O mesmo sentimento em relação a Klingsohr explica-se, pelo menos parcialmente, pela familiaridade de Heinrich com o livro do eremita: as diferentes formas do paralelismo motivam-se mutuamente.

4. *Alegorismo.* A tendência para a alegoria, quer dizer, o constrangimento exercido sobre o leitor para que não fique pelo sentido primeiro das palavras que lê, mas procure nelas uma significação segunda, era consciente em Novalis, que falava nos seus rascunhos de um «território alegórico», de «personagens alegóricas»; Tieck evocava na *Notice* a «natureza alegórica» e concluía: «Tudo converge e se funde numa alegoria.» A tal ponto que Novalis observava como precaução: «Mas não por ser demasiado alegórico.»

Subjacente, a alegoria impõe-se particularmente no conto de Klingsohr. É aí marcada através de vários índices. Um, evidente, é a escolha dos nomes próprios: como nas personificações alegóricas, as personagens chamam-se Eros, Scribe, Fábula, Aurora, Sol, Lua, Ouro, Zinco e assim por diante. O outro, mais difuso, é a dificuldade em compreender o encadeamento do conto, se atendermos apenas ao sentido literal. O sobrenatural (incoerência paradigmática) e a bizarria dos encadeamentos (incoerência sintagmática) desempenham aqui o papel da alegoria e obrigam-nos a descobrir uma pista de interpretação independente da continuidade semântica principal.

Parece-me que neste ponto se pode considerar estabelecida a continuidade das duas oposições, a dos géneros e dos homens. Resta perguntar se o termo «poética» é correto ou, segundo outro ponto de vista, qual a razão textual da presença de todos estes processos. Podemos dizer imediatamente que nenhum deles é, em si mesmo, especificamente poético, se nos limitarmos, pelo menos, à sua descrição geral; os encaixamentos e os paralelismos, mais particularmente, podem ser facilmente observados nos romances mais romanescos (ou narrativos). A ação conjunta das quatro propriedades textuais (entre outras) é a única que produz esta impressão; determinam-se mutuamente, levam-nos a interpretá-las mais de uma maneira do que de outras, arrastam-se graças à sua presença conjunta numa mesma direção. Estes processos só são poéticos, se o forem, por aquilo que os une. Além disso, é preciso não esquecer que isto que analiso é a minha intuição do poético, e não a ideia que Novalis tinha sobre o assunto (a menos que as duas coincidam, o que não é provável).

Aliás, não encontro um único, mas talvez dois denominadores comuns, para as quatro propriedades. A primeira razão é a abolição do reino do encadeamento lógico-temporal dos factos, da sua substituição por uma ordem das «correspondências». Em *Heinrich von Ofterdingen* vigora o contrário do que Novalis chamava «a via difícil e interminável, a via da experiência» ou ainda «a cadeia ininterrupta de acontecimentos» que governa o romance dos «heróis», o romance narrativo. Este efeito é obtido, especialmente (a) através de paralelismo: a semelhança está do lado dos poetas, a diferença do lado dos heróis; (b) pelo modo de encadeamento das ações; (c) pelas digressões introduzidas por encaixamento. A segunda razão é a tendência para a destruição de toda a representação: enquanto uma descrição (imóvel) do mundo sensível escaparia às manobras da primeira série de processos, agora descrição e narração e, portanto, toda a ficção estão como que diluídas, tornam-se transparentes. Para isto contribuem antes do mais as passagens de discussões gerais (assumidas pelo autor ou pelas personagens), os poemas e, de outro modo, a tendência para a alegoria. A diferença situa-se aqui ao nível do contrato de leitura que liga o leitor ao texto: a leitura poética tem as suas próprias regras, que não implicam, como é o caso da ficção, a construção de um universo imaginário.

Klingsohr dizia: «a poesia é o próprio meio do espírito humano», não deixando hipótese para a existência de nenhum outro género; e também acrescentava «um poeta, e que seja simultaneamente um herói!, é sem dúvida um mensageiro divino», o que era uma maneira de estabelecer a diferença dos géneros, revelando-se estes como a projeção textual da diversidade de atitudes tomadas pelos homens em relação à vida.

3. A POESIA SEM O VERSO

Este título deve ser lido como uma questão: suprimido o verso, o que resta da poesia? Todos sabem, desde a Antiguidade, que não é o verso que faz a poesia, e testemunha disso são os tratados científicos em verso. A resposta é todavia muito simples, se a quisermos formular em termos positivos: se não é o verso, então o que é? Questão que se duplica numa segunda, criada pela própria dificuldade em responder à primeira: será que existe uma «poeticidade» transcultural e trans-histórica ou apenas seremos capazes de dar respostas parciais, circunscritas no tempo e no espaço?

Para debater este problema, gostaria agora de abordar a problemática do poema em prosa. É a prosa que se opõe ao verso; excluído este, podemos perguntar-nos a que se opõe o poema, e a partir daí desenvolver a definição do poético. Temos, poderia dizer-se, as condições experimentais perfeitas para procurar a resposta para as nossas perguntas.

Se o poema em prosa é a composição ideal para encontrar uma resposta à questão sobre a natureza da «poesia sem o verso», será muito aconselhável começarmos pelos estudos consagrados a esse género, e em especial por essa impressionante história e enciclopédia do género que é *Le Poème en prose de Baudelaire à nos jours,* de Suzanne Bernard (Paris, 1959), para ver se encontramos aí uma resposta. O capítulo «Estética do poema em prosa» é com efeito inteiramente consagrado a essa questão.

S. Bernard vê a essência do género perfeitamente representada pela sua apelação oximorónica. «Todo o conjunto complexo de leis, que presidem à organização deste género original, se encontra já em germe, em potência, na sua denominação: *poema em prosa*. [...] Com efeito, o poema em prosa é baseado não só na sua forma, mas também na sua essência, na união dos contrários: prosa e poesia, liberdade e rigor, anarquia destrutiva e arte organizadora.» O autor do poema em prosa «visa uma perfeição estática, um estado de ordem e de equilíbrio — ou então uma desorganização anárquica do universo, no seio do qual possa fazer surgir outro universo, recriar um mundo» (pp. 434, 444).

Estamos ainda a ver a definição do poema em prosa, e não a de poesia em verso; é necessário, entretanto, uma observação preliminar, porque diz respeito a um traço característico do discurso de S. Bernard. Afirmar que este género se caracteriza pela coexistência dos contrários é uma coisa, e que pode ser dirigido tanto por um princípio, como pelo seu contrário (por exemplo tendência para a organização ou para a desorganização) é outra. A primeira afirmação tem um conteúdo cognitivo preciso, e pode ser confirmada ou infirmada pelo estudo dos exemplos, como veremos; a segunda, pelo contrário, não tem nenhum: A e não-A recortam o universo de modo exaustivo, e dizer que um objeto é caracterizado ora por A, ora por não-A é não dizer nada. Ora, Susanne Bernard passa sem transição de uma afirmação a outra, como se pode observar nos dois grupos de frases citadas, que abrem e fecham a primeira parte da sua exposição.

Mas voltemos ao assunto que nos interessa diretamente, a definição de poesia. Depois de ter explicado em que consiste a «prosa» (o realismo, a modernidade, o humor — deixamos por agora de lado essa identificação), S. Bernard volta-se para a definição do poema. A sua primeira e principal característica é a unidade: é uma «definição do poema como um todo, cujos carateres essenciais são a unidade e a concentração»; «tudo "trabalha" esteticamente, tudo concorre para a impressão total, tudo se mantém indissoluvelmente nesse universo poético ao mesmo tempo muito único e muito complexo»; é um «conjunto de relações, um universo fortemente organizado» (pp. 439, 441).

Para o leitor de hoje, estas frases que descrevem a unidade, a totalidade e a coerência são familiares; no entanto, está mais habituado a vê-las atribuídas a toda a *estrutura* do que a um só poema. Poderíamos acrescentar que, se toda a estrutura não é forçosamente poética, cada poema em particular não é também necessariamente estruturado, neste sentido da palavra: o ideal da unidade orgânica é o do romantismo, mas será que se podem incluir nela todos os «poemas» sem violentar o texto, nem o metatexto, quer dizer, o vocabulário crítico? Voltarei a esta questão daqui a um pouco.

S. Bernard apercebe-se de que a definição pela unidade é demasiado generalizante (afinal, o romance também não é «um universo fortemente organizado»?) e acrescenta então uma segunda característica do poema, especificação da primeira, que permite distinguir o género poético dos outros géneros literários: é uma certa relação com o tempo, um modo, mais exatamente, de escapar à sua influência. «O poema apresenta-se como um bloco, uma síntese indiscutível. [...] Estamos perante uma exigência essencial, fundamental, do poema: só pode existir como poema sob condição de trazer ao «presente eterno» da arte as mais longas durações, de coagular um devir movente em formas intemporais — aproximando-se, assim, das exigências da forma musical» (p. 442).

Se estas frases não são de uma transparência perfeita, se desejarmos saber quais são as realidades da linguagem que elas recobrem, ficamos a saber que essa intemporalidade particular é o denominador comum das duas séries de processos. No princípio da primeira, encontramos o princípio que também suporta a rima e o ritmo, agora ausentes: é a repetição que impõe «uma estrutura rítmica ao *tempo real* da obra» (p. 451). No segundo caso, mais do que suspendermos o tempo, abolimo-lo por telescopagem de momentos diferentes, ou pela destruição das categorias lógicas (distinção, aliás, logo posta em questão, visto que S. Bernard acrescenta, sublinhando as palavras: «o que vem dar ao mesmo» (p. 455). Este último (ou estas últimas) categoria(s) traduz(em)-se pelo facto de «se saltar brutalmente de uma ideia para outra», de «haver falta de transição» (p. 455), de dispensarmos «os encadeamentos, as ligações de ideias, toda a coerência na descrição, todo o seguimento na narrativa: os poetas modernos, na linha de Rimbaud, instalam-se no descontínuo para melhor negarem o universo real» (p. 456).

Expliquemos que aqui a coerência se apresenta como uma subdivisão, uma especificação da... coerência, da unidade, da totalidade (por intermédio do «presente eterno»). E deixemos para mais tarde o exame empírico destas afirmações. Mantendo-nos, por agora, na definição do poético, admitimos a sua equivalência ao estado intemporal. Mas os diferentes «meios» de produzir este estado intemporal — ou, antes, os diferentes processos que podem ter a intemporalidade como *consequência* (as repetições, as incoerências) — só se reduzem muito hipoteticamente a esta única consequência comum! A dedução que permite agrupar repetições e incoerência sob a noção de intemporalidade é tão frágil como os silogismos a que nos habituou o «teatro do absurdo»: os homens são mortais, os ratos são mortais, por isso os homens são ratos... Seria mais prudente e mais preciso, deixando de lado os grandes princípios de unidade e de intemporalidade, que não nos trazem nada de novo, reformular a tese de S. Bernard do seguinte modo: o poético tanto se traduz por repetições como por incoerências verbais. O que será talvez correto — poderemos verificá-lo —, mas que não nos dá uma definição da poesia.

Passemos agora, para apreciar a validade empírica destas hipóteses, à própria prática do poema em prosa, onde a ideia de poesia se encontra expressa. Dois exemplos, entre os mais célebres, de autores de poemas em prosa talvez nos ajudem nesta procura.

É muito natural que se comece por Baudelaire. Não é o «inventor» da forma, sabe-se hoje (supondo que esta noção de inventar tenha algum sentido), mas é ele que lhe dá o seu trabalho e a introduz no horizonte dos seus contemporâneos e dos seus sucessores e a torna um modelo de escrita: um género, no sentido histórico da palavra; é também ele que populariza a própria expressão de «poema em prosa», visto que a emprega para designar os primeiros trabalhos publicados. A esperança de encontrar uma resposta para a nossa questão consolida-se quando lemos, na dedicatória da recolha, que sonhava com «o milagre de uma prosa poética, musical, sem ritmo e sem rima»: esta música do significado que nos é prometida apenas é uma variante terminológica da «poesia sem o verso». A questão está pois bem colocada. A resposta que lhe dão os textos da recolha é todavia, de certa maneira, e pelo menos à primeira vista, dececionante. É que Baudelaire não escreve verdadeiramente poesia sem verso, não procura simplesmente a música do sentido. De preferência, escreve poemas em prosa, quer dizer textos que por princípio exploram o encontro dos contrários (e pode pensar-se por esta razão que a recolha, a que Baudelaire hesita em atribuir um título, merece mais o nome de *Petits Poèmes en prose* do que o de *Spleen de Paris*, mesmo que, de algum modo, os dois títulos sejam sinónimos). Tudo se passa como se Baudelaire tivesse tirado a temática e a estrutura dos nove décimos desses textos do nome do genérico poético-prosaico ou, se preferirmos uma visão menos nominalista, como se tivesse sido atraído pelo género, na medida em que permitia encontrar uma forma adequada (uma «correspondência») para uma temática da dualidade, do contraste, da oposição; este ilustra bem a definição dada ao género por S. Bernard.

Pode suster-se esta afirmação lembrando, primeiro, as diferentes figuras que toma a exploração da dualidade. São três. A primeira merece o nome de inverosimilhança (o próprio Baudelaire falava de «bizarria»): é descrito um só facto, mas enquadra-se nos hábitos comuns, e não podemos deixar de o pôr em contraste com os factos ou acontecimentos «normais». A Sra. Bistouri é a mulher mais estranha do mundo, e o diabo é de uma generosidade que ultrapassa tudo o que podia esperar «Le joueur généreux». O dom superior é recusado (*Les dons des fées*), e a perfeição de uma senhora leva à sua morte (*Portraits de maîtresses*). Por vezes este contraste permite opor o sujeito da enunciação aos seus contemporâneos: estes professam um humanismo ingénuo, julgam que é preciso infligir a dor para despertar a dignidade (*Assommons les pauvres!*).

A segunda figura é a ambivalência. Os dois termos contrários estão aqui presentes, mas caracterizam um só e mesmo objeto. Por vezes de maneira mais racional, a ambivalência explica-se como constituindo o contraste entre o que as coisas são e o que parecem ser: um gesto que se julga nobre é mesquinho (*La fausse monnaie, La corde*), uma certa imagem de mulher é a verdade de outra imagem (*La femme sauvage et la petite maîtresse*). Mas na maioria das vezes é o próprio objeto que é duplo, tanto na sua aparência como na sua essência: uma mulher é ao mesmo tempo feia e atraente (*Un cheval de race*), ideal e histérica (*Laquelle est la vraie?*), um homem ama e quer ao mesmo tempo matar (*Le galant tireur*) ou encarna simultaneamente a crueldade e a aspiração à beleza (*Le mauvais vitrier*), um quarto é ao mesmo tempo sonho e realidade (*La chambre double*). Certos lugares ou momentos são valorizados pelo próprio facto de poderem figurar a ambiguidade: é o caso do crepúsculo, lugar de encontro entre noite e dia (*Le crépuscule du soir*), ou do porto, interpenetração da ação e da contemplação (*Le port*).

A terceira e última figura da dualidade, de longe a mais abundantemente representada, é a *antítese,* a justaposição de dois seres, factos, ações ou reações, dotadas de qualidades contrárias. É o caso do homem e do animal (*Un plaisant*), do homem e da natureza (*Le gâteau*), dos ricos e dos pobres (*Les veuves, Les yeux des pauvres*) da alegria e da aflição (*Le vieux saltimbanque*), da multidão e da solidão (*Les foules, La solitude*), da vida e da morte (*Le tir et le cimetière*), do tempo da eternidade (*L'horloge*), do terrestre e do celeste (*L'étranger*). Ou ainda, como para as inverosimilhanças, são duas reações contrárias ao mesmo facto que serão postas lado a lado, sendo uma muitas vezes a da multidão, a outra a do poeta: alegria e deceção (*Déjà!*), felicidade e infelicidade (*Le désir de peindre*), o ódio e o amor (*Les yeux des pauvres*), a recusa e a aceitação (*Les tentations*), a admiração e o terror (*Le confiteor de l'artiste*) e assim por diante.

Esta justaposição antitética pode por sua vez ser vivida de maneira trágica ou feliz: mesmo aqueles que se juntam vivem na recusa (*Le désespoir de la vieille*), mesmo uma segunda criança «tão perfeitamente semelhante à primeira que se poderia julgá-la irmã gémea» começa com a outra «uma guerra perfeitamente fratricida» (*Le gâteau*). Mas, por um lado, a criança rica e a criança pobre, ainda que separadas por «barreiras simbólicas», encontram-se reunidas através dos dentes «de uma igual brancura» (*Le joujou du pauvre*). A seguir a um ataque brutal a um velho mendigo que lhe retribui o gesto, o «eu» declara: «Senhor, vós sois meu igual!» (*Assommons les pauvres!*). E, ainda que o sonho se oponha à realidade, pode tornar-se tão real como ela (*Les projets, Les fenêtres*).

Não é somente na composição geral ou na estrutura temática que se encontra esta constante dualidade. Já pudemos observar que os títulos eram feitos de justaposições contrastantes: *Le fou et la Vénus, Le chien et le flacon, La femme sauvage et la petite maîtresse, La soupe et les nuages, Le tir et le cimetière.* Outros referem-se explicitamente à dualidade (sem falar dos que a descobrem nos objetos, como o porto ou o crepúsculo): é o caso de *La chambre double, Laquelle est la vraie?* e de *Le miroir.* As próprias frases se balançam muitas vezes entre dois termos contrários: «deliciosa e execrável mulher», «quanto prazer, quanta dor» (*Le galant tireur*), «pacote de excrementos» e «perfumes delicados» (*Le chien et le flacon*). Ou as frases que se seguem em *Le vieux saltimbanque*: «Por todo o lado a alegria, o ganho, o deboche; por todo o lado, a certeza do pão para os dias seguintes; por todo o lado, a explosão frenética da vitalidade; aqui a miséria é absoluta, a miséria embiocada, para cúmulo do horror, em farrapos cómicos...» Ou estas frases de *Les foules*: «Multidão, solidão: termos iguais e convertíveis para o poeta ativo e fecundo. Quem não sabe povoar a solidão já não sabe estar sozinho numa multidão azafamada.» Textos inteiros são construídos em simetria perfeita: é ocaso de *La chambre double,* que se compõe de dezanove parágrafos, nove para o sonho e nove para a realidade, separados por um parágrafo, que começa por «mas»... O mesmo se passa em *Le fou et la Vénus:* três parágrafos para a alegria, três para a aflição e um no meio que diz: «no entanto, neste gozo universal vi um ser preocupado.» A própria dedicatória desta recolha ilustra, ainda que não teorize, este encontro constante dos contrários, pelo deslize no seio de uma mesma frase da forma poética sabre o tema da grande cidade, consideradas as duas por Baudelaire como a característica constitutiva do poema em prosa.

A regularidade destes contrastes é tal que se acaba por esquecer que se trata de contrastes, de contradições, de perturbações, que podem ser trágicas. Em Baudelaire, a antítese é coberta por um sistema de correspondências, e isto não só porque o poema em prosa oximorónico corresponde perfeitamente às contradições que evoca. Seja qual for o objeto ou sentimento escrito, acaba por se integrar numa pluralidade de ecos, tal como aquela mulher «alegórica dália» para quem, na *Invitation au voyage,* o poeta sonha encontrar um país — um quadro que se lhe compare: «Não estarias enquadrada na tua analogia a olhar-te, para falar como os místicos, na tua própria correspondência?» Admiremos a multiplicação das semelhanças: a analogia a quatro termos (a mulher está para o país assim como o retrato está para o quadro) é reforçada por uma similitude entre os objetos contíguos — o quadro assemelha-se ao retrato, e o país à mulher; isto sem esquecer que se trata do retrato da mulher, que é a sua imagem fiel (e lembrando também a semelhança direta entre o quadro e o país). Tal «correspondência» não é muito excecional no universo poético de Baudelaire, quer surja em verso ou em prosa, e constitui sem dúvida um bom exemplo daquilo a que S. Bernard chamava um «conjunto de relações, um universo fortemente organizado». Não restam dúvidas de que é precisamente a confrontação dos contrários que faz a unidade da recolha baudelairiana.

A relação entre poema em prosa, por um lado, e contraste temático, por outro, não se limita a essa semelhança de estrutura. Sabe-se que são numerosos os poemas que tomam o trabalho do poeta como abjeto, acrescentando assim a relação de participação à de similitude: *Le confiteor de l'artiste, Le chien et le flacon, Les foules, Le vieux saltimbanque, Les tentations, Le désir de peindre, Perte d'auréole* e muitos outros. Mas o que há de mais notável é que o contraste evocado se compõe precisamente do «prosaico» e do «poético» — entendido desta vez já não como categorias literárias, mas como dimensões da vida e do mundo. Não será um poeta o ser que sonha com as nuvens, ao passo que os outros procuram trazê-lo para terra, para perto da sopa prosaica (*La soupe et les nuages, L'étranger*)? Viver como poeta será viver na ilusão («por muito poeta que seja, não sou tão lorpa como julgam», *La femme sauvage et la petite maîtresse*)? Será viver como esses vagabundos despreocupados, livres de prisões materiais, que a criança admira e de quem o enunciador — o poeta — diz: «Tive instantaneamente a ideia bizarra de que podia ter em mim um irmão desconhecido» (*Les vocations*)? Será que o «horrível fardo» da vida não se opõe precisamente à bebedeira «de vinho, de poesia, ou de virtude» (*Enivrez-vous*)? E não se poderá equilibrar a prosa da vida a que se consagra todo o dia, esperando no meio da noite poder cadenciá-la com uma atividade propriamente poética: «Senhor Deus! Dai-me a graça de produzir alguns versos belos que provem a mim próprio que não sou o último dos homens» (*À une heure du matin*)?

Um poema em prosa afirma esta continuidade dos planos temático e formal de modo mais intenso do que os outros: é *Le thyrse*. O tirso é um objeto, um bastão, utilizado em cerimónias religiosas. Esta dualidade, todavia muito comum, é o ponto de partida do texto, onde o tirso é primeiro descrito «segundo o sentido moral e poético» e a seguir «fisicamente». O tirso é pois um objeto ambivalente, tal como o porto ou o crepúsculo, visto que é poético e espiritual, por um lado, prosaico e material, por outro. A seguir, acrescenta-se uma segunda antítese, a do direito e do curvo. E depois, como se a relação com a poesia e a arte não fosse muito clara, como se a analogia da estrutura não bastasse, segue-se um pôr em equação direto: o tirso é o próprio trabalho do artista. «O tirso é a representação da vossa espantosa dualidade, mestre poderoso e venerado» (o texto é dedicado a Liszt). «Linha direita e linha arabesca, intenção e expressão, inflexibilidade da vontade, sinuosidade do verbo, unidade de princípio, qual será o analista que terá a detestável coragem de vos dividir e de vos separar?» Material e espiritual, o tirso participa uma primeira vez da prosa e da poesia; fusão da linha direita e da curva, é agora o símbolo do conteúdo e da forma em arte — estes, por sua vez, prolongam-se idealmente no prosaico e no poético. Poderá encontrar-se melhor símbolo do poema em prosa do que o próprio tirso?

Tal é a unidade dos *Petits Poèmes en prose* de Baudelaire, tal é também a ideia que eles nos transmitem de poesia. Vê-se que essa ideia não tem nada de surpreendente: o poético é aqui encarado na sua união com a prosa e mais não é do que um sinónimo do sonho, do ideal, do espiritual — tem-se mesmo vontade de dizer, sem tautologia: do poético. A acreditar no próprio Baudelaire, o poético é uma pura categoria temática a que se acrescenta a exigência de brevidade. O texto, que aliás pode ser narrativo assim como descritivo, abstrato ou concreto, deve, para ser poético, ser curto; esta regra de Poe foi considerada por Baudelaire como uma característica constitutiva do género («podemos terminar onde quisermos eu e o meu sonho, o manuscrito, o leitor e a leitura; porque não suspendo a vontade indócil daquele, no fio interminável de uma intriga supérflua», lia-se na dedicatória da recolha). O poema é curto; o poético é aéreo, e seria tudo se não fosse necessário acrescentar o «trabalho» das correspondências já assinalado e que está presente tanto nos *Petits Poèmes en prose* como em *Les Fleurs du mal*. Baudelaire exemplificaria com esta última característica a primeira hipótese de S. Bernard, a que identifica o poético como uma submissão ao princípio da semelhança.

Mas vejamos um segundo exemplo, o mais relacionado possível com Baudelaire, historicamente e no plano estético: as *Iluminações* de Rimbauld. É evidente que estes textos são escritos em prosa, mas ao mesmo tempo ninguém pode contestar o seu caráter poético; ainda que o próprio Rimbaud não os classificasse como «poemas em prosa», fá-lo-iam os seus leitores, e isso basta-nos para os considerar como pertinentes no nosso debate.

Comecemos por uma constatação negativa: a escrita de Rimbaud não é regida pelo princípio de semelhança que se podia observar em Baudelaire. A metáfora, figura mestra neste último, é aqui praticamente inexistente. As comparações, quando as há, não salientam nenhuma similitude: são comparações quase imotivadas. «O mar da vigília, tal como os seios de Amélia» (*Veillées III*): mas nós ignoramos tudo acerca de Amélia e nunca saberemos como era o mar da vigília. «É tão simples como uma frase musical» (*Guerre*): mas a frase musical não é, que se saiba, uma encarnação da simplicidade, e o texto que precede esta comparação e que em princípio ela esclareceria está também longe de ser simples. «Sageza tão desdenhada como o caos» (*Vies I*): eis dois contrários unidos pelo desprezo que suscitam. «Orgulho mais generoso do que as caridades perdidas» (*Génie*): novamente dois elementos desconhecidos são aproximados por intermédio de um terceiro... Em lugar de contribuir para o estabelecimento de um universo baseado na analogia universal, estas comparações salientam a incoerência do mundo evocado.

Se quisermos realmente encontrar tropos em Rimbaud, serão metonímias; ora, estas últimas não criam um mundo de correspondências. Isto não é bem assim porque se poderia defender que, tal como essas partes do corpo ou essas propriedades dos objetos que se tentou primeiramente interpretar por sinédoque, revelam finalmente ser partes ou propriedades literais, que não reenviam a nenhuma totalidade, assim como este mundo deslocado e resumido que as expressões de Rimbaud evocam literalmente não exige nenhuma substituição reguladora. A tentação é todavia grande em sentir um apelo à imaginação metonímica, mesmo que nem sempre se possa identificar o ponto de chegada da metonímia. Quando se lê «o nosso patoá abafa o tambor» (*Démocratie*), os nossos hábitos linguísticos fazem-nos concluir: a língua está para a fala assim como o instrumento para o ruído que produz; num segundo tempo, cada uma das ações evoca o seu agente. Quando se ouve «a areia… que lavou o céu» (*Métropolitain*) ou quando «a terra do canto é pisada por todos os homicidas e todas as batalhas» (*Mystique*), tem-se de novo a impressão de que o uso da metonímia do tipo agente-ação ou agente-lugar de ação desempenha alguma função na obscuridade da frase.

Uma característica estilística, muito conhecida no texto de Rimbaud, liga-se igualmente ao movimento metonímico: o poeta descreve ilusões de ótica como se fossem realidade; uma coisa que está no alto de um quadro sobe, e o que está em baixo desce. Mas não será uma metonímia essa passagem por continuidade e não por semelhança da imagem ao objeto representado? É assim que, no bosque, «há uma catedral que desce e um lago que sobe» (*Enfance III*), que «por cima do nível das mais altas cristas um mar agitado» aparece (*Ville I*) ou que «se joga as cartas no fundo do lago» (*Soir historique*); a metamorfose é motivada no *Après le déluge*: «o mar sobreposto lá no alto, como nas gravuras». É ainda metonímica em expressões como «as ervas de aço» (*Mystique*), «os olhos… tricolores» (*Parade*), «as planícies apimentadas» (*Vies I*), o «campo azedo», «a infância que mendiga» (*Vies II*), os «olhares cheios de peregrinações» (*Enfance I*) ou estas frases estranhas: «os gentis-homens selvagens perseguem as suas crónicas» (*Villes II*), «os Rolands tilintam a sua bravura» (*Ville I*), «cenas líricas... inclinam-se» (*Scènes*), «as lâmpadas e os tapetes da vigília fazem o ruído das vagas» (*Veillées III*) ou «observo a história dos tesouros que vós encontrastes» (*Vies I*).

Se as *Iluminações* são poéticas não é por serem «fortemente organizadas», no sentido que podia ter esta expressão no contexto baudelairiano, ou pelo seu caráter metafórico (a metonímia é considerada prosaica). Não é aliás o que habitualmente se lhe atribui; S. Bernard, como vimos, considerava aquilo que caracteriza o texto de Rimbaud como a segunda tendência fundamental do poema em prosa: a incoerência, a descontinuidade, a negação do universo real; numa palavra, o texto de Rimbaud recusa a representação e é por isso que é poético. Mas semelhante afirmação exige algumas explicações, nomeadamente aquilo que se considera ser o caráter representativo dos textos literários.

É Etienne Souriau, na sua *Correspondance des arts* (1947; cito a segunda edição corrigida de 1969), que coloca de forma mais explícita o problema da representação em arte, dando-lhe um traço distintivo e tipológico. É que, com efeito, ao lado das artes representativas, há outras que não o são e a que Souriau dá o nome de «apresentativas». «É por ser uma sonata ou por ser uma catedral que lhe são inerentes, como ao seu sujeito, todos os atributos morfológicos ou outros que contribuem para a sua estrutura. Enquanto na arte representativa há uma espécie de desdobramento ontológico — uma pluralidade desses sujeitos de inerência [...]. É esta dualidade dos sujeitos ontológicos de inerência — por um lado a obra, por outro os objetos representados — que caracteriza as artes representativas. Nas artes apresentativas, obra e objeto confundem-se. A obra representativa suscita, por assim dizer, paralelamente a ela e fora dela (pelo menos fora do seu corpo e para lá dos seus fenómenos, ainda que provocados e suportados por ela), um mundo de seres e de coisas que não poderiam ser confundidos com ela» (p. 89). Assim, temos essa grande divisão das artes em «dois grupos distintos», «o grupo das artes em que o universo da obra mostra seres ontologicamente distintos da própria obra; e o das artes em que a interpretação coisal dos dados interpreta a obra considerando-a apenas por si» (p. 90).

No entanto, quando Souriau se volta para o domínio literário, é obrigado a constatar uma assimetria no seu quadro da «correspondência das artes»: não há verdadeiramente literatura «representativa» ou do primeiro grau. A forma primária da literatura seria «o arabesco das consoantes e das vogais, a sua "memória", […] o seu ritmo e, mais amplamente, o gesto geral da frase, do período, da sucessão dos períodos, etc.» (p. 154). Esta «casa primária (onde figuraria em princípio uma arte de conjunto de certa forma musical das sílabas, sem nenhuma intenção de significação e portanto de evocação representativa) é praticamente inocupada — a não ser por uma "prosódia pura" que não existe como arte autónoma: é unicamente implicada na poesia a título de forma primária de uma arte realmente do segundo grau» (p. 132). Semelhante pertinência do significante permite deste modo opor a poesia à prosa (é assim que Souriau, p. 158, responde à questão que levanto nestas páginas), mas só desempenha evidentemente um papel muito marginal em relação ao conjunto literário: *Lautdichtung* dos dadaístas, neologismos futuristas, poesia letrista ou concreta. A razão disto, segundo Souriau, deve-se à pobreza musical dos sons da linguagem, comparados com a música propriamente dita; e poderíamos acrescentar, com a pobreza visual das letras, comparadas com o conjunto de meios de que a pintura dispõe.

Tudo isto parece muito justo, e todavia lamenta-se que a dicotomia apresentação/representação, aplicada ao domínio literário tenha resultados tão pobres. A ponto de perguntarmos se será esta a interpretação que convém ao campo literário, se não se enquadraria melhor naquilo que apenas é o material da literatura, ou seja, a linguagem. O próprio Souriau escreve: «A literatura... vai buscar o conjunto dos seus signos a um sistema já constituído fora dela que é a linguagem» (p. 154). A «forma primária» da literatura não são os sons, mas as palavras e as frases, e estas já têm um significante e um significado. A literatura «apresentativa» seria não só o lugar em que o significante deixava de ser transparente e transitivo, mas também, de modo mais importante quantitativa e qualitativamente, o lugar em que o significado deixava de existir. Tratar-se-ia pois de questionar o encadeamento automático que citava há momentos (e sem nenhuma intenção de significação, *portanto*, de evocação representativa»), para procurar saber se há alguma forma de escrita em que haja significação sem haver representação. É esta literatura de apresentação que as *Iluminações* de Rimbaud ilustram, e a sua poesia baseia-se neste caráter apresentativo.

Os meios que Rimbaud emprega para destruir a ilusão representativa são muito numerosos. Vão do comentário metalinguístico explícito, como na célebre frase de *Barbare*: «O pavilhão em carne sangrenta sobre a sede dos mares e da flores árticas»; (que não existem) até frases francamente gramaticais, de que nunca se conhece o sentido, como esta que termina *Métropolitain*: «Na manhã em que com Ela vós vos debatestes por entre os brilhos da neve, os lábios verdes, os espelhos, os panos negros e os raios azuis, e os perfumes púrpura do sol dos polos — tua força.» Entre as duas, uma série dos processos torna a representação incerta e depois impossível.

Assim, as frases indeterminadas que ocupam a maior parte das *Iluminações* não impedem toda a representação, mas tornam-na muito imprecisa. Quando, no fim de *Après le déluge,* Rimbaud diz que «a Rainha, a Feiticeira que acende as brasas no vaso de barro, não quererá nunca contar-nos o que sabe e o que nós ignoramos», vemos que há um gesto concreto realizado por uma personagem feminina, mas ignoramos tudo acerca dessa personagem ou das suas relações com o que precede (os dilúvios) e sem dúvida que ignoramos «o que nós ignoramos», tal como não saberemos nada das «duas crianças fiéis». da «casa musical» ou do «velhote solitário, calmo e belo» de que se fala em *Phrases,* assim como das outras personagens das *Iluminações*. Estes seres surgem e desaparecem como corpos celestes no meio da noite obscura, no tempo de uma iluminação. A descontinuidade tem um efeito semelhante: cada palavra pode evocar uma representação, mas o seu conjunto não forma um todo e incita-nos a permanecermos nas palavras. «Para a infância de Helena vibraram as peles, as sedas e as sombras — e o seio dos pobres e as lendas do céu» (*Fairy*): é a própria pluralidade destes assuntos que cria problemas, porque cada um contribui para tornar irreais os seus predecessores. O mesmo acontece com todos os complementos circunstanciais na frase citada de *Métropolitain,* ou nessa outra frase do mesmo texto em que há «caminhos dobrados de grades e de muros», «as atrozes flores» «os albergues que já não abrem mais — há princesas e, se não estiveres muito oprimido, o estudo dos astros — o céu». É talvez por essa razão que se é sempre tentado a permutar as palavras nos textos de Rimbaud tendo em vista encontrar uma coerência.

Outros processos tornam a representação não só incerta, mas realmente impossível. É o caso dos oxímoros e das frases contraditórias, é o que se passa no quadro notável da enunciação em que «eu» e «tu», «nós» e «vós» se mantêm raramente de uma ponta à outra do texto (por exemplo em *Après le deluge, Parade, Vies I, Matinée d'ivresse, Métropolitain, Aube*); este «Ser de Beleza» é exterior ou interior ao sujeito que no fim diz: «os nossos ossos revestiram-se de um novo corpo amoroso» (*Being Beauteous*)? O mesmo acontece também com esse hábito, já evocado, de Rimbaud que consiste em descrever as propriedades ou as partes dos objetos, sem nunca nomear os próprios objetos, ao ponto de não se saber verdadeiramente de que se trata. Isto é verdade não só para textos como *H*, que se apresenta da mesma forma que uma adivinha, como ainda para muitos outros, como testemunham muitas vezes as hesitações dos críticos. É esta atenção às propriedades, aos gastos dos objetos que estas caracterizam, que nos dá a impressão de que Rimbaud emprega sempre o termo genérico em vez do nome próprio e colora os textos com uma forte abstração. O que é exatamente o «luxo noturno» de *Vagabonds* ou o «luxo inaudito» de *Phrases*? A «generosidade vulgar» ou as «revoluções de amor» de *Conte*? A «erva de verão» e o «vício sério» de *Dévotion*, os «meus embaraços» e «esse vil desespero» de *Phrases*? Os «brilhos preciosos» e a «influência fria» de *Fairy*? Os «horrores económicos» e a «magia burguesa» de *Soir historique*? Rimbaud gosta particularmente também dos quantificadores universais, como se fosse um legislador: «seres de todos os carateres por entre todas as aparências» (*Veillées*), «todos os carateres matizaram a minha fisionomia» (*Guerre*), etc.

A esta análise da falência da representação nas *Iluminações*, a que nos dedicaremos com pormenor num dos capítulos seguintes, poderíamos opor dois argumentos. Primeiro não é verdade que todos os textos das *Iluminações*, e, em cada texto, todas as frases, participem dessa mesma tendência: se a representação falha muitas vezes, por vezes também se realiza. Por outro lado, as mesmas características verbais que contribuem para essa falha podem encontrar-se fora da literatura e com mais razão ainda fora da poesia: nomeadamente em textos abstratos e gerais.

A resposta a estas duas objeções é felizmente a mesma. A oposição entre apresentação e representação pela linguagem não se situa entre duas classes de enunciados, mas entre duas categorias. A linguagem pode ser transparente ou opaca, transitiva ou intransitiva; mas isto são apenas dois polos extremos, e os enunciados concretos situam-se por assim dizer sempre algures entre os dois, mais próximos de uma ou de outra extremidade. Não é nunca uma categoria isolada, mas a sua combinação com outras, que torna a recusa da representação uma fonte de poesia nas *Iluminações:* o texto filosófico, por exemplo, que não representa, mantém a coerência ao nível até do seu sentido. É realmente o seu caráter «apresentativo» que torna estes textos poéticos, e poderíamos figurar o sistema tipológico interiorizado pelos leitores de Rimbaud do seguinte modo:

	VERSO	PROSA
apresentação	poesia	poema em prosa
representação	epopeia, narração e descrição versificadas	ficção (romance, conto)

O que nos leva ao ponto de partida. A intemporalidade, que S. Bernard queria tornar a essência da poeticidade, é apenas uma consequência secundária da recusa da representação em Rimbaud, da ordem das correspondências em Baudelaire; é pois distorcer violentamente os factos, pretender caracterizar assim um e outro. Mas se os mesmos textos de dois poetas, separados apenas por uma dezena de anos, escrevendo na mesma língua e no mesmo clima intelectual do pré-simbolismo, são qualificados (por eles próprios ou pelos seus contemporâneos) como «poéticos» por razões tão diferentes como independentes, não deveremos render-nos à evidência de que a poesia não existe, mas que existe e existirão conceções variáveis da poesia, não só de época para época, ou de país para país, mas também de texto para texto? A oposição apresentação/representação é universal e «natural» (está inscrita na linguagem); mas a identificação da poesia com o uso «apresentativo» da linguagem é um facto historicamente circunscrito e culturalmente determinado: deixa Baudelaire de fora da «poesia». Falta perguntar — mas vê-se qual seria o trabalho preliminar que implicaria a resposta — se não há pelo menos uma afinidade entre todas as razões diferentes pelas quais se pôde no passado qualificar um texto como poético. Mostrar que esta afinidade não se encontra onde pensávamos achá-la e formular algumas destas razões de maneira mais rigorosa é o objetivo limitado das páginas precedentes.

III

CADERNOS DO SUBTERRÂNEO ([1])

«Um achado fortuito numa livraria: *Cadernos do Subterrâneo* de Dostoievski... A voz do sangue (que outro nome lhe dar?) fez-se ouvir imediatamente, e a minha alegria foi extrema» (Friedrich Nietzsche, *Carta a Overbeck*).

«Penso que os *Cadernos do Subterrâneo* são o auge da carreira de Dostoievski. Considero este livro (e não sou o único) como o ponto capital de toda a sua obra» (André Gide, *Dostoievski*).

«Os *Cadernos do Subterrâneo*...: nenhum outro texto do romancista exerceu maior influência no pensamento e na técnica romanesca do século XX» (George Steiner, *Tolstoi ou Dostoievski*).

Poderíamos prolongar a lista de citações, mas não é necessário; todos conhecem hoje o papel fundamental deste livro tanto na obra de Dostoievski como no mito dostoievskiano, característico da nossa época.

Se não é a reputação de Dostoievski que está por fazer, o mesmo não se pode dizer em relação à exegese da sua obra. Os escritos críticos que lhe foram consagrados são sem dúvida inúmeros; o problema é que não tratam senão excecionalmente das obras de Dostoievski. Este último, com efeito, teve a infelicidade de ter uma vida sobressaltada: que biógrafo erudito resistiria perante essa conjunção de anos de trabalhos forçados com a paixão pelo jogo, a epilepsia e as tumultuosas relações de amor? Ultrapassado este escolho, tropeça-se num segundo obstáculo: Dostoievski interessou-se apaixonadamente pelos problemas filosóficos e religiosos do seu tempo; transmitiu essa paixão às personagens, e ela está presente nos seus livros. Assim, é raro que os críticos falem de «Dostoievski — o escritor», como antigamente se dizia; todos se apaixonam pelas suas «ideias», esquecendo que as encontramos no interior de romances. Por outro lado, supondo que mudassem de perspetiva, o perigo não teria sido evitado, não se teria feito mais do que invertê-lo: poderá estudar-se a «técnica» em Dostoievski, abstraindo dos grandes debates ideológicos que animam os seus romances (Chklovski pretendia que o *Crime e Castigo* era um puro romance policial, com a única particularidade de o efeito de «suspense» ser provocado pelos intermináveis debates filosóficos)? Propor hoje uma leitura de Dostoievski é, de certa maneira, lançar um desafio: deve conseguir-se analisar simultaneamente as «ideias» de Dostoievski e a sua «técnica» sem privilegiar indutivamente umas ou a outra.

O erro vulgar da crítica de interpretação (distinta da de erudição) foi (é sempre) afirmar 1) que Dostoievski é um *filósofo,* abstraindo da «forma literária» e 2) que Dostoievski é *um* filósofo, quando até o olhar menos prevenido é imediatamente alertado pela diversidade de conceções filosóficas, morais e psicológicas que acompanham a sua obra. Como escreve Bakhtin no princípio de um estudo a que voltaremos: «Quando se aborda a imensa literatura consagrada a Dostoievski, temos a impressão de nos relacionarmos não só com *um único* autor-artista que teria escrito romances e novelas, mas com uma série de filósofos, com vários autores-pensadores: Raskolnikov, Mychkin, Stavroguin, Ivan Karamazov, O Grande Inquisidor e outros...»

Os *Cadernos do Subterrâneo* são, mais do que qualquer outro escrito de Dostoievski — exceto talvez a «Lenda do Grande Inquisidor» —, responsáveis por esta situação. Teve-se a impressão, ao ler este texto, de se dispor de um testemunho direto de Dostoievski — o ideólogo. É pois também por ele que devemos começar se quisermos ler Dostoievski hoje, ou, de modo mais genérico, se quisermos compreender em que consiste o seu papel nesse conjunto em transformação incessante a que chamamos literatura.

Os *Cadernos do Subterrâneo* dividem-se em duas partes intituladas «O subterrâneo» e a «A propósito da neve derretida», e o próprio Dostoievski as descreve deste modo: «No presente fragmento, que intitulo "o subterrâneo", a personagem apresenta-se a si própria, apresenta a sua visão das coisas e procura, de certa maneira, clarificar as razões por que aparece, pelas quais devia aparecer no nosso meio. O fragmento seguinte oferecerá os "Cadernos" propriamente ditos desta personagem, anotações sobre alguns acontecimentos da sua vida.» É na primeira parte, discurso do narrador, que sempre se encontrou a exposição das ideias mais «notáveis» de Dostoievski. É também por lá que entraremos no labirinto deste texto — sem saber ainda por onde poderemos sair.

A IDEOLOGIA DO NARRADOR

O primeiro tema que o narrador desenvolve é o da consciência (*soznanie*). Deve tomar-se aqui o termo por oposição, não ao inconsciente, mas à inconsciência. O narrador esboça o retrato de dois tipos de homens: um é o homem simples e direto (*neposredsvennyj*), «l'homme de la nature et de la vérité» (em francês no texto), que ao agir não possui a imagem do seu agir; o outro, o homem consciente. Neste toda a ação se duplica com a imagem dessa ação que surge na sua consciência. Pior, essa imagem aparece antes de a ação ter tido lugar e deste modo torna-a impossível. O homem de consciência não pode ser o homem de ação. «Porque o resultado direto, legítimo, imediato, da consciência é a inércia, é todo o cruzar de braços deliberado... Repito-o, eu arquirrepito: se todos os homens diretos e os homens de ação são ativos é precisamente porque são obtusos e limitados».

Tomemos, por exemplo, o caso de um insulto que «normalmente» teria suscitado a vingança. É assim que procede o homem de ação. «Admitimos que eles se sintam invadidos por um desejo de vingança: nada neles subsistirá tão longamente enquanto ela durar. Um senhor desse género vai direito à questão, sem outra hipótese de procedimento, como um touro furioso, os cornos inclinados, e só um muro seria capaz de o deter. Não se passa o mesmo com o homem de consciência. Eu disse-vos: o homem procura vingar-se porque acha isso justo... Ora, eu não vejo nisso nenhuma justiça e virtude, consequentemente, se resolvesse vingar-me, só poderia fazê-lo por maldade. Evidentemente que a maldade poderia levar vantagem sobre todas as minhas dúvidas e, por conseguinte, conceder-me um inevitável sucesso sendo razão primeira, precisamente porque não é uma razão. Mas o que fazer, se eu não sou sequer maldoso?... O meu mau humor — e uma vez mais devido a essas malditas leis da consciência — é suscetível de decomposição química. Hupa! E eis o objeto volatizado, as razões evaporadas, o culpado desaparecido; a ofensa deixa de ser uma ofensa para se tornar fatalidade, qualquer coisa semelhante a um furor violento de que ninguém é responsável, o que explica que só me resta sempre a única e mesma saída: bater ainda mais dolorosamente contra o muro.»

O narrador começa por deplorar este excesso de consciência (e dou-vos a minha palavra, senhores: o excesso de consciência é uma doença, uma verdadeira e integral doença. Para os usos da vida corrente, seria mais do que suficiente uma consciência humana vulgar, quer dizer, a metade, ou um quarto da porção que possui o homem evoluído do nosso infeliz século XIX»). Mas, no fim do seu raciocínio, apercebe-se de que isso é um mal menor: «Ainda que vos tenha dado inicialmente a conhecer que a consciência era, em minha opinião, a maior infelicidade para o homem, sei no entanto que ele não lhe resiste e que não a abandonaria por nada deste mundo.» «No fim de contas, senhores, o melhor é não fazer nada. Mais vale a inação consciente!»

Esta afirmação tem um correlato: a solidariedade entre consciência e sofrimento. A consciência provoca o sofrimento, condenando o homem à inação, mas simultaneamente é o resultado disso: «o sofrimento... mas, vejamos, é o único motor da consciência!» Aqui intervém um terceiro termo, a fruição, e deparamo-nos com uma afirmação muito «dostoievskiana»; contentemo-nos por agora em expô-la, sem procurar explicar. Por várias vezes o narrador afirma que no meio do maior sofrimento, sob condição de ter profunda consciência dele, encontrará uma fonte de gozo, «um gozo que atinge por vezes o auge da voluptuosidade». Eis um exemplo: «Chegava a sentir uma espécie de prazer secreto, anormal, um pequeno gozo ignóbil ao regressar ao meu tugúrio, em alguma dessas noites particularmente terríveis de Petersburgo, em me sentir arquiconsciente de ter cometido uma vez mais qualquer coisa de baixo, que o que estava feito feito estava, e no fundo de mim próprio, em segredo, roía-me, remoía-me até à exaustão, atormentava-me, aterrorizava-me até que aquela amargura acabava por transformar-se numa doçura infame, maldita e finalmente num definitivo e verdadeiro gozo. [...] Sim, é isso que eu digo, num gozo. [...] Explico-me: o gozo provinha justamente da consciência excessivamente lúcida que tinha do meu aviltamento, de ter atingido o fundo da infâmia, que seguramente aquilo estava muito mal, mas que não podia ser de outro modo...» E ainda: «Mas é precisamente nessa semiconfiança e nesse semidesespero, odiosamente frios, nesse desgosto que lucidamente vos atrai para vos enterrar vivos no vosso subterrâneo, mergulhados numa situação sem saída e apesar disso duvidosa, nesse veneno de desejos insatisfeitos e constrangidos, nessa febre de hesitações, de resoluções irrevogáveis, seguidas de súbitos remorsos, que reside o suco do estranho gozo de que vos falei.»

Este sofrimento que a tomada de consciência transforma em gozo pode ser também puramente físico, é o caso da dor de dentes. Eis a descrição de um «homem culto» ao terceiro dia da sua dor: «Os seus gemidos tornam-se agressivos, maldosos, insuportáveis e duram dias e noites inteiras. Ele no entanto sabe que não terá nenhuma vantagem em se queixar tanto. Sabe melhor que ninguém que em vão se atormenta e atormenta os outros; que o público perante o qual se esgrime, bem como toda a sua família, se habituaram não sem repulsa aos seus gritos, que acreditam pouco nele e reparam, sem nada dizer, que poderia gemer de outra maneira, com mais simplicidade, sem garganteios nem contorções, e que se se diverte com aquilo é apenas por maldade e hipocrisia. Ora, reparai que é justamente nesses estados de consciência e de vergonha que se esconde a volúpia.» É aquilo a que chamamos o *masoquismo* do homem subterrâneo.

Sem ligação visível (mas talvez isto seja apenas aparente), o narrador passa ao seu segundo grande tema: o da razão, do seu lugar no homem e do valor do comportamento que deseja conformar-se a ela exclusivamente. A argumentação toma pouco mais ou menos a seguinte configuração: 1) A razão apenas terá acesso ao «razoável», quer dizer, somente a uma «vigésima parte» do ser humano. 2) Ora, a parte essencial do ser é constituída pelo desejo, pelo querer, que não é razoável. «Que sabe a razão? A razão apenas sabe o que teve tempo de aprender (e há coisas que ela não aprenderá, penso eu, nunca; não é uma consolação, mas porque não reconhecê-lo?), enquanto a natureza humana age em todo o seu conjunto, com tudo o que possui de consciente ou de inconsciente, e ainda que aja falsamente, vive.» «A razão é uma coisa boa, é indiscutível, mas a razão é sempre apenas a razão e só satisfaz a faculdade raciocinante do homem, enquanto a vontade é a manifestação da vida desse homem, da própria razão e de tudo o que o desassossega.» 3) É pois absurdo querer criar uma maneira de viver — e impô-la aos outros — baseada apenas na razão. «Querem, por exemplo, tirar ao homem os seus antigos costumes e corrigir a sua vontade, conforme o que manda a ciência e o senso comum. Mas quem vos diz que isso é não só possível como *necessário*? O que é que vos faz concluir que a vontade do homem tem uma tal *necessidade* de ser corrigida? Numa palavra, como sabeis se essa correção virá a ser proveitosa ao homem?» Dostoievski denuncia esse determinismo totalitário em nome do qual se tentam explicar todas as ações humanas pelas leis da razão.

Este raciocínio baseia-se em alguns argumentos e arrasta, por sua vez, a determinadas conclusões. Eis, primeiro, os argumentos. São de dois tipos; deduzidos por um lado da experiência coletiva, da história da humanidade: a evolução da civilização não levou ao reino da razão, há tanto de absurdo na sociedade antiga como no mundo moderno. «Olhai bem à vossa volta! Correm rios de sangue, e ainda por cima tão alegremente que quase diríamos ser champanhe.» Os outros argumentos resultam da experiência pessoal do narrador: nem todos os desejos podem ser explicados pela razão; se pudessem sê-lo o homem agiria de modo diferente — de propósito para a contradizer; a teoria do determinismo absoluto é portanto falsa; e o narrador defende perante ela o direito ao capricho; eis o que Gide reteve de Dostoievski. Aliás, gostar do sofrimento é contra toda a razão e acontece (tal como se viu anteriormente e como ele nos lembra aqui: «Que o homem esteja algumas vezes terrivelmente ligado ao seu sofrimento é uma verdadeira paixão e um facto indiscutível.»). Há finalmente outro argumento que deve suscitar uma eventual objeção. Poderia com efeito constatar-se que a maioria das ações humanas obedece apesar de tudo a princípios razoáveis. A resposta é esta: isso é verdade, mas é apenas uma aparência. Com efeito, mesmo nessas ações aparentemente razoáveis, o homem submete-se a outro princípio: realiza a ação por ela mesma e não para obter um resultado. «O essencial não é saber onde chega (o caminho), mas somente saber que avança.» Mas o homem é um ser frívolo e desgracioso, semelhante talvez ao jogador de xadrez que apenas tem prazer na procura dos meios e não dos fins em si mesmos. E quem sabe (quem poderia jurar?) se o único fim para que tende a humanidade nesta terra não residirá na permanência dessa procura, ou seja, na própria vida e não no fim propriamente dito.

As conclusões que se tiram desta afirmação dizem respeito a todos os reformadores sociais (incluindo os revolucionários) porque pensam que conhecem o homem integralmente e deduziram, desses conhecimentos apenas parciais, a imagem de uma sociedade ideal, de um «palácio de cristal»; ora as suas deduções são falsas porque não conhecem o homem; o que oferecem não é consequentemente um palácio, mas um «prédio para locatários pobres», ou ainda um galinheiro ou um formigueiro. «Ora vejam, suponhamos que em vez de um palácio fosse um galinheiro e começasse a chover; é muito natural que me refugiasse nele para não me molhar, mas não iria, por gratidão, por me ter abrigado da chuva, confundi-lo com um palácio. Riem-se, pensam que num caso destes tanto faz um galinheiro como um palácio. Sim, responder-vos-ia, se vivêssemos apenas para não nos molharmos. Enquanto isso, eu continuarei a não confundir o galinheiro com um palácio.» O determinismo totalitário é não somente falso, mas perigoso: à força de se considerarem os homens como parafusos de uma máquina, ou como «animais domésticos», acaba-se por considerá-los como tal. É aquilo a que se chama o antissocialismo (o conservadorismo) de Dostoievski.

O DRAMA DA PALAVRA

Se os *Cadernos do Subterrâneo* se limitassem a esta primeira parte, e esta última às ideias que acabámos de expor, seria de espantar que este livro gozasse da reputação que lhe atribuem. Não que as afirmações do narrador sejam inconsistentes. Também não se deve, por uma deformação de perspetiva, recusar-lhes toda a originalidade: os cem anos que nos separam da publicação dos *Cadernos* (1864) habituaram-nos a pensar demasiadamente em termos próximos dos de Dostoievski. Todavia, o puro valor filosófico, ideológico, científico destas afirmações não é suficiente para distinguir este livro de muitos outros.

Mas não é isso que lemos quando abrimos os *Cadernos do Subterrâneo.* Não lemos uma recolha de pensamentos, mas uma narrativa, um livro de ficção. No milagre desta metamorfose consiste a primeira verdadeira inovação de Dostoievski. Não se trata aqui de opor a forma às ideias, mas de ultrapassar a incompatibilidade entre ficção e não-ficção ou, se preferirmos, entre o «mimético» e o «discursivo», e isso é também uma «ideia», uma grande ideia. É preciso recusar a redução da obra a algumas frases isoladas, extraídas do seu contexto e atribuídas diretamente ao pensador Dostoievski. Convém agora, uma vez que conhecemos a substância dos argumentos que serão apresentados, ver como esses argumentos chegam até nós. Porque, mais do que assistirmos à exposição tranquila de uma ideia, assistimos à sua *entrada em cena.* E dispomos, tal como numa situação dramática, de vários *papéis.*

Um primeiro papel é atribuído aos textos evocados ou citados. Desde o seu aparecimento que os *Cadernos do Subterrâneo* foram recebidos pelo público como um escrito polémico. V. Komarovitch explicitou nos anos vinte a maioria das referências que nele se encontram dispersas ou dissimuladas. O texto refere-se a um conjunto ideológico que domina o pensamento liberal e radical russo durante os anos que vão de 1840 a 1870. A expressão «o belo e o sublime», sempre entre aspas, remete a Kant, a Schiller e ao idealismo alemão; «l'homme de la nature et de la vérité» a Rousseau (veremos que o papel deste último é mais complexo); o historiador positivista Buckle é especialmente citado. Mas o adversário mais direto é um contemporâneo russo: Nicolai Tchernichevski, mestre do pensamento da juventude radical dos anos sessenta, autor de um romance utópico e didático — *Que faire?* — e de vários artigos teóricos, um deles intitulado «Do princípio antropológico em filosofia». É Tchernichevski que defende o determinismo totalitário, tanto no artigo citado como por intermédio das personagens do seu romance (em particular, Lopukhov). É também ele que faz sonhar outra personagem (Vera Pavlovna) no palácio de cristal, que remete indiretamente ao falanstério de Fourier e aos escritos dos seus continuadores russos. Em nenhum momento portanto o texto dos *Cadernos* é simplesmente a exposição imparcial de uma ideia; lemos um diálogo polémico em que o outro interlocutor estava muito presente no espírito dos leitores contemporâneos.

Ao lado deste primeiro papel, que se poderia chamar *eles* (= os discursos anteriores), surge um segundo, o *vós* ou o interlocutor representado. Este *vós* aparece desde a primeira frase, mais exatamente nos pontos de suspensão que separam «Eu sou um homem doente» de «Eu sou um homem mau»: o tom muda da primeira para a segunda proposição porque o narrador percebe, prevê, uma reação apiedada com a primeira e recusa-a através da segunda. Logo depois, o *vós* aparece no texto. «E isso, estou seguro que não me dais a honra de o compreender.» «Todavia será que pensais, meus senhores, que me confesso perante vós, que aparento desculpar-me de não sei que erro?... É isso que pensais, estou certo...» «Se, irritados com toda esta verborreia (e sinto que começa a irritar-vos), vos lembrásseis de me perguntar», etc.

Esta interpelação do auditor imaginário, a formulação das suas réplicas supostas continuam ao longo de todo o livro; e a imagem do *vós* não se mantém idêntica. Nos seis primeiros capítulos da primeira parte, o *vós* denota simplesmente uma reação mediana, a do Senhor Toda a Gente que ouve esta confissão febril, ri, desconfia, deixa-se irritar, etc. Contudo, no capítulo VII e até ao capítulo X, este papel modifica-se: o *vós* já não se contenta em ter uma reação passiva, toma posição, e as suas réplicas tornam-se tão longas como as do narrador. Essa posição, conhecemo-la, é a do *eles* (digamos para simplificar a de Tchernichevski). É a *eles* que se dirige agora o narrador afirmando: «Porque, tanto quanto eu saiba, meus senhores, todo o vosso repertório de vantagens humanas foi estabelecido com os resultados médios de dados estatísticos e de fórmulas de ciências económicas.» É deste segundo *vós-eles* que ele dirá: «Acreditais num palácio de cristal, eternamente indestrutível...» Finalmente, no último (décimo primeiro) capítulo, regressa-se ao *vós* inicial, e esse *vós* torna-se simultaneamente um dos temas do discurso: «É claro que essas palavras que vos faço dizer, sou eu que as acabo de inventar. Isso também é um produto do subterrâneo. Espiei-as por uma pequena fenda, quarenta anos seguidos. Fui eu que as inventou, era tudo o que tinha a fazer...»

E, por fim, o último papel neste drama é representado pelo *eu*: por um *eu* desdobrado, uma vez que se sabe que toda a aparição do *eu*, toda a interpelação daquele que fala supõe um novo contexto de enunciação onde se enuncia outro eu, não nomeado ainda, que enuncia. É este o traço simultaneamente mais forte e mais original deste discurso: a sua aptidão em misturar livremente o linguístico com o metalinguístico, em contradizer um com o outro, em regredir até ao infinito no metalinguístico. Com efeito, a representação explícita daquele que fala permite uma série de figuras. Eis a contradição: «Era um mau funcionário.» Uma página depois: «Ao dizer-vos há pouco que era um mau funcionário, menti-vos.» O comentário metalinguístico: «Era grosseiro e tinha prazer nisso. É que eu não me deixava subornar, isso é que não! Tinha pois direito a essa compensação. (A graça não é grande coisa, mas não a retiro. Ao escrevê-la julgava que seria muito espirituosa, mas agora dou-me conta de que apenas procurava matreiramente ser malicioso, mas não a retiro! Propositadamente!)» Ou: «Continuo tranquilamente a minha conversa sobre as pessoas de nervos sólidos...» Refutação de si próprio: «Porque, juro-vos, meus senhores, que não acredito numa única, mas nem sequer numa única palavra do que acabo de garatujar.» A regressão ao infinito (o exemplo da segunda parte): «Na verdade tendes razão. É vulgar e ignóbil. E o mais ignóbil de tudo isto é que eu esteja a justificar-me perante vós. E mais ignóbil ainda é que dê conta disso. Ah! E depois, no fundo, já chega, se não de outro modo nunca mais acabaria: umas coisas serão sempre mais infames do que outras...» E todo o décimo primeiro capítulo da primeira parte é consagrado ao problema da escrita: porque escreve? Para quem? A explicação que propõe (escreve para si mesmo, para se desembaraçar das suas penosas recordações) é apenas uma entre muitas outras, sugeridas noutros níveis de leitura.

O drama que Dostoievski põe em cena nos *Cadernos* é o da palavra, com os seus constantes protagonistas: o discurso presente, o *isto;* os discursos ausentes dos outros, *eles;* o *vós* ou o *tu* do alocutor sempre disposto a transformar-se em locutor; finalmente, o *eu* do sujeito da enunciação — que só aparece quando uma enunciação o enuncia. O enunciado neste jogo perde toda a estabilidade, objetividade, impersonalidade: não há mais ideias absolutas, cristalização intangível de um processo esquecido para sempre; estas tornaram-se tão frágeis como o mundo que as cerca.

O novo estatuto da ideia é precisamente um dos pontos que encontramos esclarecido no estudo de Bakhtin sobre a poética de Dostoievski (e que retoma as observações de vários críticos russos anteriores: Viatcheslav Ivanov, Grossman, Askoldov, Engelgardt). No mundo romanesco não dostoievskiano, que Bakhtin chama monológico, a ideia pode ter duas funções: exprimir a opinião do autor (e só ser atribuída a uma personagem por razões de comodidade); ou, não sendo uma ideia que tenha a adesão do autor, servir de característica psíquica ou social à personagem (por metonímia). Mas, logo que a ideia seja levada a sério, já não pertence a ninguém. «Tudo o que nas consciências múltiplas seja essencial e verdadeiro faz parte do contexto único da "consciência em geral" e é desprovido de individualidade. Pelo contrário, tudo o que é individual, o que distingue uma consciência da outra e das outras, não tem qualquer valor para a cognição em geral e relaciona-se com a organização psicológica ou com os limites da pessoa humana. Na verdade, não existem consciências individuais. O único princípio da individualização cognitiva, reconhecido pelo idealismo, é o *erro*. Um julgamento verdadeiro nunca é ligado a uma pessoa, mas satisfaz um contexto único, fundamentalmente monológico. Só erro torna individual.»

A «revolução de Copérnico» de Dostoievski consiste, precisamente, segundo Bakhtin, em ter anulado essa impersonalidade e solidez da ideia. Aqui a ideia é sempre «interindividual e intersubjetiva», e «a sua conceção criadora do mundo não conhece a *verdade impessoal*, e as suas obras não têm verdades que possam ser isoláveis». Ou seja, as ideias perdem o seu estatuto singular, privilegiado, deixam de ser essências imutáveis para se integrarem num circuito mais vasto da significação, num imenso jogo simbólico. Para a literatura antecedente (tal generalização é evidentemente abusiva), a ideia é um significado puro, é *significada* (por palavras ou por atos), mas ela própria não *significa* (a não ser como uma característica psicológica). Para Dostoievski e, em graus diferentes, para alguns dos seus contemporâneos (tal como o Nerval de *Aurélia*), a ideia não é o *resultado* de um processo de representação simbólica, mas uma *parte* integrante dela. Dostoievski suprime a oposição entre discursivo e mimético ao dar às ideias um papel de *simbolizante* e não só de *simbolizado*. Transforma a ideia de representação não recusando-a ou restringindo-a, mas ao contrário, mesmo que os resultados possam parecer semelhantes, alargando-a a domínios estranhos até esse momento. Poderíamos encontrar nos *Pensamentos* de Pascal afirmações sobre um coração que a razão não conhece, tal como nos *Cadernos do Subterrâneo*; mas não podemos imaginar os *Pensamentos* transformados num tal «diálogo interior», onde aquele que enuncia simultaneamente se denuncia, se contradiz, se acusa de mentir, se julga ironicamente, troça de si próprio — e de nós.

Quando Nietzsche diz que «Dostoievski foi o único que me ensinou qualquer coisa de psicologia», enfileira-se numa tradição secular que na literatura lê o psicológico, o filosófico, o social — mas não a própria literatura, ou o discurso, que não se apercebe de que a inovação de Dostoievski é bem maior no plano simbólico do que no psicológico, que aqui apenas é um elemento entre outros. Dostoievski transforma a nossa ideia da ideia e a nossa representação da representação.

Mas haverá uma relação entre este tema *do* diálogo e os temas evocados *no* diálogo?... Pressentimos que o labirinto ainda não nos revelou todos os seus segredos. Procuremos outra via, empenhemo-nos num setor ainda inexplorado: a segunda parte do livro. Quem sabe se um caminho indireto não será mais revelador?

Esta segunda parte é mais tradicionalmente narrativa, mas não exclui apesar disso os elementos desse drama da palavra que se observam na primeira. O *eu* e o *vós* comportam-se de maneira semelhante, mas o *eles* modifica-se e aumenta a sua importância. Mais do que entrar em diálogo com os textos anteriores, ou em polémica — uma relação sintagmática —, a narrativa toma a forma de paródia (relação paradigmática) imitando e invertendo as situações das narrativas anteriores. De certa maneira, os *Cadernos do Subterrâneo* têm a mesma intenção que o *Dom Quixote*: ridicularizar uma literatura contemporânea, atacando-a através da paródia, assim como da polémica. O papel dos romances de cavalaria é aqui desempenhado pela literatura romântica, russa e ocidental. Mais precisamente: esse papel é dividido em dois, por um lado o herói participa de situações que parodiam as peripécias do mesmo *Que faire?* de Tchernichevski; é o que se passa no encontro do oficial ou no de Lisa. Lopukhov, no romance de Tchernichevski, nunca cede o caminho a não ser aos velhos e às senhoras: quando uma personagem grosseira resolve também não se afastar, Lopukhov, homem de grande força física, empurra-o pura e simplesmente para a valeta.

Outra personagem, Kirsanov, encontra uma prostituta e por amor dela livra-a da sua condição (é estudante de medicina, tal como o apaixonado de Lisa). Este plano paródico nunca é nomeado no texto. Em contrapartida, o homem do subterrâneo está sempre consciente de ter um comportamento (de querer comportar-se) como o das personagens românticas do princípio do século; as obras e os heróis são ali citados: Gogol (*Almas Mortas, Diário de um Louco, O Capote* — este último sem menção explícita), Gonacharov (*Uma História Comum*), Nekrassov, Byron (*Manfred*), Pushkin (*O Tiro*), Lermontov (*Mascarade*), George Sand e, indiretamente, o próprio Dostoievski (*Humilhados e Ofendidos*). Ou seja, a literatura liberal dos anos trinta e quarenta é ridicularizada no interior de situações pedidas de empréstimo a escritores radicais dos anos sessenta. O que constitui já uma acusação indireta de uns e de outros.

Contrariamente à primeira parte, o papel principal é aqui sustentado pela literatura liberal e romântica. O herói-narrador é um adepto dessa literatura romântica e gostaria de imitar o comportamento das suas personagens. No entanto — e é aqui que reside a paródia —, esse comportamento é na realidade ditado por uma lógica completamente diferente, o que faz que os projetos românticos sejam um a um malogrados. O contraste é com efeito notável, porque o narrador não se contenta com os sonhos vagos e nebulosos, mas imagina pormenorizadamente a cena que se segue, por vezes e várias vezes seguidas; e as suas previsões nunca se concretizam. Com o oficial: sonha (veremos qual o aspeto romântico deste sonho) com uma discussão no fim da qual seria atirado pela janela («Meu Deus! O que eu daria por uma verdadeira, autêntica disputa, uma disputa mais adequada, por assim dizer mais *literária*»); com efeito, é tratado como alguém que não merece participar de uma discussão, alguém que não existe. Em seguida, a propósito do mesmo oficial, sonha com uma conciliação amiga, mas só será capaz de se opor a ele «numa situação de perfeita igualdade». No episódio de Zerkov, sonha com um serão em que todos o venerassem e admirassem; passá-lo-á na maior humilhação. Por fim, com Lisa, envolve-se no sonho mais tradicionalmente romântico: «Por exemplo: salvo Lisa porque ela me visita e eu falo com ela... Desenvolvo o seu espírito, educo-a. Apercebo-me de que ela gosta de mim, me ama apaixonadamente. Faço de conta que não percebo», etc. No entanto, quando Lisa vai a casa dele, é tratada como uma prostituta.

Os seus sonhos são ainda mais românticos quando não são seguidos de nenhuma ação precisa. Assim acontece no capítulo dois: «Por exemplo, eu triunfo. Naturalmente que os outros, minimizados, são obrigados a reconhecer as minhas inúmeras qualidades, e eu perdoo-lhes a todos. Poeta e gentil-homem da Câmara, apaixono-me; tenho em meu poder muitos milhões e sacrifico-os imediatamente ao género humano, depois confesso logo ao povo todas as minhas infâmias, que naturalmente não são infâmias vulgares, mas contêm doses de muito "belo" e "sublime", ao estilo de Manfred», etc. Ou ainda, com Zverkov, quando prevê três versões sucessivas de uma cena que nunca acontecerá: na primeira, aquele beija-lhe os pés; na segunda, batem-se num duelo; na terceira, o narrador morde a mão de Zverkov, mandam-no para os trabalhos forçados e, quinze anos mais tarde, ele regressa e encontra o seu inimigo: «Olha, monstro, olha para o meu lívido rosto e para os meus farrapos. Perdi tudo: carreira, felicidade, arte, ciência, *a mulher que amava,* e tudo isto por tua causa. Eis as pistolas. Vim para esvaziar a minha pistola e... e perdoo-te. — Neste momento vou atirar para o ar, e depois não se ouvirá mais falar de mim... — Estava quase a chorar e todavia sabia — não havia dúvida possível — que tudo aquilo era tirado de Sylvio e de *Mascarade* de Lermontov.»

Todos estes sonhos se fazem explicitamente em nome da literatura, de uma certa literatura. Quando os acontecimentos correm o risco de se passarem de outra forma, o narrador qualifica-os como não literários («tudo isso seria miserável, não *literário,* banal»). Assim se esboçam duas lógicas ou duas conceções da vida: a vida *literária* ou *livresca* e a *realidade* ou a vida autêntica. «Nós desabituámo-nos de viver, tornámo-nos defeituosos, uns mais do que os outros. Desabituámo-nos de tal maneira que por vezes sentimos uma espécie de repulsa perante a "vida autêntica", e consequentemente detestamos tudo o que nos lembre a sua existência. É que chegámos ao ponto de achar que tudo está bem, desde que não consideremos a "vida autêntica" como um trabalho, quase uma função pública, e no nosso foro íntimo todos pensamos que o mundo dos livros é melhor [...]. Deixem-nos sós, sem livros, e imediatamente nos tornaremos obscuros e estaremos perdidos...»; assim fala o narrador desencantado no fim dos *Cadernos.*

SENHOR E ESCRAVO

Na realidade, não assistimos a uma simples rejeição de sonhos. Os acontecimentos representados organizam-se de modo a refutar não só a conceção romântica do homem, mas em função de uma lógica que lhes é própria. Essa lógica, nunca formulada mas sempre representada, explica todas as ações aparentemente aberrantes do narrador e dos que o cercam: a do senhor e a do escravo ou, como diz Dostoievski, do «desprezo» e da «humilhação». Longe de ser a ilustração do capricho, do irracional e da espontaneidade, o comportamento do homem do subterrâneo obedece, como já tinha sido assinalado por René Girard, a um esquema muito preciso.

O homem do subterrâneo vive num mundo de três valores, inferior, igual, superior, e só aparentemente esses valores formam uma série homogénea. Primeiro, o termo «igual» não pode existir a não ser pela negação: é próprio da relação senhor-escravo ser exclusiva e não admitir um terceiro termo. Aquele que aspira à igualdade prova por isso mesmo não a possuir e assume o papel de escravo. A partir do momento em que uma pessoa ocupa um dos polos da relação, o seu parceiro fica automaticamente ligado ao outro.

Mas ser senhor não é mais fácil. Com efeito, quando vê confirmada a sua superioridade, deixa por isso mesmo de existir: porque a superioridade só existe paradoxalmente se for exercida sobre iguais; se acreditarmos realmente na inferioridade do escravo, a superioridade perde o sentido. Mais exatamente, perde sentido quando o senhor se dá conta da sua relação com o escravo e da imagem dessa relação ou, se preferirmos, quando toma *consciência* disso. Essa é precisamente a diferença entre o narrador e as outras personagens dos *Cadernos*. Tal diferença pode parecer à primeira vista ilusória. Ele próprio acreditava nisso quando tinha vinte e quatro anos: «Outra coisa me atormentava: o facto de ninguém se parecer comigo e de eu não ser semelhante a ninguém. "É que eu sou único, e eles são todos", dizia para com os meus botões, perdendo-me em conjeturas.» Mas o narrador acrescenta, dezasseis anos mais tarde: «Vê-se por isto que eu era ainda uma criança.» Com efeito, a diferença só existe na sua perspetiva, mas isso é suficiente. O que o torna diferente dos outros é o desejo de não querer distinguir-se, ou seja, é a sua consciência, que exaltava na primeira parte. Desde que nos tornamos conscientes do problema da igualdade e declaramos desejar essa igualdade, afirmamos, neste mundo onde só existem senhores e escravos, que não somos iguais e por isso — uma vez que só os senhores são «iguais» — somos inferiores. A derrota espreita por todo o lado o homem subterrâneo: a igualdade é impossível, a superioridade destituída de sentido, e a inferioridade dolorosa.

Voltemos ao primeiro episódio, ao encontro com o oficial. Poderíamos achar estranho o desejo do narrador se ver atirado pela janela; ou para tentar explicá-lo recorrer ao «masoquismo» que revelou na primeira parte. A explicação é todavia outra, e, se julgamos o seu desejo absurdo, é porque só aceitamos os atos em si mesmos e não aquilo que eles pressupõem. Uma disputa *implica* geralmente a igualdade dos participantes, e eles só se disputam se forem iguais. (Nietzsche escrevia — era sem dúvida esta a lição de psicologia que encontrava em Dostoievski: «não se odeia um homem por ser inferior, mas quando é tido por igual ou superior.») Obedecendo à mesma lógica do senhor e do escravo, o oficial não pode aceitar a proposta: pedir a igualdade implica que se é inferior, logo o oficial comportar-se-á como superior. «Ele pegou-me pelos ombros e sem uma advertência ou explicação, fez-me mudar de lugar e depois passou como se não tivesse reparado na minha presença.» E eis que o nosso herói fica assim na situação de escravo.

Isolado no seu ressentimento, o homem subterrâneo começa a sonhar — não exatamente com a vingança, mas ainda num estatuto de igualdade. Escreve uma carta ao oficial (que não envia) que deveria levar este último ou ao duelo, isto é, à igualdade dos adversários, ou a «passar por minha casa, abraçar-me e oferecer-me a sua amizade. Como seria belo! E assim começaríamos a viver»: por outras palavras, a igualdade de amigos.

Depois o narrador descobre a possibilidade de vingança. Consistirá em não se afastar do seu caminho na avenida Nevski, onde os dois costumam passear muitas vezes. Mais uma vez o seu sonho é o da igualdade. «Porque te afastas primeiro do que ele? — perguntava a mim próprio enraivecido, ao acordar com o bater das três horas da manhã, numa intensa crise de nervos. — Porquê seres tu e não ele? Não há nenhuma lei acerca disso, não vem escrito em lado nenhum, não é? Afastai-vos cada um para o seu lado, como fazem vulgarmente as pessoas delicadas quando se encontram: ele deixa-te metade do caminho e tu a outra, e cruzar-vos-eis com deferências recíprocas.» E, quando o encontro se efetua, o narrador constata: «Coloquei-me publicamente em pé de igualdade social em relação a ele.» É o que aliás explica a nostalgia que agora sente por esse ser pouco atrativo («O que é que ele fez agora, meu querido amigo?...»)

O incidente com Zverkov obedece exatamente à mesma lógica. O homem subterrâneo entra num compartimento onde se encontram reunidos os antigos colegas de escola. Estes comportam-se como se não dessem pela sua presença, o que o leva a desejar obsessivamente provar-lhes que é igual a eles. Ao saber que se preparam para comemorar a presença de outro antigo colega (que não lhe interessa absolutamente nada), pede para participar da festa: para ser como os outros. Mil obstáculos se levantam no seu caminho; vai conseguir ultrapassá-los e assistir ao jantar oferecido a Zverkov. Todavia, nos seus sonhos o narrador não se ilude: vê-se ou humilhado por Zverkov, ou, por sua vez, a causa da humilhação; não tem outra escolha senão entre o rebaixar-se ou o desprezo pelo outro.

Zverkov chega e porta-se de maneira agradável. Mas ainda aqui o homem do subterrâneo reage ao pressuposto, não à situação em si, e essa afabilidade levanta-lhe suspeitas: «Julgar-se-ia infinitamente superior a mim em todos os sentidos? [...] Não se lhe teria metido na cabeça, com o desejo de vexar-me, a ideia de que era infinitamente superior a mim, e de olhar-me, portanto, com um ar protetor?»

A mesa à volta da qual se sentaram era redonda, mas a igualdade fica por aí. Zverkov e os seus amigos fazem alusões à pobreza e às infelicidades do narrador, numa palavra, à sua inferioridade — porque também obedecem à lógica do senhor e do escravo, e a partir do momento em que alguém peça a igualdade depreende-se que é inferior. Deixa-se de se lhe prestar atenção, apesar de todos os seus esforços. «Teria sido impossível humilhar-me mais baixa e deliberadamente.» Logo a seguir e na primeira ocasião pede de novo a igualdade (ir com os outros ao bordel), que lhe é recusada, e seguem-se novos sonhos de superioridade, etc.

O outro papel não lhe é totalmente recusado: encontra outras pessoas mais fracas e é por sua vez o senhor. Mas isso não lhe dá nenhuma satisfação, porque não pode ser senhor à maneira de um «homem de ação». Precisa do processo de se tornar senhor, não do estado de superioridade. Esta mecânica é evocada resumidamente numa recordação de escola: «Uma vez, cheguei a ter um amigo. Mas já era no íntimo um déspota porque queria dominá-lo, ser seu senhor absoluto; queria que ele desprezasse os que o rodeavam e exigi uma rutura altiva e definitiva. A minha amizade apaixonada meteu-lhe medo: eu fazia-o chorar, convulsionar-se — era uma alma inocente e confiante — mas, quando ele se me entregou completamente, comecei a odiá-lo e afastei-o, persuadido de que apenas o queria vencer e submeter.» Para um senhor consciente, o escravo, uma vez submetido, deixa de ter interesse.

Mas é sobretudo no episódio de Lisa que o homem subterrâneo assume o outro papel da relação. Lisa é uma prostituta e pertence a um dos níveis mais baixos da escala social: é isso que permite ao homem subterrâneo agir uma vez segundo a lógica romântica que lhe é grata: ser magnânimo e generoso. Mas dá tão pouco valor à sua vitória que está disposto a esquecê-la no dia seguinte, muito preocupado com a relação dos seus senhores para com ele. «Mas é evidente que o mais importante, o essencial, não era aquilo: era preciso despachar-me, salvar a minha reputação perante Zverkov e Simonov. Isso era o principal. Lisa, com as preocupações dessa manhã, tinha-a esquecido completamente.» Se a recordação persiste é porque o homem do subterrâneo teme que num próximo encontro, não possa manter-se no nível superior a que se tinha guindado. «Ontem, ela tomou-me por um... herói... enquanto agora... hã...» Receia que Lisa se torne também *humilhadora* e que ele seja novamente *humilhado*. Ora, para seu azar, ela entra em sua casa num momento em que ele é humilhado pelo criado. É por isso que a primeira pergunta que ele lhe faz é: «Lisa, tu desprezas-me?» Depois de uma crise histérica, começa a acreditar que «os papéis estão definitivamente trocados, e agora é ela a heroína, e eu uma criatura tão humilhada, tão escarnecida como ela o foi diante de mim, na outra noite — e tinham-se passado quatro dias...». Isto provoca nele o desejo de ser senhor, possui Lisa, dá-lhe dinheiro como a uma vulgar prostituta. Mas o estado de dominação não lhe dá nenhum prazer, e o seu único desejo é que Lisa desapareça. Depois de ela ter partido, vê que ela não levou o dinheiro. Ela não era, pois, inferior! Ganha de novo todo o seu valor, e ele vai atrás dela. «Porquê? Cair de joelhos diante dela, soluçar, arrepender-se, beijar-lhe os pés, implorar o seu perdão!» Lisa era-lhe inútil como escrava e torna-se necessária enquanto senhor potencial.

Compreende-se agora que os sonhos românticos não são estranhos à lógica do senhor e do escravo: são a versão cor-de-rosa daquilo que o comportamento do senhor tem de negro. A relação romântica de igualdade ou de generosidade pressupõe a superioridade, assim como a disputa pressupunha a igualdade. Ao comentar perante Lisa o seu primeiro encontro, o narrador toma perfeita consciência disso. «Tinham-me escarnecido, e eu queria por minha vez injuriar; trataram-me como um trapo velho, e eu quis também exercer o meu poder... Eis o problema. E tu, imaginaste que tinha vindo expressamente para te salvar?» «Naquele dia tinha necessidade de poder, precisava de subjugar, de te fazer chorar, de te rebaixar, de provocar os teus soluços — eis o que precisava nesse dia!» A lógica romântica é constantemente atacada pela do senhor e do escravo, mas também não é diferente; é por isso que os sonhos «cor-de-rosa» podem alternar livremente com os sonhos «negros».

Toda a intriga na segunda parte dos *Cadernos do Subterrâneo* não é senão a exploração destas duas figuras fundamentais no jogo do senhor e do escravo: a tentativa vã de aceder à igualdade que se salda pela humilhação e o esforço também vão — porque os seus resultados são efémeros — de se vingar, o que não é senão, no melhor dos casos, uma compensação: humilha-se e despreza-se por se ter sido humilhado e desprezado. O primeiro episódio com o oficial é um condensado de duas possibilidades; em seguida, elas alternam, obedecendo à regra do contraste: o homem subterrâneo é humilhado por Zverkov e seus camaradas, humilha Lisa e depois é de novo humilhado pelo seu criado, Apollon, e vinga-se uma vez mais em Lisa. A equivalência das situações é marcada não só pela identidade da personagem, como também por uma semelhança nos pormenores: assim, Appolon «chiava e ceceava sem parar», enquanto Zverkov fala «ceceando, chiando e arrastando as palavras, o que não acontecia antes». O episódio com Apollon, que encena uma relação concreta entre senhor e escravo, serve de emblema ao conjunto destas peripécias tão pouco caprichosas.

O SER E O OUTRO

O homem subterrâneo será levado a assumir quase sempre o papel de escravo e sofre cruelmente com isso; todavia, aparentemente procura esse papel. Porquê? Porque a própria lógica do senhor e do escravo não é verdade última, é uma aparência posta que dissimula um pressuposto essencial, que é necessário agora descobrir. Esse centro, essa essência a que estamos a chegar, reserva-nos, no entanto, uma surpresa: consiste em afirmar o caráter primordial da relação com outrem, em colocar a essência do ser em outro, em dizer-nos que o simples é duplo e que o derradeiro átomo indivisível é feito de dois. O homem não existe sem o olhar do outro. — Poderíamos enganar-nos, portanto, acerca da significação do olhar nos *Cadernos do Subterrâneo.* Com efeito, as indicações que lhe dizem respeito, muito abundantes, parecem à primeira vista inscrever-se na lógica do senhor e do escravo. O narrador não quer olhar as outras, porque ao fazê-lo reconheceria a sua existência e por isso mesmo conceder-lhes-ia um privilégio, de que não está seguro de ter para si próprio; ou seja, o olhar arrisca-o a fazer de si próprio um escravo. «Na chancelaria onde trabalhava, esforçava-me para não olhar para ninguém.» Quando se encontra com os seus colegas de escola, evita com insistência olhá-los e fica «com os olhos pregados no prato». «Esforcei-me sobretudo por não os olhar.» Quando olha alguém, tenta impregnar esse olhar de toda a sua dignidade — e é um desafio. «Olhava-os com raiva, com ódio», é o que diz do oficial e dos seus colegas de escola: «Percorria insolentemente o espaço à minha volta com o meu olhar idiota.» Lembremos que as palavras russas *prezirat* e *nenavidet,* desprezar e odiar, muito frequentes no texto para a descrição deste sentimento, contêm as duas a raiz *ver* ou *olhar.*

Os outros fazem o mesmo que ele, com mais sucesso na maioria das vezes. O oficial passa a seu lado como se não o visse, Simonov «evita olhá-lo», os seus colegas, quando estão bêbedos, não lhe ligam. E, quando o olham, fazem-no com a mesma agressividade, lançando o mesmo desafio. Ferfitchkine «lançava nos meus olhos um olhar furibundo», Trudolyubov «espreitava-me com desprezo», e Apollon, o seu criado, especializa-se em olhares cheios de desprezo: «Começava por fixar em nós um olhar extraordinariamente severo que não desprendia senão depois de vários minutos, sobretudo quando me vinha abrir a porta ou me acompanhava até à saída. [...] De repente, e sem razão aparente, entrava com um passo manso e aveludado no meu quarto, enquanto eu por lá deambulava ou lia, parava perto da porta, passava a mão pelas costas, avançava uma perna e apontava na minha direção um olhar em que a severidade dera lugar ao desprezo. Se lhe perguntava o que queria, em vez de me responder, fulminava-me com os olhos mais alguns segundos e depois, com um trejeito especial nos lábios e um ar cheio de subentendidos, dava lentamente meia volta e ia-se embora para o seu quarto com o mesmo passo imponente.»

É nesta ótica que é necessário analisar os raros momentos em que o homem subterrâneo consegue realizar os seus sonhos românticos: essa realização exige a ausência total do olhar. Não é por acaso que isso acontece quando se dá o encontro vitorioso com o oficial: «De repente, a três passos do meu inimigo, inesperadamente, decidi-me, *fechei os olhos* e... e acotovelámo-nos violentamente!» Nem quando isso se repete no primeiro encontro com Lisa: mesmo no princípio da conversa, o narrador diz-nos «o castiçal apagara-se, já não a via», e também não é por acaso que no fim, quando terminou o seu discurso, encontra «uma caixa de fósforos e um castiçal com uma vela nova». Ora é precisamente entre estes dois momentos de luz que o homem subterrâneo enuncia o seu propósito romântico, o inverso raso do rosto do senhor.

Mas esta é só a lógica do olhar «literal», concreto. Com efeito, em todas as circunstâncias, a condição de inferioridade é aceite, mais ainda, procurada, porque permite fazer parar sobre si o olhar dos outros, mesmo que seja um olhar de desprezo. O homem subterrâneo está sempre consciente do sofrimento que lhe causa o olhar humilhador, mas não deixa de o procurar apesar disso. Ir a casa do seu patrão Anton Antonytch não lhe dá nenhum prazer; as conversas que lá ouve são desinteressantes. «Falava-se de impostos indiretos, adjudicações ao Senado, tratamento, promoções, falava-se de Sua Excelência, dos meios de agradar e por aí em diante. Tinha a paciência de ficar, como um cretino, quatro horas seguidas com essas pessoas, de as escutar sem ousar, nem saber, falar de nada com elas. Tornava-me idiota, tinha suores quentes, a paralisia dominava-me; mas era bom, era útil.» Porquê? Porque anteriormente sentiu «uma necessidade intransponível de (se) precipitar na sociedade». Ele sabe que Simonov o despreza: «Suspeitava que ele tinha uma grande repulsa por mim. [...] Pensava justamente que esse senhor achava a minha presença penosa, e fazia mal em ir vê-lo.» Mas, continua o narrador, «este género de considerações só contribuía, quase propositadamente, para me encorajar a entregar-me a situações equívocas». Um olhar, ainda que seja um olhar de senhor, vale mais do que a ausência de olhar.

Toda a cena com Zverkov e os seus amigos de escola se explica do mesmo modo. Tem necessidade do seu olhar; se toma atitudes desembaraçadas, é porque espera «com impaciência que lhe dirijam a palavra *em primeiro lugar*». Em seguida, «queria mostrar-lhes claramente que podia passar sem eles e, todavia, batia de propósito no chão e fazia soar os meus tacões. Passa-se o mesmo com Apollon: não tira nenhum benefício em ter aquele criado grosseiro e preguiçoso, mas não consegue separar-se dele. «Não podia despedi-lo, acreditando que ele estava quimicamente ligado à minha existência. [...] Pergunto-me porquê, mas parecia-me que Apollon fazia parte integrante desta casa, e durante sete anos fui incapaz de o despedir.» Eis a explicação do «masoquismo» irracional, contado pelo narrador na primeira parte e que apaixona tanto os críticos: aceita o sofrimento porque o estado de escravo é o único que lhe assegura o olhar dos outros; ora, sem ele, o ser não existe.

Com efeito, a primeira parte já continha explicitamente esta afirmação, feita a partir de um postulado derrotista: o homem subterrâneo não é nada, não é um escravo ou, como ele diz, nem sequer um inseto. «Não só não soube tornar-me mau, como também não soube tornar-me nada: nem mau, nem bom, nem crápula, nem honesto, nem herói, nem inseto.» Sonha poder afirmar-se, ainda que seja por uma qualidade negativa, tal como a preguiça, a ausência de ação e de qualidades. «Respeitar-me-ia justamente porque seria capaz de pelo menos me defender com a preguiça; possuiria pelo menos um atributo aparentemente positivo de que eu próprio estaria seguro. Pergunta: quem é ele? Resposta: um preguiçoso — o que seria muito agradável de ouvir. Isto quer dizer que possuo uma definição positiva, que se pode dizer qualquer coisa de mim.» Porque agora não pode dizer que não é nada (e circunscrever a negação ao atributo); ele não é, e até o próprio verbo de existência se encontra negado. Apenas ser é deixar de ser.

Há um grande debate, quase científico, que ocupa quase todas as páginas dos *Cadernos* e que diz respeito à própria conceção do homem e da sua estrutura psíquica. O homem subterrâneo procura provar que a conceção adversa é não somente amoral (de modo secundário, derivado), mas também inexata, falsa. O homem de «nature et vérité», homem simples e imediato, imaginado por Rousseau, é não só inferior ao homem consciente e subterrâneo, como nem sequer existe. O homem uno, simples e indivisível é uma ficção; o mais simples é já por si duplo; o ser não tem existência anterior ao outro ou independente dele; é por isso que os sonhos de «egoísmo racional» queridos de Tchernichevski e dos seus amigos estão condenados à derrota, como toda a teoria que não se baseia na dualidade do ser. Esta universalidade de conclusões encontra-se nas últimas páginas dos *Cadernos*: «Eu simplesmente levei até ao limite extremo, na minha vida, aquilo que vós nunca teríeis ousado levar, nem metade, e ainda por cima tomando o vosso medo por razão, o que vos servia de consolação, mas que apenas contribuía para vos enganardes a vós próprios.»

É por um mesmo movimento que se rejeitam, pois, uma conceção essencialista do homem e uma visão objetiva das ideias; não é por acaso que a alusão a Rousseau aparece aqui e ali. A confissão de Rousseau seria escrita para os outros, mas por um ser autónomo; a confissão do homem subterrâneo é escrita para ele, mas ele próprio é já duplo, os outros fazem parte dele, o exterior é interior. Assim como é impossível conceber o homem simples e autónomo, também se deve rebater a ideia do texto autónomo, expressão autêntica de um sujeito e mais do que reflexo de outros textos, jogo entre interlocutores. Não há dois problemas, um dizendo respeito à natureza do homem, o outro à linguagem, um situado nas «ideias», o outro na «forma». Trata-se, é evidente, da mesma coisa.

O jogo simbólico

É assim que os aspetos aparentemente caóticos e contraditórios dos *Cadernos do Subterrâneo* ganham coesão. O masoquismo moral, a lógica do senhor e do escravo, o estatuto novo da ideia fazem parte de uma mesma estrutura fundamental, mais semiótica do que psíquica, que é a estrutura da alteridade. De todos os elementos essenciais que isolámos ao longo da análise, apenas sobra um que não tem lugar nesse conjunto: são as denúncias do poder da razão, na primeira parte. Poderá considerar-se isso como um ataque gratuito de Dostoievski contra os seus amigos-inimigos socialistas? Acabemos de ler os *Cadernos* e descobriremos qual o seu lugar — e a sua significação.

Com efeito, pus de lado uma das personagens mais importantes da segunda parte: Lisa. Não foi por acaso: o seu comportamento não obedece a nenhum dos mecanismos até agora descritos. Observemos por exemplo o seu olhar: não se assemelha nem ao do senhor, nem ao do escravo. «Entrevi um rosto fresco, jovem, um pouco pálido, com sobrancelhas negras e um olhar sério, ligeiramente espantado.» «De repente, a meu lado, reparei em dois olhos muito abertos que me fixavam com curiosidade. O seu olhar era frio, apático, sombrio, totalmente alheio; fazia pena.» No fim do encontro: «Em traços largos, já não era o mesmo rosto, o mesmo olhar do início — moroso, desafiador, obstinado. Lia-se nele agora, a súplica, a doçura e também a confiança, a ternura e a timidez. É assim que as crianças olham as pessoas de que gostam muito e a quem querem pedir alguma coisa. Tinha os olhos cor de avelã, uns olhos muito belos, uns olhos vivos que sabem mostrar o amor e um ódio sombrio.» Em casa dele, depois de ter assistido a uma cena penosa, o seu olhar guarda a singularidade: «Olhava-me com inquietação.» «Olhou-me várias vezes com um aspeto entristecido», etc.

O momento crucial da história relatada pelos *Cadernos do Subterrâneo* surge quando Lisa, injuriada pelo narrador, reage de repente: e de uma maneira que não espera, que não pertence à lógica do senhor e do escravo. A surpresa é de tal modo grande que o narrador a conta. «Foi então que aconteceu qualquer coisa de estranho. Estava de tal modo habituado a pensar e a imaginar tudo como acabado de sair de um livro e a representar o mundo inteiro como o tinha imaginado nas minhas quimeras [sabemos agora que a lógica livresca dos românticos e a do senhor e do escravo são só uma] que não consegui compreender imediatamente esse estranho acontecimento. Eis o que se passou: essa Lisa que eu tinha acabado de humilhar, de desprezar, compreendia melhor as coisas do que eu tinha imaginado.»

Como é que ela reagiu? «De repente, num impulso irreprimível, saltitou, virou-se para mim, intimidada e não ousando sair do mesmo sítio, abriu-me os braços... E o meu coração comoveu-se. Então, encostou-se a mim, abraçou-me e desatou a chorar.» Lisa recusa tanto o papel do senhor como o de escravo, não quer dominar, nem comprazer-se com o sofrimento: gosta do outro *para ela*. É esta irrupção de luz que faz dos *Cadernos* uma obra muito mais clara do que aquilo que estávamos habituados a pensar; é esta mesma cena que justifica o fechamento da narrativa, enquanto, à primeira vista, se apresenta como um fragmento interrompido pelo capricho do acaso: o livro não podia acabar mais cedo, e não há razão para que continue: como diz «Dostoievski» nas últimas linhas, «podemos ficar por aqui». Compreende-se também um facto que inquietou muitas vezes os comentadores de Dostoievski: sabemos por uma carta do autor, contemporânea do livro, que o manuscrito comportava no fim da primeira parte a introdução de um princípio positivo: o narrador indicava que a solução estava no Cristo. Os censores suprimiram esta passagem, na primeira edição; mas, curiosamente, Dostoievski nunca mais a incluiu nas edições posteriores. Sabe-se agora por que razão: o livro teria dois fins em vez de um; e o propósito de Dostoievski teria perdido muito da sua força se fosse enunciado pela boca do narrador em vez de pelo gesto de Lisa.

Vários críticos (Skaftymov, Frank) já observaram que, contrariamente à opinião divulgada, Dostoievski não defende os pontos de vista do homem subterrâneo e luta contra eles. Se o mal-entendido se verificou é porque assistimos a dois diálogos simultâneos. O primeiro é entre o homem do subterrâneo e o defensor do egoísmo racional (tanto faz que se lhe dê o nome de Tchernichevski, de Rousseau ou ainda outro); este debate tem a ver com a natureza do homem e opõe duas imagens: uma autónoma, a outra dual; é evidente que Dostoievski aceita a segunda como a que é verdadeira. Mas o primeiro diálogo só serve de facto para afastar o mal-entendido que escondia o verdadeiro debate: é quando se instaura o segundo diálogo, desta vez entre o homem subterrâneo, por um lado, e Lisa, ou, se preferem, «Dostoievski», por outro. A maior dificuldade na interpretação dos *Cadernos* reside na impossibilidade de conciliar a aparência de verdade, legada aos argumentos do homem subterrâneo, com a posição de Dostoievski, tal como a conhecemos. Mas esta dificuldade deve-se à telescopagem dos dois debates num só. O homem do subterrâneo não é o representante da posição moral inscrita no texto por Dostoievski em seu nome; apenas desenvolve até às últimas consequências a posição dos adversários de Dostoievski, os radicais dos anos sessenta. Uma vez que essas posições são logicamente apresentadas, inicia-se o processo essencial — ainda que só ocupe uma pequena parte do texto — em que Dostoievski, colocando-se numa posição de alteridade, opõe a lógica do senhor e do escravo à do amor de uns pelos outros, tal como é encarnada no comportamento de Lisa. Se no primeiro debate se confrontavam no plano da *verdade* duas descrições do homem, no segundo, considerando este problema como resolvido, o autor opõe no plano da *moral* duas conceções de comportamento correto.

Nos *Cadernos do Subterrâneo* esta segunda solução só aparece por instantes, quando Lisa estende bruscamente os braços para abraçar aquele que a injuria. Mas, a partir deste livro, afirmar-se-á com cada vez mais força na obra de Dostoievski, mesmo que permaneça como marca de um limite, uma vez que não se torna o tema central de uma narração. Em *Crime e Castigo,* é com o mesmo amor que a prostituta Sónia ouvirá as confissões de Raskolnikov. O mesmo acontecerá com o príncipe Mychkin em *O Idiota* e com Tikhon, que ouve a confissão de Stavroguine em *Os Demónios*. E em *Os Irmãos Karamazov* este gesto repetir-se-á simbolicamente por três vezes: no início do livro, o *starets* Zossima aproxima-se do grande pecador Mitia e inclina-se silenciosamente perante ele até ao chão. O Cristo que ouve o discurso do Grande Inquisidor, que o ameaça com a fogueira, aproxima-se do velho e beija-lhe silenciosamente os lábios exangues. E Aliocha, depois de ter ouvido a «revolta» de Ivan, faz a mesma coisa: aproxima-se de Ivan e abraça-o sem dizer uma palavra. Este gesto variado e repetido ao longo da obra de Dostoievski tem um valor preciso. O abraço emudecido, o beijo silencioso: é uma renúncia de linguagem, mas não de sentido. A linguagem verbal, a consciência de si, a lógica do senhor e do escravo encontram-se as três lado a lado e são o apanágio do homem subterrâneo. Porque a linguagem, disseram-nos na primeira parte dos *Cadernos,* só conhece o que fala — a razão só conhece o razoável —, quer dizer, uma vigésima parte do ser humano. Esta boca que já não *fala,* mas *beija,* introduz o gesto e o corpo (perdemos tudo, dizia o narrador das *Cadernos,* até o «nosso corpo»): interrompe a linguagem, mas instaura, ainda com mais força, o circuito simbólico. A linguagem será ultrapassada não pelo silêncio altivo que encarna «l'homme de la nature et de la vérité», o homem de ação, mas por este jogo simbólico superior que comanda o gesto puro de Lisa.

No dia seguinte à morte da sua primeira mulher, na altura em que trabalhava nos *Cadernos do Subterrâneo,* Dostoievski escreve no seu bloco de notas (nota de 16.04.1864): «Amar o homem *como a si próprio* é impossível, depois do mandamento de Cristo. A lei da personalidade na terra trava, o eu impede... Todavia, depois da aparição de Cristo como ideal do *homem em carne e osso,* tornou-se claro como o dia que o desenvolvimento superior e último da personalidade deve atingir esse grau (exatamente no fim do desenvolvimento, no próprio ponto em que se atinge o fim) em que o homem se encontra, toma consciência disso, e com toda a força da sua natureza convence-se de que o uso superior que pode fazer da sua personalidade, da plenitude do desenvolvimento do seu eu, é de certa maneira uma forma de diluir esse eu, de o dar inteiramente a todos e a cada um, sem partilhas e sem reserva. É a felicidade suprema.»

Penso que, desta vez, se pode dar ao autor a última palavra.

OS LIMITES DE EDGAR POE

Se lermos pela primeira vez os três volumes de contos de Edgar Poe traduzidos por Baudelaire, as *Histórias Extraordinárias,* as *Novas Histórias Extraordinárias* e as *Outros Contos Fantásticos,* somos surpreendidos pela sua grande variedade. A par dos contos fantásticos, muito célebres, como *O Gato Preto* ou *Metzengerstein,* encontramos narrativas que parecem proceder de um movimento contrário, e o próprio Poe as classificava como «raciocinantes»: é o caso de *O Escaravelho de Oiro* e de *A Carta Roubada.* Na mesma recolha aparecem histórias que prefiguram o género de «horror»: *Hop-Frog, A Máscara da Morte Vermelha*; e outras que pertencem ao «grotesco» (para empregar ainda o vocabulário da época): *O Rei Peste, O Diabo no Campanário, Lionizing.* Poe foi também exímio no puro romance de aventuras (*O Poço e o Pêndulo, Uma Descida no Maelström*) e no género descritivo e estático: *A Ilha da Fada, O Domínio de Arnheim.* E isto não é tudo: é necessário acrescentar os diálogos filosóficos (*O Poder da Palavra, O Colóquio de Monos e Una*) e os contos alegóricos (*O Retrato Oval, William Wilson*).

Alguns veem na sua obra o nascimento do romance policial (*Os Crimes da Rua Morgue*) ou de ficção científica (*Uma

Aventura sem Paralelo de um Certo Hans Pfaull)... Há material para desconcertar um amador de classificações!

A esta primeira variedade extensa, acrescentamos outra, que pode manifestar-se num só e mesmo conto. Poe beneficiou (e continua a beneficiar) da atenção dos críticos, que viram na sua obra a mais perfeita ilustração de um certo ideal — que todavia se mostra sempre diferente. No seu prefácio às *Novas Histórias Extraordinárias,* Baudelaire considera Poe como o exemplo do espírito decadente, o modelo a seguir pelos adeptos da Arte pela Arte: vê nele aquilo que pessoalmente lhe interessa. Para Valéry, Poe encarnava perfeitamente a tendência que consiste em dominar o processo de criação, reduzi-lo a um jogo de regras, em lugar de deixar à inspiração cega o poder das iniciativas. Maria Bonaparte consagrou a Poe um dos estudos mais célebres (e mais contestados) da crítica psicanalítica: essa obra ilustraria bem todos os grandes complexos psíquicos recentemente descobertos. Bachelard leu Poe como um mestre de imaginação material. Jean Ricardou, como um adepto do jogo do anagrama... E a lista não acabou! Se se trata do mesmo autor em questão, como explicar que as mesmas obras se tornem o exemplo — ainda par cima privilegiado — de tendências críticas tão distintas umas das outras?

A obra de Poe lança um desafio a todos os autores, mas aqui, de um modo particularmente brilhante, também ao comentador: será que existe, sim ou não, um princípio gerador comum a escritos tão diferentes? Será que os contos de Poe desenham essa «imagem no tapete» de que Henry James formulou a parábola? Tentemos ver com mais clareza, mesmo que, para isso, necessário for renunciar a algumas certezas estabelecidas.

Esse princípio gerador tinha sido assim chamado pelos primeiros grandes admiradores de Poe (e, se o valor de um poeta fosse proporcional ao número dos seus admiradores, Poe seria um dos maiores): Baudelaire e Dostoievski.

Mas estes não tinham apreendido, parece, toda a sua importância, descobrindo-a numa das suas realizações concretas e não na totalidade do seu movimento fundamental. Baudelaire empregava a palavra: *a exceção,* mas acrescentava quase de seguida: *na ordem moral*; afirmava: «Nenhum homem contou com mais encanto as exceções da vida humana e da natureza», mas contentava-se em enumerar alguns elementos temáticos. E, de forma semelhante, Dostoievski «Escolhe sempre de um modo geral, a realidade mais rara e coloca os seus heróis na situação objetiva ou psicológica mais invulgar».

Ora, mais do que possuir um denominador temático comum, os contos revelam todos um princípio abstrato que engendra não só as «ideias», mas também a «técnica», o «estilo» ou a «narrativa». Poe é o autor do extremo, do excessivo, do superlativo; leva tudo até aos seus limites — e para lá deles, se possível. Só se interessa pelo maior ou pelo mais pequeno: o ponto em que uma qualidade atinge o seu grau superior ou então (mas isso é por vezes a mesma coisa) o ponto em que arrisca transformar-se no seu contrário. Um mesmo princípio determina os mais variados aspetos da sua obra. O que Baudelaire resumia no título que inventou para esta obra: *Histórias Extraordinárias.*

Comecemos pelo mais evidente: assim acontece com os seus temas. Já mencionámos a presença de alguns contos fantásticos; mas o fantástico mais não é do que uma hesitação prolongada entre uma explicação natural e outra, sobrenatural, que diz respeito aos mesmos acontecimentos. Nada mais que um jogo neste limite natural-sobrenatural. Poe mostra-o bastante explicitamente nas primeiras linhas das suas novelas fantásticas, ao colocar a alternativa: loucura (ou sonho) e portanto uma explicação natural; ou então intervenção sobrenatural. E o que se passa em *O Gato Preto:* «Realmente seria loucura da minha parte esperar isso de vós (a crença dos leitores) num caso em que os meus próprios sentidos rejeitam o seu testemunho. No entanto, não sou louco — e certamente não estou a sonhar... Talvez mais tarde se encontre uma explicação que reduza o meu fantasma a um lugar-comum — uma inteligência mais calma, mais lógica e muito menos excitável do que a minha, que apenas encontrará, nas circunstâncias que conto com terror, uma sucessão vulgar de causas e efeitos muito naturais». Ou, em *O Coração Revelador*: «Estou muito nervoso, terrivelmente nervoso — sempre estive; mas porque julgais que sou louco?»

O tom destas explorações dos limites não é sempre tão solene; assume uma forma mais agradável (divertida) quando se hesita entre humano e animal em *Quatro Bestas Numa,* narrativa de um rei camaleopardo; ou, nesse mesmo limite loucura-razão, em *O Sistema do Doutor Goudron e do Professor Plume.* Mas, no plano temático, há um limite que fascina. Poe mais do que qualquer outro — e isso compreende-se facilmente porque se trata de um limite por excelência: o da morte. A morte está presente em quase todas as páginas de Edgar Poe.

Familiaridade que se alia aos mais diversos pontos de vista, que ilumina os mais variados aspetos da não-vida. Assim se compreende que o assassinato tenha um papel de primeiro plano; e aparece sob todas as formas: o instrumento cortante (*O Gato Preto*), a asfixia (*O Coração Revelador*), o veneno (*The Imp of the Perverse*), o enclausuramento (*O Barril de Amontillado*), o fogo (*Hop-Frog*) ou a água (*O Mistério de Marie Roget*)... A fatalidade da morte «natural» é igualmente um tema recorrente, quer seja coletiva (*A Máscara da Morte Vermelha, A Sombra*) ou individual (*A Tale of the Ragged Mountains*); e o mesmo acontece com a ameaça de uma morte iminente (*O Poço e o Pêndulo, Uma Descida no Maelström*). As alegrias de Poe têm muitas vezes a ver com a morte (*A Ilha da Fada, O Retrato Oval*), e os seus diálogos filosóficos têm por tema a vida depois da morte: é o que se passa em *O Colóquio de Monos e Una* e em *A Conversa de Eiros e Charmion*. A vida depois da morte, eis que singularmente se esclarece o limite que separa as duas; daí as numerosas incursões nesse domínio; sobrevivência da múmia (*Pequena Conversa com uma Múmia*), sobrevivência pelo magnetismo (*A Verdade no Caso de M. Valdemar*), ressurreição no amor (*Morella, Ligeia, Eleonora*).

Há ainda um aspeto da morte que fascina particularmente Poe: é o enterro de um ser vivo. Enterro cuja causa é o desejo de matar (*O Barril de Amontillado*) ou de esconder o cadáver (*O Coração Revelador, O Gato Preto*). No caso mais surpreendente, o enterro é fruto de um erro: enterra-se um vivo, julgando-o morto. É o caso de Berenice e de Madeline Usher. Poe descreve os estados catalépticos que provocam esta confusão: «Entre a inúmera série de doenças provocadas por esse fatal e principal ataque, que provocou uma tão horrível revolução no ser físico e moral da minha prima, é necessário mencionar, como a mais mortificante e mais persistente, uma espécie de epilepsia que muitas vezes terminava em catalepsia — catalepsia perfeitamente semelhante à morte, e donde ela acordava, em alguns casos, de uma maneira brusca e repentina» (*Berenice*). A catalepsia transforma o jogo de limites numa força superior: não só a morte na vida (como toda a morte), mas a vida na morte. Enterro: caminho para a morte; enterro prematuro: negação da negação.

O que todavia importa compreender é que essa fascinação pela morte não resulta diretamente de uma qualquer pulsão mórbida; é o produto de uma tendência global que é a exploração sistemática dos limites a que Poe se entrega (aquilo a que poderíamos chamar o seu «superlativismo»). A prova dessa generalidade maior do princípio gerador revela-se na observação da sua ação em acontecimentos muito menos macabros. É o caso das características quase gramaticais do estilo de Poe, que tem muitos superlativos. O leitor dará por isso página a página; citemos alguns, à sorte: «É impossível que uma ação tenha sido alguma vez urdida-tramada, com mais perfeita deliberação»; «Será que os ventos indignados não propalaram até às mais longínquas regiões do globo a sua incomparável infâmia?»; «A sala de estudos era a maior de toda a casa — e mesmo do mundo inteiro»; «Não há castelo no país mais glorioso e mais antigo que o meu melancólico e velho solar hereditário»; «Decerto nunca nenhum homem tinha mudado tão terrivelmente e em tão pouco tempo, como Roderick Usher!»; «Oh! os mais impiedosos, oh! os mais demoníacos dos homens!...» As suas comparações ou mesmo as suas descrições têm sempre muito de excessivo: «Um guincho, metade horror e metade triunfo — semelhante apenas a um som vindo do Inferno»; «de repente uma ideia terrível impeliu o sangue em torrentes para o meu coração»; «um poderoso rugido como o de um milhar de trovões!», etc.

O superlativo, a hipérbole, a antítese: as armas desta retórica um pouco fácil. É o que há de mais datado, sem dúvida, na obra de Poe, para um leitor contemporâneo, habituado como está a descrições mais discretas. Poe consome tantos sentimentos excessivos nas suas frases que não deixa muito mais para o leitor; a palavra «terror» deixa indiferente (ao passo que seríamos aterrorizados por uma evocação que não nomeia, mas que se contenta em sugerir). Quando exclama «Oh! Lúgubre e terrível máquina de Horror e de Crime — de Agonia e de Morte!» ou então «Oh! Gigantesco paradoxo, cuja monstruosidade exclui qualquer solução!», o narrador manifesta tanta emoção que o seu parceiro, o leitor, não sabe o que há de fazer da sua. Mas sem dúvida que seria incorreto agarrarmo-nos a esta constatação de «mau gosto» de Poe — assim como ver na sua obra a expressão imediata (e preciosa) de fantasmas mórbidos. Os superlativos de Poe decorrem do mesmo princípio gerador que alimenta a sua fascinação pela morte.

Princípio de que ainda não acabámos de enumerar as consequências. Porque Poe é sensível a todos os limites — mesmo ao que dá um estatuto de literatura e de ficção aos seus próprios escritos. Sabemos que é autor de numerosos ensaios (alguns traduzidos por Baudelaire); mas, paralelamente a estes, quantos textos existem sem estatuto definido que os leitores hesitam em incluir nesta ou naquela rubrica! *Revelação Mesmeriana* figura tanto entre os ensaios como entre as «histórias»; o mesmo acontece com *O Jogador de Xadrez de Maelzel.* Textos como *Silêncio, A Sombra, O Poder da Palavra, O Colóquio de Monos e Una* e *A Conversa de Eiros e Charmion* têm apenas alguns traços fracos (mas ainda os têm) de estatuto ficcional. O caso mais surpreendente é o de *The Imp of the Perverse*, que Baudelaire pôs à cabeça das *Novas Histórias Extraordinárias:* durante os dois primeiros terços do texto, julgamos estar em presença de um «estudo teórico», uma exposição das ideias de Poe; depois, subitamente, a narrativa aparece, transformando de forma profunda e de repente, tudo o que a precede, levando-nos a corrigir a nossa primeira reação: a iminência da morte dá um novo brilho às frias reflexões precedentes. O limite entre ficção e não ficção é assim revelado — e pulverizado.

Estes são ainda aspetos superficiais da obra de Poe, que resultam de uma observação imediata. Mas o princípio dos limites determina a obra mais essencialmente, através de uma escolha estética fundamental, com a qual todo o escritor se confronta e perante a qual Poe opta de novo por uma solução extrema. Uma obra de ficção clássica é simultânea e necessariamente imitação, quer dizer, relação com o mundo e com a memória, e jogo, logo, regra e agrupamento dos seus próprios elementos. Um elemento da obra — uma cena, um cenário, uma personagem — são sempre o resultado de uma dupla determinação: a que implica a presença dos outros elementos do texto e a que a impõe a «verosimilhança», o «realismo», o nosso conhecimento do mundo. O equilíbrio que se estabelece entre estas duas espécies de fatores pode ser muito variável, se passarmos de uma tendência «formalista» para uma «naturalista». Mas nunca a desproporção de fatores atingirá um grau tão elevado como em Poe. Aqui nada é imitação; tudo é construção e jogo.

Procuraríamos em vão, nos contos de Poe, um quadro da vida americana da primeira metade do século XIX. A sua ação situa-se geralmente em velhos solares, castelos macabros, países longínquos e desconhecidos. O cenário em Poe é inteiramente convencional: está de acordo com o desenvolvimento da ação. Há um lago perto da casa dos Usher para que ela possa desmoronar-se, não pelo facto de o país ser conhecido pelos lagos. Já vimos que as suas narrativas estão cheias, não só de expressões, como também de personagens superlativas: são os habitantes dos contos de Poe, não os da América contemporânea. Algumas das exceções a esta regra só servem para a demonstrar: talvez a descrição da escola, em *William Wilson,* se baseie na experiência pessoal de Poe em Inglaterra; talvez a mulher que ressuscita, Ligeia ou Eleonora, evoquem a sua esposa, morta quando jovem. Mas que distância entre a experiência real e essas ações, essas personagens sobrenaturais, excessivas! O próprio Baudelaire, sucumbindo à ilusão realista e expressiva, acreditava que Poe tivesse viajado por muito tempo; na realidade, era o irmão que viajava, e Edgar que contava as viagens. Poe é um aventureiro na aceção mais vulgar da palavra: explora as possibilidades do espírito, os mistérios da criação artística, os segredos da página em branco.

Aliás, explicou-se longamente, em textos sobre a arte e a literatura, um deles traduzido por Baudelaire: *The Philosophy of Composition* (com o título *Genèse d'un poème*); aquele, todavia, duvidava um pouco da sinceridade de Poe. Este último conta, com efeito, o modo de produção do seu célebre poema, *O Corvo:* nenhum verso, nenhuma palavra foram fruto do acaso (isto quer dizer também que não têm nenhuma relação com o «real»): as palavras existem mediante a força da sua relação com as outros palavras, com os outros versos (já tive ocasião de evocar este texto). «Criei a noite tempestuosa, primeiro para explicar a procura de hospitalidade deste corvo, em seguida para criar o efeito de contraste com a tranquilidade material do quarto. Também fiz pousar o pássaro no busto de Pallas para criar o contraste entre o mármore e a plumagem; pensa-se que a ideia do busto foi sugerida unicamente pelo pássaro; o busto de Pallas foi escolhido primeiro por causa da sua relação íntima com a erudição do amante e em seguida por causa da própria sonoridade de Pallas.» Noutro sítio, afirma abertamente a sua repugnância pelo princípio da imitação: «Todas as artes progrediram rapidamente, cada uma quase na razão direta da maior imitação»; ou ainda: «A simples imitação do que existe na natureza, por muito exata que seja, não autoriza ninguém a tomar o nome sagrado de artista.»

Poe não é pois um pintor da vida, mas um construtor, um inventor de formas; daí a exploração, já mencionada, dos mais diversos géneros (quando não a sua invenção). O agrupamento dos elementos de um conto importa-lhe muito mais do que o seu acordo com o nosso saber sobre o mundo. Poe atinge, mais uma vez, um limite: o do apagamento da imitação e o do destaque excecional da construção.

Esta escolha fundamental tem inúmeras consequências, que são de ter em conta entre os traços mais característicos dos escritos de Poe. Enumeremos alguns deles.

Primeiramente, os contos de Poe (tal como as suas outras obras) são sempre construídos com um rigor extremo.

Na sua teoria sobre a novela (desenvolvida num resumo das narrativas de Hawthome), Poe já afirma essa necessidade. «Um escritor hábil construiu um conto. Se conhece o ofício, não modelou os seus pensamentos de acordo com os incidentes, mas, depois de ter concebido com unidade e reflexão um certo efeito único, está disposto a produzi-lo e inventa então os incidentes — combina acontecimentos — que lhe permitam obter da melhor maneira o efeito imaginado. Se a sua primeira frase não serve para produzir esse efeito, é porque falhou logo no início. Em toda a obra, não deve existir uma única palavra que não sirva, direta ou indiretamente, para a realização desse esboço preestabelecido.»

Pode identificar-se na citação anterior, tirada de *Gènese d'un poème,* dois tipos de constrangimentos internos: uns relevam da causalidade, da coerência lógica; outros da simetria do contraste e da gradação, proporcionando, deste modo, à obra uma coerência que se poderia considerar espacial. O rigor da causalidade culmina na construção de contos, baseados num método dedutivo, muito do agrado de Poe, como é o caso de *O Escaravelho de Oiro,* de *A Carta Roubada* ou de *Os Crimes da Rua Morgue.* Mas esse rigor tem também consequências menos imediatas; e podemos perguntar-nos se não faz parte dele a descoberta de Poe do «demónio da perversidade». Este estado de espírito particular consiste em agir «pela razão, apesar de tudo»; mas, mais do que permanecer em tal constatação negativa, Poe constrói uma faculdade do espírito humano cuja característica é a determinação de semelhantes atos. Assim, o gesto em aparência mais absurdo nunca é inexplicável, participa também de um determinismo geral (na mesma ocasião, Poe descobre o papel de certas motivações inconscientes). De modo geral, pode pensar-se que o género fantástico atrai Poe, precisamente por causa do seu racionalismo (e não apesar dele). Se nos contentarmos com as explicações naturais, é necessário aceitar o acaso, as coincidências, na organização da vida; se quisermos que tudo seja determinado, devemos também admitir a existência de causas sobrenaturais. Dostoievski dizia de Poe a mesma coisa — mas à sua maneira: «se ele é fantástico é apenas superficialmente.» Poe é fantástico porque é sobrerracional, não porque é irracional, e não há contradições entre os contos fantásticos e os contos raciocinantes.

O rigor causal é duplicado por um rigor especial, formal. A gradação é a lei de numerosos contos: Poe capta primeiro a atenção do leitor com um anúncio geral dos acontecimentos extraordinários que irá contar; em seguida apresenta, com muitos pormenores, todo o plano de fundo da ação: depois o ritmo acelera, até terminar, muitas vezes, numa última frase, carregada da maior significação, que simultaneamente esclarece o mistério sabiamente inexplicado e anuncia um acontecimento geralmente horrível. É o que se passa em *O Gato Preto,* em que a última frase é «Tinha enterrado o monstro no sepulcro!»; e em *O Coração Revelador*: «É a pulsação do seu horroroso coração!»; também em *A Queda da Casa de Usher* tudo leva a esta frase: «Nós metemo-la viva no sepulcro!»

Este determinismo formal exerce-se em níveis diferentes. Um dos mais eloquentes é o dos próprios sons, funcionando muitos dos contos como jogo de palavras: é o que acontece, em especial, em vários contos grotescos, como *Lionizing, O Rei Peste, Pequena Conversa com uma Múmia* (o herói desta última história chama-se Allamistakeo (*), quer dizer, «tudo isso é um erro»). Mas o mesmo se passa noutros contos, onde as determinações formais são menos evidentes; Jean Ricardou pôde demonstrar o papel de certas correspondências verbais em novelas como *O Escaravelho de Oiro* ou *A Tale of the Ragged*

(*) All a mistake o. [*N. da T.*]

Mountains. Enfim, também é frequente em Poe a construção em abismo, segundo a qual o conto relatado no interior de outro é em tudo semelhante a esse outro, e isto é particularmente evidente em *A Queda da Casa de Usher,* onde o enquadramento da narrativa imita simultaneamente um quadro e um livro que nos são dados a conhecer.

Cada nível de organização do texto obedece a uma lógica rigorosa; e mais, esses níveis estão estritamente coordenados entre eles. Retenhamos um único exemplo: os contos fantásticos e «sérios» são sempre contados na primeira pessoa, de preferência pela personagem principal, sem distância entre o narrador e a sua narrativa (as circunstâncias da narrativa desempenham aí um papel importante): é o caso de *The Imp of the Perverse, O Gato Preto, William Wilson, O Coração Revelador, Berenice,* etc. Em contrapartida, os contos «grotescos» como *O Rei Peste, O Diabo no Campanário, Lionizing, Quatro Bestas Numa, Pequena Discussão com uma Múmia,* ou os contos de terror como *Hop-Frog* e *A Máscara da Morte Vermelha* são contados na terceira pessoa por um narrador testemunha, não ator; os acontecimentos são distanciados, o tom estilizado. Não é possível qualquer sobreposição.

Uma segunda consequência da escolha operada por Poe (contra a imitação e pela construção) é o desaparecimento da narrativa, ou pelo menos da sua forma simples e fundamental. Poderíamos surpreender-nos com semelhante afirmação, uma vez que Poe é considerado um narrador por excelência; mas uma leitura atenta convencer-nos-á de que nele quase nunca há um encadeamento simples de acontecimentos sucessivos. Mesmo nas suas narrativas de aventuras que mais se aproximam desta condição, como *Manuscrito Encontrado numa Garrafa* ou *Arthur Gordon Pym,* a narrativa, começada por uma simples série de aventuras, transforma-se em mistério e obriga-nos a um regresso a ela própria, a uma releitura mais atenta dos seus enigmas. O mesmo se passa com os contos de raciocínio que, neste sentido, estão muito distantes das formas atuais do romance policial: a lógica da ação é substituída pela da procura de conhecimento, e nunca assistimos ao encadeamento de causas e efeitos, mas, apenas depois, à sua dedução.

Ausência de narrativa tradicional, ausência também da psicologia comum, enquanto meio de construção da novela. O determinismo dos acontecimentos funciona como motivação psicológica, como se observou muitas vezes, e as personagens de Poe, vítimas de uma causalidade que as ultrapassa, têm sempre falta de espessura. Poe é incapaz de construir uma verdadeira alteridade; o monólogo é o seu estilo preferido, e mesmo os seus diálogos (*Colóquio...*, *Conversa...*) são monólogos disfarçados. A psicologia só pode interessar como um problema entre outros, um mistério a descobrir; como objeto e não como método de construção. A prova disso é um conto como *A Carta Roubada,* onde Dupin, personagem fantoche desprovido de qualquer «psicologia», no sentido romanesco do termo, formula lucidamente as leis da vida psíquica humana.

A narrativa é por essência imitativa, repetindo, na sucessão dos acontecimentos por ela evocada, a sucessão de páginas manuseadas pelo leitor; Poe achará meios para se desembaraçar disso. E, primeiro, o mais evidente: substituirá a narrativa pela descrição onde o movimento das palavras se opõe à imobilidade dos acontecimentos descritos. Este processo leva ao aparecimento de estranhos contos descritivos, como *A Ilha da Fada,* ou *O Domínio de Arnheim,* ou ainda o *Cottage Landor,* onde Poe introduz demasiado tarde uma sucessão de acontecimentos que faz parte de um processo de observação e não de um acontecimento observado. E mais importante ainda é que essa mesma tendência transforma os contos «narrativos» numa justaposição descontínua de momentos imóveis. O que é *A Máscara da Morte Vermelha* senão uma disposição estática de três quadros: o baile, a máscara inquietante e o espetáculo da morte? Ou *W.W.*, em que uma vida inteira é reduzida a alguns momentos descritos com o maior rigor? Ou ainda *Berenice,* em que uma longa narrativa no imperfeito (que indica ações repetitivas e não únicas) é seguida da imagem da defunta e, depois, separada por uma linha de pontos de suspensão, por uma descrição do quarto do narrador? Na pausa — no branco da página — jogou-se o essencial: a violação da sepultura, o despertar de Berenice, o gesto louco que levou os seus dentes, dentro de uma caixa de ébano, para cima de uma secretária de Egaeus. Presente, unicamente a imobilidade que permite adivinhar o turbilhão das ações.

Poe descreve os fragmentos de uma totalidade; e, no interior desses fragmentos, escolhe ainda o pormenor; pratica pois, em termos retóricos, uma sinédoque dupla. Dostoievski tinha ainda salientado este aspeto: «há na sua faculdade de imaginação uma particularidade que não existe em nenhum outro: é o poder dos pormenores.» O corpo humano, em especial, encontra-se reduzido a uma das suas componentes. É o que acontece com os dentes de Berenice: «Estavam lá — lá e em todo o lado — visíveis, palpáveis, diante de mim; grandes, estreitos e excessivamente brancos, com os lábios pálidos, torcendo-se à sua volta, terrivelmente dilatados como antes.» Ou o olho do velhote em *O Coração Revelador*: «Um dos seus olhos parecia-se com o de um abutre — um olho azul pálido, com uma catarata... vi-o muito nitidamente inteiro, de um azul terno e recoberto por um véu odioso, que me enregelava o tutano dos ossos» (este velhote é feito de um olho e de um coração que bate — mais nada). Como esquecer também o olho esvaziado do gato negro?

Recebendo tal carga, o pormenor deixa de ser um meio para criar o sentimento da realidade (como em Flaubert ou

Tolstoi, por exemplo) e torna-se alegoria. A alegoria adapta-se ao desaparecimento da narrativa, característico de Poe: desenvolvimento em profundidade e não em extensão e com afinidades com a imobilidade e, consequentemente, com a descrição. Toda a obra de Poe é atraída por uma tendência para a alegoria (o que explica a predileção da crítica psicanalítica, principal forma moderna de crítica alegórica). Alguns contos são alegorias declaradas (o subtítulo de um deles é: «História contendo uma alegoria»), como *Silêncio, Retrato Oval, Pequena Discussão com uma Múmia* ou *William Wilson*; outros, mais subtilmente, são suscetíveis de uma interpretação alegórica, sem no entanto a exigirem necessariamente (é o caso de *Ligeia* ou mesmo de *A Carta Roubada*).

Terceira (e não última) consequência da escolha essencial de Poe: os seus contos têm tendência para tomar a literatura por objeto: são os contos metaliterários.

Uma atenção assim mantida pela lógica da narrativa leva-o a fazer da própria narrativa um dos seus temas. Já vimos a existência de contos construídos numa «imagem em abismo»; mais importante ainda é o facto de numerosas novelas adotarem o tom paródico, sendo dirigidas tanto para o seu objeto aparente como para um texto, ou género anterior: são, de novo, os contos grotescos, alguns deles traduzidos por Baudelaire. O seu conhecimento pelo público sofreu visivelmente com a familiaridade que pressupõem para com uma certa tradição literária.

Poe é, por conseguinte, em todos os sentidos, um escritor dos limites — o que é ao mesmo tempo o seu principal mérito e, se se pode dizer, o seu limite. Separadamente criador de formas novas, explorador de espaços desconhecidos: mas a sua produção é necessariamente marginal. Ainda há, felizmente, em todas as épocas, leitores que preferem as margens ao centro.

CORAÇÃO DAS TREVAS [1]

Coração das Trevas de Joseph Conrad parece-se aparentemente com um romance de aventuras. Um rapazinho sonha com os espaços brancos do mapa; crescido, Marlow decide explorar um deles, o mais vasto: o coração do continente negro, onde descobre um rio serpenteado. É estabelecida uma tarefa: encontrar um dos agentes da sociedade que se consagra à coleta do marfim, Kurtz; os perigos são anunciados. Todavia, essa atração convencional não se mantém: os riscos que o doutor parece profetizar acerca da sociedade são de ordem interior: mede o crânio dos que vão viajar e intruja-os sobre casos de loucura existentes ou não na família. Do mesmo modo, o capitão sueco que leva Marlow ao primeiro posto é pessimista em relação ao futuro, e a experiência que evoca é a de um homem que se enforcou — sozinho. O perigo vem do interior, as aventuras realizam-se no espírito do explorador e não nas situações por que passa.

A continuação da história só vem confirmar esta impressão. No posto central a que Marlow acaba por chegar, é condenado à inação por causa do naufrágio do barco a vapor que iria comandar. Passam-se alguns meses durante os quais a única ação de Marlow é esperar o envio dos rebites que lhe faltam. Não se passa nada; e, quando qualquer coisa acontece, a narrativa não nos conta. É o que sucede desde a partida de Kurtz para o posto, no encontro deste último com o diretor do posto central, no regresso de Marlow e nas suas relações com os «peregrinos», depois da morte de Kurtz. Durante a cena decisiva do conhecimento de Kurtz, Marlow fica a bordo do barco e conversa com um russo grotesco: nunca se sabe o que se passou em terra.

Vejamos agora esse momento tradicionalmente culminante numa narrativa de aventuras: a batalha, aqui entre Brancos e Negros. O único morto digno de ser mencionado é o timoneiro, e Marlow só fala dele porque o sangue do moribundo lhe enche os sapatos e obriga-o a deitá-los fora. O desenlace da batalha é irrisório: os tiros dos Brancos não atingem ninguém e só fazem fumo («Apercebi-me pelo modo como o alto da mata se agitava e voava, que quase todos os tiros eram altos de mais»). Quanto aos Negros, fogem ao ouvir o apito do barco: «As vociferações furiosas e guerreiras pararam nesse mesmo instante... A debandada... era provocada unicamente pelo barulho estridente do assobio a vapor.»

O mesmo se passa nesse outro momento em que culmina a intensidade da narrativa, a imagem inesquecível da mulher negra que sai da floresta, quando Kurtz sobe para o barco: «De repente abriu os braços nus e levantou-os direitos, com um desejo irresistível de tocar o céu...» Gesto poderoso, mas que não é, afinal de contas, senão um signo enigmático — e não uma ação.

Se há aventura, não está onde normalmente se pensaria encontrá-la: não está na ação, mas na interpretação que se fizer de certos dados, colocados desde o início. As aventuras que deveriam captar a nossa atenção não o podem fazer porque, contrariamente a todas as leis do suspense, o seu desenlace é anunciado muito antes e por várias vezes. Mesmo no início da viagem, Marlow previne os seus auditores: «Tive o pressentimento que sob o sol radiante deste país ia aprender a conhecer o demónio, plácido, hipócrita, de olhar evasivo, o demónio de uma loucura ávida e sem dó.» Não só a morte de Kurtz, mas também o destino de Marlow são em seguida lembrados por várias vezes («aconteceu que fui eu que tive de cuidar da sua memória»).

O advento dos factos não tem importância, porque só contará a sua interpretação. A viagem de Marlow só tinha um fim: «A viagem tinha apenas sido feita para que eu pudesse falar com M. Kurtz... Eu... dei-me conta de que era precisamente o que prometera a mim mesmo: — uma conversa com Kurtz.» Falar: para compreender e não para agir. É sem dúvida por essa razão que Marlow irá procurar Kurtz depois da fuga deste, desaprovando o seu rapto pelos peregrinos: é que assim Kurtz escaparia ao seu olhar, aos seus ouvidos e não seria por ele conhecido. A subida do rio é portanto um acesso à verdade, o espaço simboliza o tempo, as aventuras servem para compreender. «Subir o rio, era volver, por assim dizer, às primeiras idades do mundo...» «Nós viajávamos na noite das primeiras idades.»

A narrativa de ação («mitológica») só tem por fim permitir o desenvolvimento de uma narrativa de conhecimento («gnoseológica»). A *ação* é insignificante porque todos os esforços foram dispensados na procura do *ser.* (Conrad escrevia algures: «Nada de mais fútil do que um aventureiro ao sol.») O aventureiro de Conrad — se lhe quisermos chamar assim — transformou o objetivo da sua procura: já não procura vencer, mas saber.

Numerosos pormenores, disseminados ao longo da história, confirmam a predominância do conhecer sobre o fazer, porque o objetivo global se repercute numa infinidade de gestos pontuais que se enquadram todos na mesma direção.

As personagens não cessam de meditar sobre o sentido oculto das palavras que ouvem, sobre a significação impenetrável dos sinais que captam. O diretor termina todas as suas frases com um sorriso que «parecia um selo lacrado, para tornar completamente indecifrável o sentido da frase mais trivial». A mensagem do Russo, que deve ajudar os viajantes, é, sabe-se lá porquê, escrita num estilo telegráfico que a torna incompreensível. Kurtz conhece a língua dos Negros, mas, quando lhe perguntam «Compreende isto?», limita-se a «sorrir de forma indefinível»: sorriso tão enigmático como eram as palavras pronunciadas numa língua ignorada.

As palavras exigem uma interpretação; com mais razão ainda, os símbolos não verbais que os homens trocam entre si. O barco sobe o rio: «Algumas vezes, durante a noite, um eco de tãm-tãm, por trás da cortina de árvores, chegava até ao rio e prolongava-se debilmente, como que evolando-se nos ares, por cima das nossas cabeças, até ao despontar do dia. Impossível saber se significava a guerra, a paz, ou a oração.» O mesmo acontece com os outros factos simbólicos, não intencionais: acontecimentos, comportamentos, situações. O barco naufragou no rio: «Não compreendi imediatamente qual o significado deste naufrágio.» Os peregrinos ficaram inativos no posto central. «Perguntava-me por vezes o que tudo aquilo queria dizer.» Aliás, a profissão de Marlow — guiar um barco — nada mais é senão uma grande capacidade de interpretar os sinais: «Precisava de adivinhar o canal, discernir — sobretudo intuitivamente — os sinais de um fundo escondido. Devia espiar as rochas encobertas [...]. Precisava de prestar atenção aos ruídos de madeira seca, que se cortava durante a noite para permitir o vapor do dia seguinte. Quando tendes de vos entregar inteiramente a este género de coisas, aos únicos incidentes de superfície, a realidade — sim, a própria realidade! — empalidece. A verdade profunda continua escondida... Deus me valha!» A verdade, a realidade e a essência são inatingíveis; a vida esgota-se numa interpretação de sinais.

As relações humanas não são mais do que uma procura hermenêutica. O Russo é, para Marlow, «inexplicável», «um desses problemas irresolúveis». Mas o próprio Marlow torna-se objeto de interpretação, por parte do ladrilheiro. E o Russo, por sua vez, ao falar das relações entre Kurtz e a sua mulher, diz: «Não compreendo.» A própria selva apresenta-se aos olhos de Marlow «tão sombria e tão impenetrável como o pensamento humano» (note-se: ao pensamento e não ao corpo), que julga descobrir nela a presença de um «mudo encanto».

Vários episódios emblemáticos indicam também que se trata de uma narrativa em que predomina a interpretação dos símbolos. No início, à entrada da sociedade, numa cidade europeia, encontramos duas mulheres. «Muitas vezes, quando lá fui, tornei a ver essas duas criaturas, guardiãs das portas das trevas, tricotando a sua lã negra como que para fazer uma quente mortalha, uma olhando, olhando sem cessar o desconhecido, a outra perscrutando os rostos alegres e despreocupados com os velhos olhos impassíveis.» Uma procura (passivamente) conhecer; a outra aprende um conhecimento que lhe escapa: eis duas figuras do conhecimento que anunciam a narrativa futura. Também no fim da história se encontra outra imagem simbólica: a Noiva de Kurtz sonha com o que poderia fazer se estivesse a seu lado — «Teria ciosamente guardado o menor dos seus suspiros, cada um dos seus movimentos, cada um dos seus olhares»; teria feito uma coleção de sinais.

A narrativa de Marlow começa, aliás, com uma parábola, em que não se trata ainda nem de Kurtz, nem do continente negro, mas de um Romano imaginário, conquistando a Inglaterra no ano zero. Este ter-se-ia confrontado com a mesma selvajaria, com o mesmo mistério — incompreensíveis. «Precisava de viver no meio do incompreensível, o que já por si é detestável… E há todavia nesse ambiente uma espécie de fascinação que se desenvolve.» A narrativa que se seguirá, e que ilustrará esta faceta geral, é a aprendizagem de uma arte de interpretação.

A abundante metaforização do branco e do negro, do claro e do escuro, que é fácil de observar neste texto, não é evidentemente estranha ao problema do conhecimento. Em princípio, e de acordo com as metáforas da língua, a obscuridade equivale à ignorância, a luz ao conhecimento. A Inglaterra obscura do início é descrita com esta palavra: as trevas. O sorriso enigmático do Diretor tem o mesmo efeito: «selou aquela exclamação com o seu singular sorriso, como se tivesse, por momentos, entreaberto a porta das trevas, que ele vigiava.» Reciprocamente, a história de Kurtz ilumina a existência de Marlow: «Pareceu-me destilar uma espécie de luz sobre todas as coisas que estavam à minha volta e nos meus pensamentos. No entanto, tornava-se cada vez mais sombrio — lamentavelmente — muito pouco calmo… — E, todavia, parecia espalhar uma espécie de luz…»

Também a isto se refere o título da história: *coração das trevas*. A expressão repete-se várias vezes ao longo do texto: para designar o interior do continente desconhecido onde se dirige o barco («Penetramos cada vez mais profundamente o coração das trevas»). Designa também, por restrição, aquele que encarna esse coração intocável, Kurtz, tal como se apresenta na memória de Marlow, ao passar o limiar da casa em que vive a Noiva; ou, por generalização, na última frase do texto, o lugar do desconhecimento para onde se dirigem as vagas de um outro rio: «para o próprio coração das trevas infinitas». Concomitantemente, a obscuridade simbolizará também o perigo ou o desespero.

Com efeito, o estatuto da obscuridade é mais ambíguo, porque se torna objeto de desejo; a luz, por sua vez, identifica-se com a presença, com tudo aquilo que tem de frustrante. Kurtz, objeto de desejo de toda a narrativa, é ele próprio «treva impenetrável. Identifica-se de tal modo com a obscuridade que, quando há uma luz ao lado dele, não dá conta disso: «Estendi-me na obscuridade à espera da morte...» A luz queimava, a menos de um centímetro do seu rosto.» E, quando, à noite, se acende uma luz, Kurtz não pode estar presente: «Brilhava uma luz no interior, mas Kurtz não estava lá.» Esta ambiguidade da luz traduz-se exemplarmente na cena da morte de Kurtz: vendo-o morrer, Marlow apaga as velas, Kurtz pertence à obscuridade; mas, logo a seguir, Marlow refugia-se na cabine iluminada e recusa-se a abandoná-la, apesar de isso levar os outros a acusá-lo de insensibilidade: «Ali havia uma lâmpada — luz, compreende? — e lá fora tudo era tão terrivelmente escuro!» A luz é tranquilizante, quando a obscuridade lhe escapa.

A mesma ambiguidade caracteriza a repartição do negro e do branco. De acordo, mais uma vez, com as metáforas da língua, é o desconhecido que é descrito como obscuro: viu-se que era a mesma cor da lã que as duas mulheres tricotavam, à entrada da sociedade; será essa a cor do continente desconhecido (e a trepadeira de uma selva colossal de um verde tão escuro que era quase negro»), será essa também a cor dos habitantes. Significativamente, os Negros que entram em contacto com os Brancos são contaminados: ficarão com uma inevitável marca branca. É o que acontece aos remadores que vão de barco do continente ao navio: os barcos «são conduzidos por remadores negros. Podia ver-se ao longe o branco dos seus olhos luzindo». Ou com os que trabalham para os brancos: «Havia algo de curioso naquele pescoço negro, era aquela ponta de cordão branco, vinda do outro lado do mar.»

O perigo será, também ele, negro, e isso é explorado no seu lado cómico: um capitão dinamarquês matou-se por causa de duas galinhas, «sim, duas galinhas negras».

E todavia o branco, tal como a luz, é apenas um valor simplesmente desejado: deseja-se o negro, e o branco apenas é o resultado dececionante de um desejo, por assim dizer, satisfeito. O branco será desacreditado: verdade enganadora (é o caso dos espaços brancos do mapa, que escondem o continente negro) ou ilusório — os Brancos julgam que o marfim é a verdade última; mas, exclama Marlow, «nunca na minha vida vi coisa tão pouco real...» O branco pode impedir o conhecimento, tal como o nevoeiro branco, «mais obscuro que a própria noite», o impede de chegar junto de Kurtz. O branco é finalmente o homem branco perante o Negro: e todo o etnocentrismo paternalista de Conrad (que podia passar por anticolonialismo no século XIX) não nos impede de observar a sua simpatia para com os habitantes indígenas do continente negro: o Branco é cruel e estúpido. Kurtz, ambíguo na sua relação claro-escuro, sê-lo-á também no que respeita ao homem branco e ao homem negro. Porque, pensando por um lado possuir a verdade, preconiza a dominação dos Negros pelos Brancos; e, buscador incansável do marfim, a sua própria cabeça tornou-se «como uma bola de marfim»; mas, por outro lado, foge dos Brancos e quer ficar junto dos Negros: não é por acaso que Marlow evoca, a propósito do seu encontro, «a negrura especial dessa experiência».

A narrativa está pois impregnada de negro e de branco, de obscuridade e de claridade, porque esses tons estão coordenados com o processo de conhecimento — e, inversamente, com a ignorância, com todas as cambiantes que podem ter estes dois termos. Desde as cores até às sombras, tudo tem a ver com o conhecimento. Mas nada revela o domínio do conhecimento com maior evidência do que o papel desempenhado na história por Kurtz. Porque este texto é com efeito a narrativa da procura de Kurtz: é o que se sabe pouco a pouco e retrospetivamente. A gradação seguida é a mesma do conhecimento de Kurtz: passa-se do primeiro ao segundo capítulo, por ocasião de um episódio onde Marlow diz: «Pareceu-me desvendar Kurtz pela primeira vez»; e do segundo ao terceiro, quando se dá o encontro com o Russo, a personagem de entre todas as do livro que terá conhecido melhor Kurtz. Aliás, Kurtz está longe de ser o único assunto do primeiro capítulo, ao passo que domina o segundo: finalmente, no terceiro, encontramos episódios que não estão de modo nenhum ligados à viagem no rio, mas que contribuem para o conhecimento de Kurtz: é o caso dos encontros posteriores com os seus semelhantes ou das investigações dos que querem saber quem ele era. Kurtz é o polo de atração de toda a narrativa; mas só depois descobrimos as linhas de força. Kurtz é as trevas, o objeto de desejo da narrativa; o coração das trevas são «as trevas ávidas do seu coração». E, como se podia adivinhar, quando pinta, pinta a obscuridade e a luz: «um pequeno esboço a óleo, representando, num painel de madeira, uma mulher vestida, com os olhos tapados, e com uma tocha acesa. O fundo era escuro, quase negro.»

Kurtz é o centro da narrativa, e o seu conhecimento a força motriz da intriga. Ora, o estatuto de Kurtz no interior da narrativa é muito particular: não temos dele, por assim dizer, nenhuma perceção direta. Durante a maior parte do texto, é anunciado como futuro, como um ser que se pretende atingir, mas que não é ainda visível: é o que se passa com os primeiros anúncios de Marlow; narrativas sucessivas que o descrevem: a do contabilista, a do Diretor, a do ladrilheiro. Todas estas narrativas suscitam o desejo de conhecer Kurtz, seja por admiração ou por temor; mas não nos revelam grande coisa, para além do facto de se saber que há alguma coisa a conhecer. Depois acontece a viagem no rio, que deverá conduzir-nos ao verdadeiro Kurtz: os obstáculos multiplicam-se; primeiro a escuridão, depois o ataque dos Negros e o nevoeiro espesso que impede a visão. Neste ponto do texto, os obstáculos propriamente narrativos acrescentam-se aos surgidos na viagem: em vez de continuar a narrativa de conhecimento progressivo de Kurtz, Marlow interrompe-se bruscamente e faz um retrato retrospetivo do seu herói, como se Kurtz só pudesse estar presente nos tempos de ausência, o passado e o futuro. É aliás o que o Diretor enuncia explicitamente quando Marlow lhe diz que acabou de encontrar Kurtz: «Espero que M. Kurtz seja um homem notável»; ele responde: «*Era* um homem notável.» Passa-se depois do retrato à narrativa, mas esperam-nos novas deceções: em vez de Kurtz, encontramos o Russo, autor de uma nova história acerca do herói ausente. Finalmente Kurtz aparece: mas nem por isso se fica a saber muito mais. Primeiro porque está moribundo, participando assim mais de um estatuto de ausência do que de presença; aliás, só o vemos ao longe, e fugitivamente. Quando finalmente deparamos com ele, Kurtz está reduzido à voz — às palavras, que também estão sujeitas à interpretação, como estavam as narrativas sobre a sua pessoa; um novo obstáculo se levanta entre Kurtz e nós («Kurtz falava. Que voz! Que voz! Conservou a sua profunda sonoridade até ao fim»). Não é de espantar que essa voz impressionasse especialmente: «A altura do som que emitia sem esforço, quase sem mexer os lábios, deixou-me estupefacto. Que voz! Que voz! Era grave, profunda, vibrante, e quase juraríamos que aquele homem não era capaz de soltar um murmúrio.» Mas mesmo esta presença enigmática é fugaz, e quase de seguida «um véu» lhe cobre o rosto, tornando-o impenetrável. A morte não modifica quase nada a situação de desconhecimento: passa-se simplesmente das suposições às recordações. Não só o processo de conhecimento de Kurtz ocupa a narrativa de Marlow, como também esse conhecimento é impossível: Kurtz tornou-se-nos familiar, mas nós não o conhecemos, ignoramos o seu segredo. Esta frustração é dita por Conrad de mil maneiras. No fim de contas, Marlow só perseguiu uma sombra, a sombra de M. Kurtz, que só contribuiu para tornar mais obscuras as palavras enunciadas por Kurtz: «Sombra mais negra do que a sombra da noite e nobremente ornada nas suas pregas por uma brilhante eloquência.» O coração das trevas não está «em lugar nenhum», e não se pode atingi-lo. Kurtz morre antes que possamos conhecê-lo («Tudo o que pertencera a Kurtz me passou pelas mãos: a alma, o corpo, a estação, o marfim, os projetos, a carreira. Só restava a sua lembrança...») O nome, Kurtz, curto, só aparentemente é enganador. Marlow apercebe-se disso, ao ver a personagem pela primeira vez: «Kurtz, Kurtz, isso significa curto em alemão, não é?... Pois bem, o nome era tão verídico como o resto da sua vida, e até da própria morte. Parecia ter pelo menos sete pés de comprimento.» Kurtz não era pequeno, como o nome indica; mas o conhecimento que temos dele continua a ser mínimo, insuficiente, e não é por acaso que resiste ao esforço que os Brancos fazem para o tirar da obscuridade. Marlow não compreende Kurtz, mesmo quando no fim se torna seu confidente («honrou-me com uma surpreendente confiança»): o mesmo acontece depois da sua morte, visto que os esforços para compreender são vãos: «o próprio primo... não foi capaz de me dizer quem tinha sido exatamente Kurtz.»

Kurtz é o coração das trevas, mas esse coração está vazio. Pensa-se que, no último momento, às portas da morte, se adquirirá o conhecimento absoluto (e esse instante supremo de conhecimento perfeito»). O que Kurtz diz nesse momento são palavras que anunciam o vazio, que anulam o conhecimento: «O horror! O horror!», um horror absoluto de que nunca conheceremos a causa.

Nada prova melhor a irrisão do conhecimento do que a cena final da narrativa, o encontro com a Noiva. Ela diz «Era eu, quem melhor o conhecia» — e, no entanto, vemos quanto o seu conhecimento era imperfeito e mesmo ilusório. Nada mais resta de Kurtz que esta recordação, mas mesmo essa recordação é falsa. Quando ela exclama «É bem verdade! É bem verdade!», é porque acaba de proferir uma mentira. «Pelo menos as suas palavras não morreram»; consola-se, e um momento depois ouve a Marlow uma mentira sobre as últimas palavras de Kurtz: «O último nome que ele disse foi o seu. — Já o sabia, tinha a certeza!», replica a Noiva. Seria por isso que durante a conversa entre ela e Marlow «a cada palavra pronunciada, o quarto se tornava mais escuro»?

Todo o texto nos diz que o conhecimento é impossível e que o coração das trevas é ele próprio tenebroso. Esta viagem vai até ao centro («mesmo ao centro»), ao interior, ao fundo: «Pareceu-me que em vez de partir para o coração do continente, estava prestes a afundar-me no centro da terra»; o posto de Kurtz chama-se Posto Interior; Kurtz está lá «bem no fundo». Mas o centro está vazio: «Um rio deserto, um grande silêncio, uma floresta impenetrável.» Segundo o Diretor «as pessoas que lá iam não deveriam ter entranhas»; esta regra parece ser estritamente seguida. Vendo o ladrilheiro, Marlow diz: «Se tivesse tentado, poderia trespassá-lo com o indicador, sem encontrar nada lá dentro.» O próprio Diretor imprime em tudo um sorriso enigmático; mas talvez o seu segredo seja impenetrável por ser inexistente: «Nunca confessou o segredo. Talvez nem sequer existisse.»

O interior não existe, assim como o sentido último, e todas as experiências de Marlow são «inconcluídas». De repente, é o próprio ato de conhecimento que é posto em causa. «Que coisa barroca a vida: esse misterioso acontecimento de impiedosa lógica e para que fins irrisórios!... O mais que se pode esperar é uma luz qualquer que nos esclareça, conseguida demasiado tarde, e a seguir só resta meditar — nas saudades que não morrem.» A máquina trabalha perfeitamente — mas no vazio, e o conhecimento mais profundo de outrem só nos informa sobre nós. Mesmo que o processo de conhecimento se desenvolva de forma irrepreensível, isso não prova que se possa atingir o objeto desse conhecimento; tem-se a tentação de dizer: pelo contrário. É o que E. M. Forster não conseguia compreender, e, perplexo, dizia a propósito de Conrad: «O que há de particularmente despistante no seu caso é o facto de estar sempre a prometer-nos algumas declarações filosóficas gerais sobre o mundo e a seguir refugiar-se numa declaração intratável... Há nele uma obscuridade central — qualquer coisa de nobre, heroico, inspirador, uma meia-dúzia de grandes livros — mas obscuros! Obscuros!» Já sabemos ao que se refere em relação à obscuridade. E Conrad escrevia algures: «o fim da arte não está na lógica clara de uma conclusão triunfante: não está na revelação de um desses segredos sem coração, a que chamamos Leis da Natureza.»

A palavra, viu-se, desempenha um papel decisivo no processo de conhecimento: é a luz que devia dissipar as trevas, mas que finalmente não consegue fazê-lo. É o que nos mostra o exemplo de Kurtz. «Entre todos os seus dons, aquele que de certa maneira causava a impressão de uma presença real era o seu talento da palavra, a sua palavra! — esse dom perturbador e inspirador da expressão, o mais desprezível e o mais nobre dos dons, corrente de luz vibrante ou fluxo ilusório brotando do coração de impenetráveis trevas.» Mas isto é apenas um exemplo de qualquer coisa de muito mais geral, que é: a possibilidade de construir uma realidade, de dizer uma verdade com a ajuda das palavras; a aventura de Kurtz é ao mesmo tempo uma parábola da narrativa. Não é de modo nenhum por acaso que se estabelecem numerosas analogias entre as duas narrativas, enquadrante e enquadrada, entre os dois rios aqui e ali, enfim, entre Kurtz e Marlow, o narrador (as duas únicas personagens que têm nomes próprios nesta história; todas as outras se reduzem à função que desempenham: o Diretor, o contabilista — que encontramos aliás tanto na história enquadrada como no quadro), e, correlativamente, entre a personagem Marlow e os seus auditores (de que nós, leitores, fazemos parte). Kurtz é uma voz. «Fiz a estranha descoberta de que nunca o tinha representado a agir, mas apenas discorrendo. Nunca disse para mim próprio: "Não o verei" ou "Nunca lhe apertarei a mão", mas sim "Nunca o ouvirei!" Aquele homem era para mim uma voz»; mas não será que se passa o mesmo com Marlow-narrador? «Desde há muito, que ele era para nós apenas uma voz.» O que não é senão uma definição do escritor: «O artista... é de tal forma uma voz que para ele o silêncio é como a morte», escrevia Conrad num artigo. É Marlow que se encarregará de explicitar a relação entre as duas séries, numa das interrupções da narrativa. «Kurtz era apenas para mim um nome. Já não via, tal como vós, o homem que existia por detrás deste nome. Será que o veem? Compreende a história?... Será que compreende alguma coisa no meio disto?» Tanto um como o outro, o explorador como o leitor, só têm a seu cargo os signos, a partir dos quais devem construir, um o referente (a realidade que o cerca), o outro a referência (aquilo que a narrativa trata). O leitor (todo o leitor) deseja conhecer o objeto da narrativa, tal como Marlow deseja conhecer Kurtz.

E, assim como este primeiro desejo será frustrado, também o leitor ou o auditor nunca conseguirão obter, como quereriam, a referência ausente. Não será revelador que a narrativa, começada ao pôr do Sol, coincida no seu desenvolvimento com o espessamento das trevas? «A obscuridade tinha-se tornado tão grande que nós, os auditores, quase não nos distinguíamos uns aos outros.» E, tal como é impossível o conhecimento de Kurtz na narrativa de Marlow, é igualmente impossível qualquer construção a partir das palavras, qualquer tentativa de captar as coisas pelas palavras. «Não, é impossível. É impossível dar a sensação de vida de uma época dada da existência, aquilo que a torna a realidade, a significação, a essência subtil e penetrante. É impossível.» A essência, a verdade — o coração da narrativa — é inacessível, o leitor nunca o atingirá. «Não podeis compreender.» As palavras nem sequer permitem a transmissão das palavras. «Disse-lhe que as palavras que nós trocámos, repetindo as próprias frases pronunciadas — mas para que é que isso serve! —, parecem palavras banais, sons familiares e indefinidos que se utilizam quotidianamente... Para mim, revelavam o caráter da terrificante sugestão das palavras ouvidas em sonhos, das palavras pronunciadas num pesadelo.» E esse aspeto das palavras é impossível de reproduzir.

É impossível descobrir a referência; o coração da narrativa está vazio, tal como os homens. Para Marlow, «o sentido de um episódio não se devia procurar no interior, mas no exterior, naquilo que, envolvendo a narrativa, contribui para manifestá-la, tal como o calor suscita a bruma, tal como esses halos de nevoeiro que às vezes tornam visível a iluminação espectral do luar.» A luz da narrativa é essa mesma luz, hesitante, da Lua.

Deste modo a história de Kurtz simboliza a ficção, a construção a partir de um centro ausente. É preciso não nos equivocarmos: a escrita de Conrad é alegórica, tal como factos múltiplos testemunham (o exemplo dos nomes próprios, como um meio de generalização), mas nem todas as interpretações alegóricas do *Coração das Trevas* são corretas. Reduzir a viagem pelo rio a uma descida aos infernos ou à descoberta do inconsciente é uma afirmação da inteira responsabilidade do crítico que a enuncia. O alegorismo de Conrad é intratextual: se a procura de identidade de Kurtz é uma alegoria da leitura, por sua vez simboliza todo o processo de conhecimento — de que o conhecimento de Kurtz era um exemplo. O simbolizado torna-se, por sua vez, o simbolizante daquilo que antes era simbolizante; a simbolização é recíproca. O sentido último, a verdade última, não existem porque não há um interior, e o coração está vazio: o que é verdade para as coisas é-o ainda de forma mais convincente para os signos; apenas existe o reenvio, circular e necessário, de uma superfície à outra, das palavras às palavras.

A IDADE DIFÍCIL ([1])

De que fala *A Idade Difícil*? Temos dificuldade em responder a esta pergunta aparentemente elementar. O leitor não sabe bem, e a sua única consolação é que as próprias personagens parecem ter tanta ou mais dificuldade em compreender as palavras que lhe são dirigidas.

Com efeito, uma grande parte das réplicas que se leem neste romance, constituído quase exclusivamente por conversas, consiste em pedidos de explicação. Estas questões podem aliás dizer respeito a aspetos diferentes do discurso e destacar várias razões da obscuridade. A primeira, a mais simples e a mais frequente, baseia-se na incerteza que se tem em relação ao próprio sentido das palavras: é aquilo que experimentaria normalmente um estrangeiro que conhecesse imperfeitamente a língua; as questões relacionam-se com o vocabulário. Em *A Idade Difícil* não há nenhum estrangeiro que fale mal o inglês; mas uma das personagens, Mr. Longdon, viveu muito tempo afastado da cidade; de regresso, tem a impressão de já não compreender o sentido das palavras e, pelo menos no decorrer das suas primeiras conversas, faz este género de perguntas: «O que entende por cedo?», «O que entende por tensão?» Estas perguntas, por muito inocentes que pareçam, obrigam os interlocutores a explicitar o discurso e ao mesmo tempo a assumir plenamente o sentido das palavras, e é por isso que provocam muitas vezes vivas reações de recusa. «Que entende por depressa?», pergunta ainda Mr. Longdon, mas a resposta da Duquesa é desanimadora: «Quero dizer o que disse.» Veremos que a própria sobrinha da Duquesa sofre do mesmo mal, não compreende o sentido das palavras.

Muito mais divulgada e já muito complexa é uma segunda situação verbal em que as explicações que se pedem já não dizem respeito às palavras, mas à sua aplicação a uma situação concreta: não se ignora o vocabulário, mas o referente. Esta ignorância é devida, no caso mais elementar, ao caráter demasiado elíptico do enunciado inicial: falta um complemento que permitiria determinar o campo da sua aplicação. Eis alguns exemplos dessas trocas de palavras: «Ah, mas apesar das suas ideias isso não impede. — Não impede o quê? — Aquilo a que chama, julgo eu, os *colóquios*. — Com Aggie?»; «É muito gentil da parte dela poupar-nos. — De falar diante dela?»; «Mas será que *eu,* eu devo perguntar? — Vanderbank tinha perdido o fio à meada. — Perguntar o quê? — Se ela percebe alguma coisa... — Se eu não sou *suficientemente* gentil? — Van tinha-se vingado.»

Por vezes o enunciado não é propriamente elíptico: mas está cheio de pronomes anafóricos e deíticos, de que se ignora o antecedente ou o referente; a pergunta «Que quer dizer?» não interroga evidentemente o sentido do pronome, mas procura ver a que se aplica. «Tem um grande fraco por ele. — O velho por Van? — Van por Mr. Longdon.» «O que há entre ela e ele? — Mitchy pensava noutras duas pessoas. Entre Edward e a rapariga? — Não diga asneiras. Entre Petherton e Jane.» «Mas o que pensa ela fazer? — Era aparentemente para Mrs. Brook uma pergunta com tamanha variedade de aplicação que disse, às apalpadelas: — Jane? — Meu Deus, não.» A distância entre o referente presente no espírito de um e de outro dos interlocutores pode ser considerável: «Quer tentar sabê-lo? — Quer dizer que ele vem jantar? Não, isso não tem importância. Mitchy, especialmente habituado à arte da elipse, começa assim uma conversa: «Então ele sempre fez isso?»

Os pronomes anafóricos são apenas o exemplo mais eloquente desta indeterminação referencial que afeta igualmente outras variedades de expressão. A questão metalinguística que suscitam já não consiste em propor nomes próprios, mas mais vagamente em perguntar: «Que quer dizer com...?» «Abandono-te à tua sorte. — O que considera a minha sorte? — Oh, qualquer coisa de terrível...» «Quero que faça comigo exatamente o mesmo que fez com ele. — Ah, falou depressa, respondeu a rapariga num tom estranho. Que quer dizer com "fazer"?» A Duquesa, mais uma vez, recusa esclarecer Mr. Longdon: «Ela prefere Mr. Michett porque quer "o velho Van" para ela. — Qual o sentido de — para ela? — Ah, descubra o sentido, só lhe posso dar o facto.» Naturalmente, na maior parte das vezes, estas formas de indeterminação referencial juntam-se umas às outras e apresentam-se no seio de uma mesma frase. «Quer dizer que não sabe *verdadeiramente* se ela o terá? — O dinheiro, se aquilo não correr bem?» «Deve aceitar as consequências. — Ele? — E que queres tu dizer com consequências?» Não é certo que seja possível descobrir sempre o referente. De que tratavam as palavras que Nanda dirigiu a Vanderbank: «É o tom e o uso e o exemplo de todos os outros que vos levam [mas onde?]. Se tais coisas [quais?] são contagiosas, como toda a gente diz, talvez o prove mais do que ninguém [o quê?]. Mas, se não começou, pelo menos não estará na origem do começo?» Ou nestas perguntas que dirige a Mitchy: «É o que eu julgava, mas há muito mais do que isso. Aconteceu — mais e mais ainda há de acontecer. Já viu que primeiro não havia nada, e agora tudo aconteceu tão rapidamente?» Espera-se em vão um elemento qualquer que permita ancorar no mundo destas frases aéreas.

Há também uma situação simétrica e inversa, em que já não se parte de uma expressão para procurar o sentido, mas de uma coisa que procura o seu nome. «Pensava que ela tinha uma espécie de… — Uma espécie de modernidade mórbida? — É assim que se diz? Um belo nome.» Ou opõem-se dois nomes a um mesmo objeto: «Diz que Tishy Grendon é uma mulher? — E você, o que lhe chama? — A melhor amiga de Nanda…» Por vezes a aproximação do sentido corrente da palavra e o seu emprego pontual (um tropo) produz um efeito divertido. «Mesmo que quiséssemos, não podíamos ser Gregos. — considera a avó um Grego (*)?» «Quando julga que uma mulher é verdadeiramente pobre, nunca lhe dá uma côdea? — Julga que Nanda é uma côdea, Duquesa?» Um dos traços característicos de Nanda, ou uma das características da sua conversa, é uma certa indiferença a respeito das palavras empregues, desde que as coisas permaneçam idênticas. «Ah, não sabia que isso tinha tanta importância, o modo como isso se chama», diz à mãe e a Mr. Longdon: «Estou feliz por ser o que quer que seja — qualquer nome que lhe deem, mesmo que eu não dê o mesmo —, desde que seja bom para *vós*.»

Da primeira vez em que se pergunta qual o sentido das palavras, fica-se ao nível da língua; da segunda, interroga-se, na perspetiva do discurso, a relação existente entre as palavras e as coisas que estas designam. Mas é um terceiro caso que se torna ao mesmo tempo o mais comum e o mais interessante: compreende-se o sentido das palavras, conhece-se o referente, mas pergunta-se se as palavras querem dizer o que parecem dizer ou se são antes empregues para evocar,

---

(*) O sentido familiar de *Grec* (grego) é aldrabão, trapaceiro, e o de *croûte* (côdea) é bota de elástico. [*N. da T.*]

de maneira indireta, uma coisa completamente diferente. A sociedade representada em *A Idade Difícil* cultiva a expressão indireta, e Mrs. Brook qualifica um dos seus amigos como «camarada da subtileza». Nanda, sabendo da capacidade que as palavras têm de adquirir novos sentidos, procederá deste modo em relação ao seu próprio discurso: «É preciso deixar que o sentido de tudo o que eu digo — aconteça.»

O uso indireto ou simbólico do discurso é característico numa grande variedade de casos, mas pode começar-se por separar duas espécies, o simbolismo lexical, e o simbolismo proposicional, segundo o qual a asserção inicial é mantida ou recusada; o primeiro caso é o dos tropos, e fica-se espantado por encontrar tão poucos exemplos (será que é uma característica de toda a conversa ou somente daquela que se pratica em volta de Mrs. Brook?) em que o tropo é também sempre acompanhado da sua tradução. É ainda Mr. Longdon que teima em não compreender os tropos. Por exemplo, Mitchy diz-lhe «Deixe-me pôr aí a mão», e, perante a perplexidade do outro, explica: «Quero dizer — Deixe-me participar nisso.» Ou, noutra conversa: «O nariz desfeito de Mrs. Grendon, explicou Vanderbank a Mr. Longdon, é a maneira amável que as senhoras utilizam para designar o coração desfeito de Mrs. Grendon.» Explica-se aqui a metáfora de invenção por uma metonímia de uso; mas é o próprio Mr. Longdon que dará a expressão literal na sua réplica: «Mr. Grendon já não a ama.» Quando o tropo não é seguido de tradução, o narrador pelo menos assinala-o com um termo retórico: «A imagem da Duquesa», «Ela falou sem realçar a hipérbole», «Mrs. Brook, depois de uma rápida observação escolheu a ironia.»

O único tropo que é utilizado mais frequentemente na conversa mundana é o eufemismo. Ou seja, para não ferir os sentimentos de alguém, e também para dar prova de reserva ou de discrição, passa-se do nome da coisa, que já traz em si própria uma apreciação, para o nome do género próximo, que não é valorizado nem positiva nem negativamente. Eis um primeiro exemplo positivo: «Falou-me muito da sua mãe. — Oh, sem dúvida coisas gentis, ou então você não diria nada. — É isso que eu quero dizer.» Quanto à situação negativa, é em especial ilustrada pelo sentido que toma nesta sociedade a palavra «diferente» ou uma equivalente a ela: dizer que alguém está diferente é dizer que está longe de ser perfeito. «Nada lhe poderia agradar menos do que as suas maneiras e a sua conversa, diz Mr. Longdon a Nanda, que interpreta: — Quer dizer que pensa que elas não são suficientemente corretas.» «Decerto que não posso ser você, Van. — Eu sei o que entende por isso. Quer dizer que eu sou hipócrita.» De tal maneira que, se se quiser empregar a palavra «diferente» sem cambiantes pejorativos, torna-se necessário especificá-la: «A maneira de elogiá-lo, diz Michty, é dar-lhe a entender até que ponto você pensa que ele pode julgá-lo diferente. Quero dizer, é claro, sem chegar a ser odiado por isso.»

É o simbolismo proposicional que domina a conversa: a asserção enunciada não pode ser rejeitada, mas só mostra ser, em suma, o ponto de partida de associações que levam a um novo enunciado. No romance, designa-se este modo de falar, com termos como «alusão», «insinuação», «sugestão». Eis um exemplo: Mitchy perguntou à Duquesa as razões de uma das suas opiniões acerca de Nanda. Em vez de responder, a Duquesa interroga-o por sua vez: «Com que direito, em semelhante contexto você faz uma pergunta deste género?» Mitchy, que compreendeu o sentido das palavras, que soube identificar o referente do enunciado, julga descobrir nelas uma terceira dimensão subentendida, que explicita com uma nova pergunta: «Quer dizer que uma rapariga amada por alguém retribui com tão pouco amor?...» Este pedido de explicação é também elíptico; mas nós podemos terminar a frase: «será que ele não tem o direito de fazer este género de perguntas?» Retrospetivamente, graças à interpretação de Mitchy, descobrimos que o enunciado da Duquesa era portador de um subentendido. Analisemos as fases que atravessa o estabelecimento deste segundo sentido. A fórmula da Duquesa é uma questão retórica que se poderia explicitar, se a convertêssemos numa asserção negativa: «Não tem o direito de agir dessa forma, de me fazer esse género de perguntas.» Será que podemos, sem a ajuda de Mitchy, ver que essa frase era portadora de um subentendido e explicitá-lo? Duvido; mas Mitchy julga que o sentido literal deste enunciado não possui uma pertinência suficiente para justificar a sua existência: esta falha nas regras de comunicação incita-o a procurar um sentido segundo (é pois a interpretação que suscita a simbolicidade do texto, é a resposta que leva à pergunta). A partir daí, é preciso identificar o subentendido. Para o fazer, Mitchy recorre a um lugar-comum próprio da sociedade descrita (e também do leitor contemporâneo) que toma a forma de uma implicação semelhante a isto: se se defendem em público os interesses de uma rapariga, é porque se tem alguma ligação com ela. Este lugar-comum pode não estar presente de modo ativo na memória dos interlocutores; permanece inteiramente implícito até que a sua presença se torne necessária para interpretar o enunciado que pareceria de outra forma injustificado. Bastará então enunciar a primeira proposição desta implicação, tendo-a concretizado com a ajuda de um pronome pessoal ou de um nome próprio para que surja uma segunda proposição no espírito do interlocutor, sob a forma de subentendido.

Para que haja alusão, é preciso que se reúnam três condições: qualquer coisa que nos leve a procurá-la; uma implicação que deve estar presente nos dois interlocutores; enfim, que o enunciado a introduza. Mas essas condições podem ser satisfeitas de modo muito variado. Para começar pela primeira condição, não é evidentemente necessário que o índice da alusão figure no próprio enunciado. Cada sociedade ou microssociedade, como o salão de Mrs. Brook, parece possuir um grau de pertinência mínima, segundo o qual todos os enunciados são interpretados como alusões (se não não teriam sido formulados). A ausência do princípio de pertinência é por vezes evidente; assim, quando Mitchy pergunta a Mrs. Brook «E desta vez onde está a criança?», a sua interlocutora tem razão em por sua vez perguntar: «Porque é que diz "desta vez" — como se esta fosse diferente das outras!» Mas o salão de Mrs. Brook considera a pertinência de modo diferente do uso geral; por exemplo, quando Mrs. Brook diz da Duquesa: «Mas ela nunca teve de pagar por *nada*!» Nanda interpreta: «Quer dizer que tu tiveste de pagar...» Aparentemente, não se pode dizer «*X* é *a*», a menos que aquele que o diga queira sugerir: mas eu, eu não sou eu; a implicação comum aos membros deste círculo é o facto de não se afirmar uma coisa sem saber se o contrário será verdade. Basta uma palavra estar sublinhada, acentuada na resposta, para que seja evidente que se reconheceram as implicações; ora, este modo de relevar as palavras de outrem é muito frequente no salão. Por exemplo, Mrs. Brook diz a Mitchy: «O milagre é o facto de você nunca ser vulgar. — Obrigada por tudo. Obrigada sobretudo pelo "milagre", diz Mitchy com um sorriso. — Oh, eu sei o que digo, diz ela sem corar.» «Tem certamente — ao dar "conselhos" — as expressões mais felizes.» «"Lealdade" também é elegante.» «"Acessível" é bom.» Neste universo acontece que geralmente a palavra não é quase nunca explícita; o discurso é *willkürlich*, ou seja, arbitrário ou deliberado: todas as palavras, todas as maneiras de falar são sempre possíveis (ou, como diz Vanderbank: «Nomeamos tudo de qualquer maneira») e são sempre sugestivas: as coisas não justificam as palavras, é preciso (ou pelo menos pode-se) procurar a razão delas noutro lugar e nomeadamente *noutro* sentido.

O lugar-comum dos interlocutores pode igualmente variar, o essencial é que exista. É a este facto que se referem as frases do género: «Vem cá, quando sabe que eu sei que *ela* sabe...» «Eu sei que sabe que eu soube» (este saber pletórico surge como que para equilibrar a ignorância em que se encontram as personagens quanto à interpretação de cada palavra enunciada). Não é necessário que o lugar-comum seja próprio a uma sociedade, presente na sua memória passiva; basta que seja enunciado ao mesmo tempo por um dos interlocutores para que se torne, de repente, comum aos dois; e todos os casos intermédios são possíveis, entre o lugar verdadeiramente comum, codificado por exemplo por um provérbio, e o saber partilhado, extraído do contexto imediato. Mr. Longdon diz a Vanderbank: «A sua mãe consolou-me mais do que qualquer outra pessoa.» Aparentemente este enunciado não se inscreve no paradigma de nenhuma implicação comum à sociedade. Mas as frases precedentes do mesmo Mr. Longdon dão-nos a chave deste problema: se uma pessoa me consola, é porque ela não me ama. Vanderbank interpreta então sem dificuldade: «Quer dizer que foi o que se passou?» Nanda diz a Vanderbank: «Ele gostou logo de si.» Este interpreta: «Quer dizer que eu o terei convencido até esse ponto?» A frase de Nanda também não parece reenviar a nenhuma implicação comum; e nada no contexto imediato autoriza Vanderbank a propor essa interpretação audaciosa. Aqui, a formulação do subentendido (certamente imaginário) serve de ponto de partida para a procura de uma implicação que justificaria a interpretação. O primeiro diz: *p;* o segundo responde: então *q*? O que leva o primeiro a descobrir que lhe atribuíram o encadeamento «se *p,* então *q*». O verdadeiro subentendido é, neste caso, uma implicação subjacente; e esta é por sua vez o ponto de partida de outra implicação, que qualifica «falsamente» a atitude de Nanda.

As implicações do enunciado (ou subentendidos, ou alusões, ou sugestões) pretendidas pelo locutor ou impostas pelo seu parceiro, produzindo-se sempre no interior de um contexto discursivo particular, ocupam um lugar intermédio entre os dois fenómenos, sendo um mais limitado e o outro quase ilimitado. O primeiro é representado pelas implicações da frase, ou pressuposições: elas pertencem à língua e poderiam ser enumeradas, sem ser necessário recorrer a nenhum contexto. Por exemplo, quando Mr. Longdon diz «Felizmente as senhoras ainda não chegaram», Mitchy replica sem mostrar nenhuma cumplicidade ou especial subtileza: «Oh, também há senhoras?» O caráter incontestável das pressuposições torna-se uma arma eficaz para a argumentação; tentar-se-á mesmo camuflar o que é implicação do enunciado numa implicação da frase. Mrs. Brook diz: «Nega que recusou, o que quer dizer que deu esperanças ao nosso amigo.» Mrs. Brook confunde neste caso e decerto voluntariamente os contrários e os contraditórios; a frase que interpreta diz que o sujeito não recusou; mas «aceitar» ou «dar esperança» são apenas algumas das instâncias possíveis da não-recusada. Não é em nome da lógica da linguagem que Mrs. Brook interpreta, mas de acordo com uma implicação social que diz que se não se recusa é porque se está disposto a aceitar.

Do outro lado situam-se as implicações, já não do enunciado, mas da enunciação, quer dizer, do acontecimento constituído pelo ato de dizer certas palavras. Levado pela conversa que tem com Mr. Longdon, Vanderbank chama a Mrs. Brook «Fernanda», e nunca a nomeia com o sobrenome. Mr. Longdon interpreta este facto como indicador de uma certa vulgaridade por parte de Vanderbank. Esta não é evidentemente uma implicação do enunciado «Fernanda», mas somente do facto de este nome ter sido dito em determinadas circunstâncias. Outro exemplo: na mesma conversa, Vanderbank diz que já há algum tempo que Mrs. Brook remoça a filha. Este enunciado tem uma implicação que Mr. Longdon compreende perfeitamente: Mrs. Brook procura ela própria rejuvenescer. Mas o que sobretudo retém é ainda outra coisa, que é uma implicação da enunciação: é que falar assim *revela* (e já não quer dizer) falta de lealdade em relação aos amigos.

As implicações da enunciação são difíceis de limitar, porque a natureza verbal dos acontecimentos é contingente: os acontecimentos verbais ou enunciações significam imediatamente o mesmo que os outros acontecimentos, situações ou factos. Por exemplo, quando Nanda entra em casa de Vanderbank e só encontra Mitchy e Mr. Longdon, interpreta assim a situação (ainda que não se tenha dito nenhuma palavra): «Quer dizer que Van não está cá?» Mr. Longdon conta especialmente com a perspicácia dos amigos para a interpretação de situações, antes que sejam pronunciadas palavras, e evita assim o desagrado de o fazer. Mitchy percebe rapidamente, ao passo que Vanderbank noutra altura é mais lento. O seu parceiro insiste: «Mr. Longdon levantou outro cinzeiro, mas com ar de o fazer por causa do tom de Vanderbank. Quando se acalmou, pôs os óculos e depois, olhando para o amigo, perguntou: — Não tem a menor ideia?... — Do que está a pensar? Como posso adivinhar caro amigo Mr. Longdon? — Bom, pergunto-me o que faria no seu lugar. Em semelhante circunstância não suspeita de nada que eu queira provavelmente dizer-lhe?» A entoação, o tom, os gestos acompanham a palavra e asseguram a continuidade entre o verbal e o não verbal são como que uma orquestração não verbal das palavras: «... respondeu Nanda com um tom que sublinhava bem até que ponto lhe tinha dado prazer.» «A sua entoação mostrava maravilhosamente a diferença.»

Resumamos agora tudo o que precede isto — para compreender melhor; o interlocutor coloca por sua vez perguntas: O que quer isso dizer? O que entende por...? A que chama...? Procurando respostas suplementares, pode também interrogar a própria enunciação, pedir para lhe serem precisadas as razões que levaram à formulação desse enunciado; é simultaneamente uma excelente maneira de não responder às perguntas que lhe são dirigidas (como se fosse necessário destacar a ambivalência dos gestos, destinados a concretizar a comunicação e ao mesmo tempo a bloqueá-la). Já se viu uma troca de palavras entre Mitchy e a Duquesa que ilustra essa possibilidade; eis outro exemplo. É a Duquesa que pergunta: «Posso transmitir-lhe uma mensagem da sua parte?» E é a vez de Mitchy a interrogar sobre as razões da pergunta: «Porque pensa que ela espera uma mensagem?» A recusa em responder é ainda mais clara nesta troca de palavras: «Porque combinou o regresso de Nanda? — Que ideia a sua em perguntar-me isso a esta hora do dia!»

Pode assim desviar-se a conversa, comentando a própria palavra para decidir o seu valor — falta a seguir tirar as conclusões sobre quem tomou a decisão. Deste modo Vanderbank comenta continuamente as conversas de Mrs. Brook: «Gosto tanto das suas expressões!»; «Como eu gosto das suas expressões!» Este género de comentário é como que uma maneira de destacar o modo de falar e de compreender de cada personagem, que é por sua vez percebido e comentado pelos outros. A Duquesa diz a respeito de Mitchy: «Ele está muito à vontade quando conversa, mas isso depende das pessoas com que fala», ao passo que Mrs. Brook o caracteriza assim: «A sua conversa é geralmente impossível [...]. Não há ninguém que a conversar me faça desejar tanto interromper a conversa.» A propósito de Tishy, a Duquesa é ainda mais severa: «A sua conversa não tem nenhum limite, diz tudo o que lhe passa pela cabeça...» Em contrapartida, Vanderbank «desenvolveu a arte da conversação ao ponto de manter suspensa uma senhora». Mrs. Brook, por seu lado, gostaria de nunca nomear as coisas; fazê-lo leva-a a infinitos queixumes: «Digo verdadeiramente coisas odiosas. Mas já dissemos pior? [...] — Está a pensar no dinheiro? — Sim, não é terrível? — O quê, pensar nisso? — Não, falar assim.»

Mesmo que as características discursivas dos indivíduos não sejam comentadas por outras personagens, são continuamente destacadas e por vezes assinaladas pelo narrador; são sempre confrontadas com uma escala de capacidade de compreensão. Já se viram várias características de Mr. Longdon: não gosta de dizer nada sobre uma pessoa na sua ausência que não possa repetir diante dela; é o que o narrador chama «o seu hábito de não depreciar em privado as pessoas com quem é gentil em público»; o modo como utiliza os nomes próprios é também um caso particular. A outra característica já mencionada é a sua recusa em compreender os subentendidos, ou os tropos. Isto porque, como se viu, qualquer interpretação deste género implica um saber comum da parte dos interlocutores e portanto uma cumplicidade; ao não compreender, é precisamente essa cumplicidade que Mr. Longdon recusa. Uma das conversas com a Duquesa está, por exemplo, pontuada por frases do género: «Receio não a compreender»; «A sua compreensão era talvez parcial, mas ela fê-lo corar»; «Estava de pé com o rosto cheio de entendimentos forçados e esparsos»; é esta recusa de cumplicidade que a Duquesa condena: «Não tente criar obscuridades inúteis, sendo inutilmente modesto.»

Outras personagens, como Mr. Longdon, escapam à norma da compreensão perfeita, representada neste romance pelo círculo de Mrs. Brook. O traço comum de todos os excluídos é a sua incompreensão, mas esta incompreensão não se deve necessariamente à recusa em partilhar certos postulados. Quatro personagens, mais do que quaisquer outras, sofrem de surdez simbólica: Tischy Grendon, a pequena Aggie, Mr. Cashmore e Edward. O caso mais grave é o da pequena Aggie: maravilhosamente protegida pela tia, que é a Duquesa, de todo o contacto que a possa corromper, tem dificuldades não ao nível das alusões ou na procura do referente, mas na compreensão do sentido das palavras. Temos o testemunho disso numa conversa com Mr. Longdon. Ela diz: «Nanda é a minha melhor amiga depois de três ou quatro outras.» Mr. Longdon comenta: «Não pensa que será antes um suporte, como se costuma dizer a propósito do melhor amigo? — Um suporte? Perguntou ela com inocência! — Se não compreende, diz o companheiro, é bem feito porque a sua tia não me deixou ensinar-lhe o calão da nossa época. — O "calão"? disse a menina de novo com espanto. Nunca ouviu a expressão? A luz da ignorância no sorriso da criança era verdadeiramente de oiro. — O nome? Repetiu ainda. — Ela não compreendia muito mais, e ele resolveu ficar por ali.»

Tischy Grendon só compreende uma coisa de cada vez, e os discursos dos seus parceiros têm muitas vezes várias direções simultâneas; está sempre em atraso em relação a várias réplicas. A sua amiga Nanda é o seu único recurso: «Será que eu disse alguma coisa desagradável? Só posso compreendê-lo se Nanda me explicar, diz ela a Harold. Com efeito não compreendo nada senão quando Nanda explica.» Mr. Cashmore é simultaneamente muito literal e explícito na sua expressão; e, reciprocamente muito lento, na compreensão, em especial se o seu interlocutor for Mrs. Brook. «Mr. Cashmore seguia com muita dificuldade.» «Mr. Cashmore admirou-se — quase de modo místico. — Não compreendo.» «Misericórdia, de que se fala então? É que eu, eu quero saber, declarou Mr. Cashmore com vivacidade.»

A variante mais subtil da surdez simbólica é representada por Edward Brookenham. Não compreende melhor do que Mr. Cashmore o tecido de alusões com que a mulher o envolve. Ela dirige-lhe uma réplica: «Depois, como viu que o rosto de Edward traduzia incompreensão, disse: — Tu não precisas de compreender, mas podes acreditar em mim. [...] Era uma declaração que não serviu para o esclarecer [...]. As trevas de Edward não eram absolutas, mas eram densas.» Todavia, o seu papel de senhor na casa que é também o de centro do círculo leva-o a ter uma atitude não suscetível de trair a sua incompreensão; esta atitude é, evidentemente, o silêncio — que não é todavia desprovido de ambiguidade. «Um dos seus hábitos era por exemplo ficar silencioso quando tinha muito que dizer e quando não tinha nada a dizer ficar igualmente em silêncio; particularidade desconcertante...» É isto que explica que noutra conversa nada revele a sua incompreensão — nem aliás a sua eventual inteleção. «Oh! diz simplesmente. [...] Oh! contentou-se em repetir. [...] Oh! observou Brookenham. [...] Oh! respondeu Brookenham. [...] Oh! respondeu o marido. [...] Oh! repetiu o companheiro. [...] Oh! disse de novo o marido», etc.

Face a estes inválidos da conversa, há o círculo de Mrs. Brook, em que tudo não só é compreendido, como pode também ser dito. Com efeito, as duas regras fundamentais e complementares que regem o uso da palavra neste salão são: pode dizer-se tudo, mas não se deve dizer nada diretamente. A Duquesa chama a isto, com um ligeiro acento pejorativo, «As espantosas lavagens periódicas de roupa suja em público», e Nanda diz com benevolência: «Discutimos tudo e toda a gente; estamos sempre prontos a falar de nós próprios. [...] Não acha que é um género de conversa mais interessante?» Essas exibições de roupa suja podem fazer-se porque as coisas nunca são nomeadas com o seu nome, mas apenas evocadas ou sugeridas. Daí esta frase com o valor de uma lei na boca de Mrs. Brook: «É evidente que as explicações complicam as coisas»; daí também a sua desolação, quando tem de formular explicitamente um julgamento («É terrivelmente vulgar falar assim, mas...»). Por sua vez Mitchy constatará: quanto mais o objeto é difícil de nomear, mais subtil se torna a conversa. «As piores coisas parecem seguramente ser as melhores para desenvolver o sentido da linguagem.» A linguagem é por excelência semelhante à do oráculo de Delfos, onde não se diz nem se recusa dizer, mas apenas se sugere. Esta exigência constante está contudo em contradição com o objetivo da atividade principal de todas estas personagens, que era como se viu nada mais do que pedir explicações. Tudo se passa como se as personagens fossem animadas por duas forças contrárias e participassem simultaneamente em dois processos com valores opostos: movidos por um lado pela nostalgia de uma apreensão direta das coisas, tentam captar as palavras, atravessá-las para descobrirem a verdade; mas, por outro lado, a falência possível desta procura é como que neutralizada pelo prazer que têm em não nomear a verdade, em mantê-la sempre num estado de indecisão.

Um dos principais acontecimentos contados em *A Idade Difícil* é justamente um mal-estar criado no salão pela intervenção perturbante mas inevitável de Nanda, filha de Mrs. Brook, que já não é criança e tem o direito de estar na sala, mas ainda não é uma mulher e não deve ouvir tudo. A própria Nanda ao princípio apenas vê os aspetos positivos da sua participação: «A partir de agora irei até lá. Verei sempre todas as pessoas que chegam. Para mim isto será uma grande coisa. Quero ouvir toda a conversa. Mrs. Michet disse-me que isto ajuda a formar os espíritos jovens.» Mas a mãe só vê o aspeto contrário desta intrusão: Será que haverá uma perda de liberdade na linguagem, irá ela impedir a conversa, aquilo que é mais precioso nas reuniões? É este sentimento que ela exprime de um modo um pouco tortuoso perante Mr. Cashmore: «Ela [Nanda] sente que a sua presença refreia a nossa liberdade de linguagem»; e, mais cruamente, diante de Vanderbank: «Falava da mudança da minha vida. Julgo que a minha vida tem qualquer coisa a ver com o meu espírito, e o meu espírito com a conversa. Não imagina o papel que representa para mim uma bela conversa... Assim, quando se tem deliberadamente de piorar a conversa... torná-la desinteressante, superficial, não é de forma alguma estranho confidenciar a um amigo a nossa irritação.» De repente, Nanda julga a situação com outros olhos: «Não será isto um pequeno esgoto por onde tudo desaparece? — Porque, diz Mitchy, não pensa antes e mais graciosamente numa pequena harpa eólica, suspensa na janela do salão e vibrando com o sopro da conversa?» E, numa linguagem mais direta com Vanderbank: a sua mãe, diz, receava «que pudéssemos ouvir coisas desagradáveis para nós», «o perigo de ouvir de mais».

Henry James contou no prefácio deste livro, redigido dez anos depois do aparecimento do próprio livro, que este conflito e esta tensão eram o germe do romance. «*A Idade Difícil* — escreve — é precisamente o estudo de um desses períodos limitados ou prolongados de tensão e de apreensão, um resumo do modo como, num caso particular, se tratou a interferência sentida em relação a antigas liberdades», o modo como «num círculo de conversa livre é preciso tomar em consideração uma presença nova e inocente, inteiramente desadaptada»; é a narrativa de uma «liberdade ameaçada pela irrupção inevitável do espírito engenhoso». No entanto, esse germe, é-nos dito no mesmo prefácio, foi obnubilado — a ponto de passar desapercebido — por aquilo que estava inicialmente destinado a ser apenas uma fórmula sobre esse assunto, uma maneira de o tratar e de o elaborar. Mas «o meu assunto estava já provavelmente condenado a uma sobrerrealaboração apreciável». A menos que — e é o que James considera uma «verdade artística importante» que decorre finalmente da sua experiência — a «sobrerrealaboração» não seja nunca, por princípio possível. «A principal lição do meu exame retrospetivo seria verdadeiramente uma revisão total desta questão: o que significa para um objeto sofrer, se é que a isso se pode chamar sofrer uma sobrerrealaboração? A minha consciência artística fica mais tranquila por não encontrar nenhum traço verdadeiro de sofrimento...» Será possível que a elaboração se possa tornar assunto, e o assunto uma maneira a elaborar?

Esta forma, este modo de tratar o assunto — que é a tensão criada na conversa — nada mais é do que uma série de conversas. *A Idade Difícil* tem esta característica particular que é o facto de ser escrita quase só em diálogo; ou seja, este romance tem tendência para se confundir com o drama, género que sempre fascinou Henry James. Ele aliás explicou no mesmo prefácio o uso que queria fazer do diálogo. O ideal a atingir é «fazer que o encontro representado conte por si próprio toda a sua história, permaneça fechado na sua própria presença, mas que todavia, nesse pedaço de terreno trabalhado, se torne muito interessante e seja perfeitamente claro...» Ora, não é isto que a forma dramática costuma oferecer? «A distinção divina dos atos de uma peça mantinha, dizia a mim próprio, a sua objetividade especial e preservada. Esta objetividade por sua vez acontecia quando atingia o seu ideal, ou seja, a ausência imposta a todo o olhar "por detrás", destinado a fazer o exame completo das explicações e das amplificações, a arrancar os restos e os pedaços da grande loja de mezinhas da ilusão do "simples" narrador...»

O que atrai James para a forma dialogada é a objetividade, a possibilidade de ausência do narrador, ou pelo menos de um narrador que sabe e explica. Poderia objetar-se que *A Idade Difícil* tem um narrador. Lembramo-nos da sua existência mais ou menos de dez em dez páginas: é um «espectador», «observador» ou «auditor», qualificado segundo a ocasião de «informado», «iniciado» ou «atento». Por vezes este espectador é evocado de modo mais pormenorizado: «Um observador disposto a interpretar a cena» torna-se «o observador engenhoso que tínhamos sugerido ainda há pouco» ou ainda «o nosso espectador perspicaz». Ou supõe-se que «uma pessoa que o conhecia o teria encontrado nesta cena, se tivesse assistido a ela...». Ou imagina-se «uma rápida mudança do espelho que reflete toda a cena». Outras vezes, o narrador aceita desempenhar provisoriamente o papel dessa testemunha: «Teríamos sem dúvida adivinhado se o tivesse visto...»; ou ainda, de forma mais explícita, apesar de ser negativa: «Como Mr. Van não conseguiu expressar mais tarde a um amigo curioso o efeito nele produzido pelo tom destas palavras, o seu cronista tem vantagem em não saber muito mais e em se limitar a constatar o rubor pouco visível que aquelas palavras causaram a Mr. Van.» Enfim, outras vezes ainda, o narrador queixa-se da ausência de uma testemunha: «Quem estaria lá para observar se a jovem dava por ele?», «a história não o saberá nunca». Em todos os casos, esta testemunha permanente, apesar de não ser constantemente mencionada, é indispensável e está implicada na apresentação dos acontecimentos relatados; o narrador sabe disso: «o observador perspicaz que imaginamos *constantemente*», «a testemunha *contínua* destes episódios» (o sublinhado é meu).

Esta testemunha que é necessário imaginar (essa presença suposta que fazia que Dostoievski dissesse que uma narrativa era fantástica, visto que admitia a existência de seres invisíveis) não se torna no entanto uma instância narrativa unificadora; o narrador vê, mas não sabe. Pode observar-se que as próprias personagens têm já um curioso hábito (que aliás contribui para criar a dificuldade de compreensão dos seus propósitos e provoca os pedidos de explicação): não se referem aos outros com um nome constante e conhecido, mas chamam-nos com locuções que variam de uma circunstância para outra como se não soubessem da existência de uma identidade notável no seio de cada ser, mas se contentassem em registar as suas perceções, sempre pontuais e sujeitas à mudança. Assim, ao falar a Mitchy de Carrie Donner, suposta amante de Mr. Cashmore, a Duquesa chama-lhe uma vez «essa pequena pessoa absurda», outra vez «a deliciosa amostra do bom gosto de Mr. Cashmore que temos diante de nós», uma terceira vez «essa vítima de injustas calúnias», mas não a trata nunca pelo nome: a pobre Mrs. Donner tem dificuldade em existir como entidade. Quanto não é instável a sua presença ao mudar não só de um momento para outro, como também dos olhos de uma pessoa para os de outra! É o que leva Nanda a dizer: «Nós somos em parte o resultado das outras pessoas»; e a Vanderbank: «Vemo-nos a nós próprios refletidos.» Ora, o próprio narrador adotou uma atitude semelhante, e nunca chama as suas personagens de maneira uniforme: uma vez é Vanderbank, outra o velho Van, uma terceira Mr. Van, de acordo com o facto de ele ser visto por esta ou por aquela pessoa, nestas ou naquelas circunstâncias; o próprio narrador não tem um ponto de vista pessoal; com efeito, são ainda as personagens que têm uma ideia da situação, mesmo quando é o narrador que fala. Mrs. Brook torna-se «o assunto deste elogio» a seguir a uma réplica de Vanderbank, e «a companheira de Nanda» no decorrer de uma conversa com a filha. Mr. Cashmore é uma vez apontado em relação à sua mulher, e chama-se-lhe «O marido de Sua Senhoria», outra em relação à sua amante, e nesse caso é «O visitante de Mrs. Brook». De acordo com as réplicas que

Mitchy dirige a Mrs. Longdon, este é «o assunto da informação de Vanderbank», depois «o confidente possível do velho Van»; conversando com Vanderbank, torna-se «o apaixonado de Lady Julia»: com Mrs. Brookenham, «O mais antigo dos seus visitantes».

Pode assim admitir-se que cada «encontro representado relata por si a sua história». Mas, se ela é muito interessante», não é seguro que seja em simultâneo «perfeitamente clara»: para regressar ao ponto de partida, tem-se dificuldade, mesmo depois de reler, em construir fielmente esta história, em enumerar os principais acontecimentos, e sem dúvida que se terá dificuldade em dizer qual a natureza exata das relações que unem (referindo apenas os personagens mais importantes) Vanderbank e Mrs. Brook, Vanderbank e Nanda, Nanda e Mr. Longdon.

Deste modo, há um problema que é o ponto nevrálgico do romance. O leitor de qualquer texto de ficção procura construir a história que esse texto conta. Dispõe com efeito de dois tipos de informação. O primeiro deve ser inferido a partir dos comportamentos descritos: estes simbolizam — mas não significam — a realidade da ficção. O segundo é dado de modo direto por um narrador (ou vários). Sabe-se no entanto que esse narrador pode por sua vez revelar-se «indigno de confiança» e obrigar o leitor a inferir a verdade em vez de a receber tal e qual. Como *A Idade Difícil* não comporta por assim dizer um discurso do narrador, podemos considerar as personagens como sendo também narradores, prontos a restabelecer a verdade, mesmo que a deformem. Ora, é precisamente nesta tarefa que o leitor falha. Porquê? Afastemos primeiro uma resposta fácil mas não aplicável a este caso, segundo a qual apenas teríamos palavras, e a situação desenrolar-se-ia para lá delas. Por aquilo que se pode apreciar, nenhum acontecimento importante acontece nos lapsos de tempo que o livro desenrola em silêncio, nem no decorrer desses lapsos, mas fora da linguagem, em ações não verbais: são os discursos que constituem os acontecimentos principais da vida dessas personagens, e o seu mundo é verbal. James escrevia em *The Question of Our Speech:* «Será que é ao falar, no decorrer da fala, que vivemos e desempenhamos os nossos papéis?» Primeiro é preciso acrescentar que nenhuma personagem aceita, ainda que provisoriamente, desempenhar o papel de narrador e sintetizar o que acaba de se passar. Não só o romance é feito de conversas, como também essas conversas são muito especiais: não evocam acontecimentos que lhe são exteriores, contentam-se em ser acontecimentos. É como se a palavra-narrativa e a palavra-ação já não fossem aspetos complementares de uma atividade única: esta palavra não conta nada. As conversas formam a história, mas não a relatam.

Mas isto ainda não é suficiente. O que se adivinha ser o objetivo único desta história — Nanda e Mrs. Brook apaixonadas por Vanderbank, sendo este pobre, desejando casar com uma mulher rica mas que amasse —, a evolução dos sentimentos de Mr. Longdon em relação a Nanda, realiza-se diante dos nossos olhos e todavia julgamos captar apenas uma visão indireta. Isto não é só devido ao facto de ser regra nessa sociedade nunca se nomear as coisas, mas apenas sugeri -las. A dificuldade é mais essencial e é ela que justifica simultaneamente o tema das conversas e o princípio construtivo do romance. Fomos conduzidos passo a passo dos casos mais simples, onde se podia detetar através da expressão indireta o sentido seguro e direto, até às palavras indeterminadas, de que sabemos o significado, mas que nunca conseguiremos interpretar com segurança. Reciprocamente, há neste romance factos e ações que podemos reconstituir sem hesitar um momento, mas há outros — e só por esta razão nos parecem ser os mais importantes — que nunca serão *estabelecidos*; a dissimulação atingiu tal grau que deixou de ser dissimulação: as amarras entre as palavras e as coisas não foram só afrouxadas ou enredadas, foram cortadas. A linguagem funciona num espaço que permanecerá para sempre linguístico.

Não é pelo facto de as personagens não serem sinceras, ou não tentarem formular uma opinião sobre as coisas e as pessoas; fazem-no, e todavia não nos podemos fiar nas suas palavras, porque fomos sub-repticiamente privados do padrão de verdade. «A verdade, para Mr. Longdon era difícil de dizer»; e ele não é o único. As conversas indiretas que as personagens trocam entre si são-nos dadas no movimento violento que deixa para trás as alusões que lhes serviam de ponto de partida. Toda a palavra está como que tomada de uma desconfiança ontológica, e já não sabemos se nos conduz a uma realidade, e, se for esse o caso, a que tipo de realidade. A simbolização e a inferência poderiam ser portadoras de informação segura num mundo em que se encontrassem enquadradas pela palavra direta ou ao menos pelos instrumentos que permitem orientar e verificar a interpretação. Ora, é esta a proeza técnica de James em *A Idade Difícil;* a informação indireta não só é predominante neste livro, como é a única que existe; atingindo o seu grau extremo, muda de natureza: deixa de ser informação. O leitor fica assim implicado mais do que nunca na construção da ficção, e todavia descobre ao longo do caminho que essa construção não pode ser acabada.

A relação da linguagem com o mundo é ambígua, e é esta também a posição de Henry James a respeito desta relação. Ele escreveu algures em si próprio — nunca fez aliás outra coisa — o romance policial e realista sobre o amor e o dinheiro, sobre o casamento. Mas as palavras não captam as coisas. Longe de sofrer com isso — e nisso parece-se com as suas personagens, tornando-se *A Idade Difícil* uma alegoria da criação de ficções —, James deixa-se levar pouco a pouco pelo prazer que descobre nessas frases que suscitam infinitamente outras frases; pelas personagens que provocam, por elas próprias, a aparição dos seus duplos ou dos seus contrários; pelas ações, nascidas da simetria e da proporção. Quem manuseia as palavras só terá palavras. Esta constatação colora-se em James através de dois sentimentos opostos: a tristeza em ter perdido o mundo e a alegria perante a proliferação autónoma da linguagem. E os seus romances são a encarnação desta ambiguidade.

Proust também conta, na obra *Em Busca do Tempo Perdido,* o modo como as personagens descobrem que as palavras não dizem forçosamente a verdade. Mas esta descoberta (de que a linguagem direta das palavras é insuficiente) só tem por função levar-nos a ter uma consciência feliz do poder expressivo da linguagem do corpo ou daquilo que acontece no domínio verbal: a linguagem figurada e indireta. A deceção da superfície é compensada em Proust pela felicidade que procura ter acesso à profundidade. A linguagem indireta é a única que é verdadeira — mas isso já é muito, porque pelo menos a verdade existe. A semelhança com James é pois enganosa: sabemos que a palavra das personagens em *A Idade Difícil* é indireta, mas nunca atingimos a verdade profunda. Aqui a superfície falaz reenvia a outra coisa (é por isso que a linguagem é indireta), mas essa outra coisa é ainda uma superfície, sujeita a interpretação. Não é para uma nova interioridade que James nos conduz, tal como farão depois dele Proust ou Joyce, mas para a ausência de toda a interioridade, para a anulação das oposições entre interior e exterior, entre verdade e aparência.

Toda a construção de *A Idade Difícil* (e não só a das personagens) se baseia na dissimulação, na *indirectness,* como se esta encarnasse já não a regra de uma sociedade excecional, mas apenas a regra: estamos sempre no domínio do indireto. James conta assim este projeto no seu prefácio: «Tracei numa folha de papel o elegante desenho de um círculo que consiste numa série de pequenos círculos dispostos à volta e a igual distância de um objeto central. O objeto central era a situação, o assunto em si próprio; a coisa devia-lhe o seu título, e os pequenos círculos representariam um sem-número de lâmpadas separadas, que teriam por função iluminar com toda a intensidade pretendida um dos aspetos desse objeto. Porque eu tinha-o dividido em aspetos [...]. Cada uma das minhas "lâmpadas" seria a luz de um encontro mundano sobre a história e as relações das personagens e manifestaria com toda a plenitude as cores latentes da cena em questão e levaria a ilustrar até à última gota a sua contribuição para o meu tema.»

Na realidade, as coisas são um pouco mais complicadas. O romance está dividido em trinta e oito capítulos, e cada um corresponde a uma cena teatral: as mesmas personagens conversam do princípio ao fim. Mas por baixo desta divisão insere-se outra, em dez livros; estes, semelhantes aos atos de uma peça, caracterizam-se pela unidade de lugar, de modo um pouco mais frouxo pela do tempo, e sobretudo têm títulos (unidade de ação). Estes títulos são nomes de personagens: não necessariamente daqueles que participam na conversa (assim, o primeiro livro intitula-se «Lady Julia», e essa personagem está ausente do livro), mas antes por aqueles que se encontram indiretamente esclarecidos pela conversa e que por sua vez a determinam. Estes dez livros-personagens iluminam finalmente o assunto central que nomeia o título, a idade do mal-estar. Estamos pois em presença de um perfeito sistema solar (James fala de luz): um centro, dez grandes corpos à volta dele, sendo cada um deles flanqueado por três ou quatro capítulos-satélites. Mas este sistema solar tem uma espantosa particularidade que perturba o sentido da comparação: em vez de ir do centro para a periferia, a luz toma o caminho inverso. São os satélites que iluminam os planetas, e estes reenviam a luz, já indireta, para o Sol. Esse Sol continua no entanto a ser negro, e o «próprio assunto» impalpável.

Poderíamos admirar a infinita interpenetração de todos os elementos que formam o sistema do romance, e o próprio James, enquanto representante fiel, ainda que tardio, da estética romântica, descrevia deste modo os resultados do seu trabalho. «Ao fazer isto, constato que a pesada distinção entre substância e forma, numa obra de arte realmente trabalhada, desaparece. [...] Estes conceitos são separados antes do ato, mas o sacramento da execução casa-os indissoluvelmente [...]. A coisa feita é artisticamente uma fusão, ou então não foi feita [...]. Provai-me que este valor, este defeito, à luz do resultado global, faz parte do meu assunto, e que outro valor, outro efeito, pertence à minha elaboração, provai-me que eu não os agitei em conjunto, tal como o prestidigitador que pretendo ser deve fazer, com uma arte consumada, e admitirei que sou como o gabarola que grita diante de uma barraca de feira.» Como imaginar com efeito algo de mais harmonioso que este estudo da palavra feita através do próprio uso da palavra, este modo alusivo de evocar a alusão, este livro dissimulado sobre a dissimulação?

Julgo que *A Idade Difícil* é um dos romances mais importantes da nossa «idade» e um livro exemplar — mas não só pela perfeita fusão da «forma» e do «conteúdo» que é realizada por muitas outras obras e que não se sabe muito bem porque se deve admirar. Compará-la-ei antes aos grandes romances que a seguiram e que a nossa modernidade venera muito mais, e fá-lo-ei pelo facto de explorar a fundo uma via aberta pela linguagem, mas desconhecida pela literatura, e por levar muito mais longe essa exploração, mais longe do que tinha sido feito até ao momento e do que depois se conseguiu fazer. *A Idade Difícil* é um livro exemplar pela capacidade de figurar — mais do que dizer — a dissimulação da linguagem e a indizibilidade do mundo. Talvez se possa agora responder à pergunta que se fez no início: de que fala *A Idade Difícil*? Daquilo que é falar, e falar de alguma coisa.

ILUMINAÇÕES

> A minha sageza é tão desdenhada como o caos. O que é o meu vazio em comparação com o assombro que vos espera?
>
> Rimbaud, *Vies I*

O verdadeiro «problema das *Iluminações* não é evidentemente cronológico, mas semântico: de que falam estes textos enigmáticos? E que querem eles dizer? Sendo especialmente abundante a literatura sobre Rimbaud, não podemos deixar de a consultar para encontrar uma resposta; e, se bem que a maior parte dos autores se tenha interessado mais pelas viagens a Inglaterra ou ao Harar, pelas experiências homossexuais ou de droga do que pelo sentido destes textos, existe todavia um bom número de estudos consagrados à interpretação das *Iluminações*. Ao lê-los, tenho no entanto a impressão de que, de um modo geral, ficam aquém, ou imediatamente além, do problema real que este conjunto de «poemas em prosa» coloca. Para situar a minha própria reação perante o texto, devo resumir rapidamente as diferentes atitudes que ele suscitou no passado e explicar por que razão me deixam insatisfeito.

Chamarei crítica *evhemerista* a uma primeira forma de reação ao texto de Rimbaud, que, na minha opinião, não se pode qualificar verdadeiramente como «interpretação». Evhemere, autor da Antiguidade, lia Homero como uma fonte de ensinamento sobre as pessoas e os lugares descritos na epopeia, como uma narrativa verídica (e não imaginária); a leitura evhemerista atravessa instantaneamente o texto, à procura de indícios sobre um mundo real. Por muito surpreendente que seja, o texto de Rimbaud, que parece muitas vezes tão pouco referencial na sua própria intenção, foi lido muitas vezes como uma fonte de informação sobre a vida do poeta. A coisa é tanto mais arriscada quanto mais essa vida é ainda por cima mal conhecida e os textos poéticos são por vezes a única fonte de que se dispõe: a biografia é construída a partir da obra, e, contudo, parece explicar-se a obra com a vida.

Que se julgue com o exemplo de um dos textos das *Iluminações* mais fáceis de compreender, *Ouvriers*. A expressão «esta quente manhã de fevereiro» e a indicação que o lugar de ação não é o Sul levaram Antoine Adam a tecer o seguinte comentário: «estamos num país do Norte, em fevereiro, e a temperatura é generosa. Ora, de 1872 a 1878, a temperatura foi especialmente amena em 1878 (média em Oslo: 0,7 graus). Fala-se de uma viagem de Rimbaud a Hamburgo na primavera de 1878, e essa vaga indicação, ligeiramente modificada, poderia relacionar-se com o poema *Ouvriers*. A isto, Chadwick acrescenta que o poema é de fevereiro de 1873, porque o *Times* menciona as inundações acontecidas em Londres em janeiro: ora, o texto também fala de água «deixada pela inundação do mês precedente». Os críticos provam uma engenhosidade digna de Sherlock Holmes, ao consultarem o calendário dos acontecimentos meteorológicos durante uma dezena de anos: e todavia não têm condições para autenticar as suas hipóteses, tão pobre é a informação inicial (mesmo quando é «ligeiramente modificada»).

Mas o problema não é evidentemente este. Mesmo que as indicações do texto estivessem de acordo com a história da meteorologia, a passagem de uma a outra seria das mais perigosas, porque implica a anulação da distinção mais elementar, entre história e ficção e entre documentos e poesia. E se Rimbaud não falasse de uma inundação real, de um inverno quente que realmente sucedeu? O facto de podermos colocar esta questão e a ela respondermos positivamente torna toda a erudição de Adam ou Cradwick não pertinente. Bastava, para o saber, ler o que o próprio Rimbaud escreveu: «a tua memória e os teus sentidos apenas serão o alimento do teu impulso criador» (*Jeunesse IV*).

Suponhamos, pois, que o texto descreve a vida de Rimbaud. O motivo por que hesito em chamar interpretação a semelhante constatação é porque ela é, com rigor, uma contribuição para o conhecimento da biografia do poeta: e não é nada que se pareça com uma explicação do seu texto. O «satânico doutor» de *Vagabonds* visa talvez Verlaine, como repetiram os melhores comentadores que sucederam ao próprio Verlaine, e a água «ampla como um traço de mar» em *Ponts* é talvez numa descrição do Tamisa, como por exemplo afirma Suzanne Bernard; mas não se explicou o sentido do texto ao identificar a origem dos seus elementos. O sentido de cada palavra e de cada frase só se determina em relação às outras palavras, às outras frases do mesmo texto; sinto-me confuso por ter de enunciar tal evidência, mas ela parece, contudo, não existir para os comentadores de Rimbaud. O mesmo acontece quando S. Bernard observa, a propósito de *Royauté*, outro texto particularmente claro das *Iluminações*: «o texto, no estado atual dos nossos conhecimentos, permanece obscuro». A sua observação parece-me inteiramente marginal ao problema: nenhuma descoberta fortuita, nenhuma chave biográfica tornará o texto mais claro (aliás, ele não precisa disso), porque o pretexto que alimentou a «memória» e os «sentidos» não contribui para o estabelecimento do sentido.

A crítica etiológica representa uma segunda atitude perante o texto de Rimbaud. Não se pode ainda neste caso falar verdadeiramente de interpretação: mais do que procurar o sentido do texto, perguntam-se as razões que levaram Rimbaud a exprimir-se daquele modo. A transparência referencial dá lugar a uma transparência orientada para o autor, de que o texto não é a bem dizer a expressão, mas de algum modo o sintoma. A explicação mais corrente é: se Rimbaud escreve estes textos incoerentes é porque se entrega às drogas; Rimbaud escreve sob influência do haxixe. É verdade que alguns poemas como por exemplo *Matinée d'ivresse* podem dar a impressão de ser a descrição de uma experiência de droga. A coisa não é evidente, mas, mesmo que o fosse, não acrescentaria nada à compreensão do texto. Dizerem-nos que Rimbaud tomava haxixe quando escrevia este ou aquele poema é uma informação tão pouco pertinente para a interpretação deste texto como a de que escrevia na banheira, ou com uma camisa cor-de-rosa, ou com a janela aberta. No máximo, contribui para uma fisiologia da criação literária. A questão que se deve levantar ao ler *Matinée d'ivresse* e outros textos comparáveis não é se o autor estava ou não drogado, mas sim: como ler este texto, se não renunciarmos à procura do sentido? Como reagir perante esta incoerência, ou esta aparente incoerência?

Surgem igualmente da crítica etiológica os comentários que dizem: se este texto é estranho é porque descreve um espetáculo de ópera ou um quadro, ou uma gravura, ou, como diz Delehaye a propósito de *Fleurs,* Rimbaud está deitado na erva, à beira de um lago e olha as plantas de perto; Thibaudet, por seu lado, imagina em *Mystique* um caminhante cansado, deitado no chão, a olhar para o céu com a cabeça caída. Ainda aqui, a crítica contenta-se em identificar (de modo quantas vezes problemático) a experiência que teria levado Rimbaud a escrever este texto e não se pergunta sobre o que ela significa. Semelhante afirmação pode todavia transformar-se no quadro da interpretação, desde que não se fale do quadro que Rimbaud teria visto, mas daquele que o seu texto pinta, desde que se fale do efeito (e não do pretexto) pictural.

As duas outras atitudes críticas que eu queria aqui distinguir relevam da interpretação: consistem em explicar o sentido ou a organização do texto. Mas fazem-no de uma forma que parece eliminar o que as *Iluminações* têm de mais característico e portanto esquecem a parte mais importante da sua mensagem. O caso é relativamente simples com a crítica esotérica. Como todo o texto obscuro, as *Iluminações* tiveram numerosas interpretações esotéricas, que tornam tudo claro: cada elemento do texto, ou pelo menos cada elemento problemático, é substituído por outro, resultante de uma qualquer variante do simbolismo universal, da psicanálise à alquimia. O estranho «filho do Sol» de *Vagabonds* seria a unidade, ou o amor, a pura substância contida no metal. Estas interpretações nunca podem ser confirmadas nem infirmadas, daí o seu escasso interesse; a isto acrescenta-se o facto de traduzirem o texto pedaço por pedaço, sem tomar em consideração a composição, e o resultado final, perfeitamente claro, não permite explicar a obscuridade inicial: porque motivo Rimbaud se divertiria a complicar pensamentos pouco complicados?

A quarta e última atitude perante o texto de Rimbaud merecia o nome de *crítica paradigmática*. Parte-se aqui do postulado, explícito ou implícito de que a continuidade é desprovida de significação; de que a tarefa do crítico consiste em aproximar elementos do texto mais ou menos afastados para mostrar a sua similitude, oposição ou parentesco; numa palavra, o que é pertinente é o paradigma e não o sintagma. O texto de Rimbaud, como qualquer outro texto, presta-se a estas operações, quer elas surjam no plano temático ou semântico-estrutural, gramatical ou formal. Unicamente isto leva a que, de repente, não haja nenhuma diferença de estatuto entre as *Iluminações* e outro texto qualquer. É que a crítica paradigmática trata todos os textos como se eles fossem *Iluminações*, desprovidas de ordem, de coerência e de continuidade, uma vez que, se por ela fossem encontradas, não seriam tomadas em consideração e, em seu lugar, seria erigida a ordem paradigmática por ela descoberta. Mas o que podia já aparecer como contestável na análise de outros textos (o postulado da não-pertinência da dimensão sintagmática, da continuidade discursiva e narrativa) produz um resultado inadmissível no caso das *Iluminações*, já que não se dispõe de nenhum meio para dizer o traço mais saliente deste texto, ou seja, a sua incoerência de superfície. Por ter tratado todos os textos como se fossem *Iluminações*, o crítico paradigmático já não consegue dizer em que as *Iluminações* são diferentes dos outros textos.

Queria formular, tendo em conta estas diversas estratégias críticas, outra posição que o texto das *Iluminações* parece imperiosamente exigir. Consiste em levar a sério a diferença de leitura; em não a considerar como um acidente de percurso, fraqueza fortuita dos meios que nos deviam conduzir ao significado último, mas em torná-la o próprio objeto do nosso exame; em perguntar se a principal mensagem das *Iluminações*, mais do que num conteúdo estabelecido por decomposições temáticas ou sémicas, não se encontra antes no próprio modo de aparecimento (ou talvez desaparecimento) do sentido. Se, para se colocar noutro plano, a explicação do texto não deve ceder à tentação de uma complicação do texto, no caso das *Iluminações* essa complicação poria em evidência a impossibilidade principal de qualquer «explicação».

Quando o texto de Rimbaud evoca um mundo, o autor tem simultaneamente o cuidado de nos dar a entender que esse mundo não é verdadeiro. Serão seres ou acontecimentos sobrenaturais e mitológicos, como a tripla metamorfose em *Bottom,* a deusa em *Aube,* os anjos em *Mystique* ou o ser do sexo duplo em *Antique*; objetos e lugares que atingem dimensões nunca vistas: «esta cúpula é uma armadura de aço artístico com cerca de mil pés de diâmetro» (*Villes II*). «Os cem mil altares da catedral» (*Après le déluge*), a «villa» e as suas dependências, que formam um promontório mais vasto que a Arábia (*Promontoire*) ou as inumeráveis pontes de formas variadas (*Les ponts*). Ou simplesmente objetos fisicamente possíveis, mas a tal ponto inverosímeis que renunciamos a acreditar na sua existência; é o caso dos passeios de cristal de *Métropolitain,* ou das ruas de teatros em *Scènes,* da catedral no meio do bosque (*Enfance III*) e das «casinhas de cristal e de madeira que se movem sobre carris e roldanas invisíveis» (*Villes I*), do piano nos Alpes e do Esplêndido-Hotel no polo (*Après le déluge*).

Quando aparecem indicações geográficas para, ao que parece, saciar a paixão de Evhemere e permitir identificar os lugares de que se fala, Rimbaud, como que por troça, mistura à vontade os países e os continentes. O promontório fabuloso lembra o Épiro e o Peloponeso, o Japão e a Arábia, Cartago e Veneza, o Etna e a Alemanha, Scarbo e Brooklyn, e, como se isso não fosse suficiente, «a Itália, a América e a Ásia» (*Promontoire*). O ídolo é simultaneamente «mexicano e flamengo», os barcos têm nomes «gregos, eslavos, celtas» (*Enfance I*); as aristocracias são alemãs, japonesas e guaranis (*Métropolitain*); a Alemanha, os desertos tártaros, o Império celeste, África e mesmo os «Ocidentes» aproximam-se em *Soir historique.* Onde se encontra o país que estes textos descrevem?

Eis o que nunca se esclarecerá na disputa erudita entre os parceiros de Java e os especialistas de Inglaterra.

Muitas vezes, uma frase ou uma palavra do texto dizem abertamente que a coisa descrita é apenas uma imagem, uma ilusão, um sonho. As fontes inverosímeis desaparecem à luz do dia: «Um raio branco, caindo do alto do céu, aniquila esta comédia» (*Les ponts*). E as coordenadas das cidades fabulosas são bem dadas: «Que bons braços, que hora ideal me revelarão essa região de onde vêm os meus menores movimentos?» (*Villes I*). Os seres evocados em *Métropolitain* são «fantasmagorias». O sonho já não é para Rimbaud, como era por exemplo para Baudelaire, um elemento temático, mas antes um operador de leitura, uma indicação sobre o modo como se deve interpretar o texto que se tem sob os olhos. As personagens de *Parade* vestem-se «com o gosto de um mau sonho», e as montanhas de *Ville I* são também «sonhos»; «postilhão e animais de sonho» atravessam *Nocturne vulgaire*, e é o sonho que contam as *Veillées*. Destaca-se aliás, desde há muito, o vocabulário teatral, «operático» das *Iluminações;* mais do que ver nele a prova de que Rimbaud, durante a sua estadia em Londres, vai assiduamente ao teatro, não se deverá antes salientar o índice do caráter fictício, ilusório, do objeto de que se fala? Não é a inexistência que caracteriza muitos dos outros objetos evocados, das «melodias impossíveis» de *Soir historique* aos «albergues fechados para sempre» (*Métropolitain*) e aos parques do castelo invisíveis — «de resto não há nada para ver lá dentro» (*Enfance II*)? Todas as terras das *Iluminações,* e não só as flores árticas de *Barbare* merecem este comentário incisivo e definitivo: «Não existem.»

E a indicação do caráter fictício do referente não é senão a maneira mais convencional de pôr em questão a capacidade do texto em evocar um mundo. Ao lado desta desqualificação do referente, observa-se com efeito uma ação, bem mais insidiosa, sobre as aptidões referenciais do próprio discurso. Os seres designados pelo texto das *Iluminações* são essencialmente indeterminados: não sabemos de onde vêm nem para onde partem, e o choque é tanto maior quanto Rimbaud parece não se aperceber dessa indeterminação e continua a empregar o artigo definido para as introduzir, como se nada se passasse.

As pedras preciosas, *as* flores, *a* rua grande, *os* talhos, *o* sangue, *os* circos, *o* leite, *os* castores, *os* cafés, *a* casa grande, *as* crianças de luto, *as* imagens maravilhosas, *as* caravanas: imensos seres e objetos que surgem (em *Après le déluge*), uns ao lado dos outros, sem que saibamos nada deles, sem que o poeta, ao mesmo tempo, se aperceba dessa ignorância — uma vez que fala como se estivéssemos ao corrente. Como saber, sem mais pormenores, sem outra indicação, o que é uma «brecha operática»? O que é «assobiar para a tempestade»? Quais são esses «bosques sufocantes»? E o que é «rolar sob o latido dos dogues»? (*Nocturne vulgaire*)? «A rapariga de lábios laranja» (*Enfance I*), «os animais pacíficos» (*Enfance IV*), «o velho só, calmo e belo» (*Phrases*), «a música dos antigos» (*Métropolitain*), «as seivas ornamentais» (*Fairy*) e muitas outras frases parecem evocar um objeto preciso, mas de que, por falta de informação suplementar, ignoramos tudo e que temos grande dificuldade em imaginar: esses objetos são entrevistos no tempo infinitesimal de uma iluminação.

Tomado isoladamente, cada um dos objetos evocados é indeterminado, tanto essa evocação é breve, fulgurante. Procuremos então uma determinação relacional dos objetos uns em relação aos outros, ou, o que resulta no mesmo, das partes do texto entre elas. E é aqui que o choque é mais violento: as *Iluminações* erigiram a descontinuidade como regra fundamental. Da ausência de organização, Rimbaud elaborou o princípio de organização destes textos, e esse princípio funciona a todos os níveis, desde o poema na sua totalidade até à combinação de duas palavras. Isso é evidente, por exemplo, nas relações entre parágrafos que não existem. Supondo que cada parágrafo de *Métropolitain,* por exemplo, fosse resumido pelo substantivo que o fecha — o que não deixa de levantar problemas —, qual seria a relação de união, no mesmo texto, entre «a cidade», «a batalha», «o campo», «o céu» e «tua força»? Ou, em *Enfance I,* o que justifica a passagem do ídolo à rapariga, às danças e às princesas? Todos os textos das *Iluminações,* e não só um deles, poderiam ter este título significativo: *Phrases.*

Poderíamos pensar que o parágrafo assinala pelo menos a mudança de tema e justifica a ausência de continuidade. Mas as proposições acumulam-se no meio de um parágrafo ou mesmo de uma frase do mesmo modo desorganizado. Leia-se o terceiro parágrafo de *Métropolitain,* já tão distinto dos seus vizinhos:

> Levanta a cabeça: uma ponte de madeira, em arco; as últimas hortas da Samaria; essas máscaras iluminuradas sob a lanterna agitada pela noite fria; a tola ondina com um vestido estridente, à beira do rio; esses encaixes luminosos nos planos de ervilhas — e outras fantasmagorias — o campo.

Mas o que une todas estas «fantasmagorias» numa mesma frase? O que permite encadear num mesmo parágrafo «Os castores construíram» e Os «mazagrans fumaram nos cafés» (*Après le déluge*)? E não sabemos se havemos de nos espantar mais com a incoerência da cidade descrita (*Ville I*) ou se com a do texto que a descreve, que justapõe, no mesmo parágrafo, as casas, as crateras, os canais, as gargantas, os precipícios, os albergues, as avalanches, um mar, flores, uma cascata, os arredores, as cavernas, os castelos, os burgos, a rua de Bagdade — e fico por aqui. Os instrumentos do discurso destinados a assegurar a sua coerência — os pronomes anafóricos e deíticos — têm aqui um modo de funcionamento inoportuno: «Brotavam flores mágicas. Os taludes embalavam-no» (*Enfance II*). Mas embalavam quem? «Como isso te é indiferente, essas infelizes e essas manobras» (*Phrases*): «e o embaraço dos pobres e dos fracos nestes estúpidos planos!» (*Soir historique*); mas não se tratou anteriormente nem de planos nem de atmosfera.

As conjunções que exprimem as relações lógicas (por exemplo, de causalidade) são raras no texto das *Iluminações*; não lamentaremos a sua falta se notarmos que, quando aparecem, são muito difíceis de justificar — e, portanto, de compreender. Ao contrário do «sintaxista» Mallarmé, Rimbaud é um poeta lexical: justapõe palavras que, sem qualquer articulação, guardam, cada uma, a sua própria inexistência. As únicas relações entre acontecimentos ou entre frases que Rimbaud emprega são de copresença. Assim, todas as ações heteróclitas contadas em *Après le déluge* são unificadas no tempo, visto que aparecem «logo que a ideia do Dilúvio Serenou»; as de *Soir historique* passam-se «em alguma noite»; de *Barbare* «depois de muitos dias de estações». E, mais ainda, em copresença no espaço: o exemplo mais puro seria *Enfance III,* onde o complemento circunstancial de lugar por que começa o texto «no bosque» permite encadear a seguir um pássaro, um relógio, um pântano, uma catedral, um lago, um carrinho, e um grupo de saltimbancos! Muitas vezes a copresença espacial é sublinhada por referências explícitas do observador, cuja posição imóvel obriga ao uso de advérbios relativos como «à esquerda», «à direita», «ao alto», «em baixo». «À direita desperta a madrugada alva de verão... e os taludes à esquerda...» (*Ornières*); «À esquerda o ângulo da terra atrás o ângulo de direita... Enquanto o grupo ao alto... lá em cima» (*Mystique*). «Numa falha, ao alto, da vidraça direita» (*Nocturne vulgaire*) «a muralha à frente...» (*Veillées II*). Tem-se, pois, a impressão da descrição de um quadro; feita por um observador imóvel que o examina, e a palavra «quadro» aparece em *Mystique* assim como «imagem», no *Nocturne vulgaire*. Mas são imagens produzidas pelos textos: a imobilidade descrita evoca inevitavelmente a pintura. As frases nominais produzem o mesmo efeito de imobilidade, de pura copresença espacial e temporal; ora, elas são muitas nas *Iluminações*, tanto ocupando posições estratégicas particularmente importantes no texto, como em *Being Beauteous, Veillées II, Fête d'hiver, Soir historique, Angoisse, Fairy, Nocturne vulgaire, Enfance II, Matinée d'ivresse, Scènes,* quanto invadindo todo o texto, como em *Barbare, Dévotion, Ornières, Départ, Veillées III*.

Não nos surpreenderemos por estes textos se prestarem tão bem a uma abordagem «paradigmática»: na ausência de ligações explícitas, põe-se simplesmente a questão de lado; na ausência de sintaxe, voltamo-nos para as palavras e procuramos as suas relações — tal como se faria a partir de um léxico simples. Por isso Suzanne Bernard evoca, com razão, a forma musical, ao falar desse texto ininteligível que é *Barbare* (os poemas de Rimbaud reclamam o vocabulário da pintura e da música — como se não fossem linguagem!): a mesma frase repete-se três vezes no princípio e no fim; os substantivos que bordam cada parágrafo juntam-se numa exclamação comum: «ó Doçuras, ó mundo, ó música!» Não deixamos de ser surpreendidos pelas repetições moduladas no *Nocturne vulgaire*, em *Génie* ou em *À une raison* e pelo paralelismo gramatical rígido, que domina textos como *Dévotion, Enfance III, Départ, Veillées I, Génie*. O mesmo acontece no plano semântico: pode ter-se muita dificuldade em saber o que quer dizer o texto de *Fleurs,* mas não se podem ignorar as suas séries de termos tão homogéneas que correspondem à quase totalidade do texto: as matérias preciosas (oiro, prata, cristal, bronze, ágata, acaju, esmeraldas, rubis, mármore), os tecidos (seda, gazes, veludos, cetim, tapeçaria), as cores (cinzento, verde, amarelo, branco, azul). — Não se sabe o que une, no plano referencial, as pessoas, mas elas surgem-nos como a enumeração de um paradigma feminino: um ídolo, uma rapariga, senhoras, infantas, gigantes, negras, jovens mães, grandes irmãs, princesas, estrangeirinhas... (*Enfance I*). Mas será demasiado simples contentarmo-nos com a coincidência entre um método que negligencia a continuidade e um texto que a ignora: tanta felicidade deveria inquietar.

O ataque contra a sintaxe torna-se especialmente ostensivo quando se chega à proposição. A aliança audaciosa que Rimbaud desenvolve entre o concreto e o abstrato é muito conhecida (do género «águas e alegrias», *Après le déluge*). Na sua obra, os géneros literários combinam-se com objetos ou seres materiais. «Todas as lendas evoluem, e os clãs escoicinham nos burgos» (*Ville I*). «O seio dos nobres e as lendas do céu» (*Fairy*). «É talvez neste plano que se encontram luas e cometas, mares e fábulas» (*Enfances V*). Ou ainda, em *Après le déluge,* «as éclogas em tamancos murmurando no vergel». Mesmo que não se passe do abstrato para o concreto, a distância continua a ser grande, e a coordenação problemática: «à venda... o movimento e o futuro...» (*Solde*), «temos as santas, as velas, e os filhos da harmonia e os cromatismos lendários», «depois um bailado de mares e de noites conhecidas, numa química sem valor e melodias impossíveis» (*Soir historique*), «o amor e o presente», «para trás estas superstições, estes corpos antigos, estes trabalhos e estas idades» (*Génie*), etc. O cúmulo extremo deste abandono da sintaxe é a pura enumeração, seja de sintagmas, como em *Jeunesse III* ou numa das *Phrases:*

> Uma manhã encoberta, em julho. Um gosto a cinza flutua no ar; um odor de madeira transpirando da fornalha — flores maceradas — o destroço dos passeios — o chuvisco dos canais pelos campos — porque não ainda os brinquedos e o incenso?

Seja de palavras isoladas, como no segundo parágrafo de *Angoisse:*

> (ó triunfo! diamante! — Amor! força! — mais alto que todas as alegrias e glórias! — de todas as maneiras, por todo o lado, — Demónio, deus — juventude deste ser; eu!)

Vemos como se avoluma o papel da descontinuidade, partindo das grandes unidades para as mais pequenas: se os parágrafos não têm continuação isso não impede cada um deles de ter a sua referência; o problema que se põe é unicamente saber se se deve procurar uma unidade de referência para o texto inteiro. Aqui, a inexistência de predicação — estas palavras ou sintagmas enumerados, acumulados — não permite mais nenhuma construção, mesmo que parcial: a descontinuidade entre frases prejudica a relação referencial; a descontinuidade entre sintagmas destrói o próprio sentido. Contentamo-nos, pois, em compreender as palavras, e temos um caminho aberto para todas as suposições vindas do leitor e que visam substituir a falta de articulação.

A referência é minada pela indeterminação: torna-se problemática à medida que a continuidade aumenta; desaparece definitivamente com as afirmações francamente contraditórias. Rimbaud gosta muito do oxímoro. As velhas naturas «rugem melodiosamente», e «o ruir das apoteoses ouve-se nos campos das alturas, onde as centauras seráficas evoluem por entre as avalanches» (*Ville I*), as torturas «riem no seu silêncio atrozmente encapelado» (*Angoisse*), os anjos são «de fogo e gelo» (*Matinée d'ivresse*), há uma «inflexão eterna dos momentos» (*Guerre*) e «desertos de tomilhos» (*Après le déluge*). Mais característico ainda é o facto de Rimbaud propor por vezes dois termos completamente diferentes, como se não soubesse qual deles aplicar ou como se isso não tivesse importância: «um minuto ou meses inteiros» (*Parade*), «um caminho abandonado na mata, ou que desce o carreiro a correr» (*Enfance III*), «a lama é vermelha ou negra» (*Enfance V*), «sobre a cama ou sobre o campo» (*Veillées I*), «salões de clubes modernos ou salas do oriente antigo» (*Scènes*), «aqui, em qualquer lado» (*Démocratie*).

Outros textos constroem-se abertamente com base na contradição; é o caso de *Conte*. O príncipe mata as mulheres; as mulheres continuam vivas. Executa os que lhe são chegados; estes mantêm-se junto dele. Destrói animais, palácios e homens: «a multidão, os tetos de oiro, os belos animais continuam a viver». Em seguida o príncipe morre, mas fica vivo. Encontra uma noite um génio, mas o génio é ele próprio. O mesmo se passa em *Enfance II*: a pequena está viva, «a jovem mãe trespassada desce a escadaria», o irmão ausente está presente. Entrega-se a vida inteira e no entanto recomeça-se a viver todos os dias (*Matinée d'ivresse*). Como construir a referência destas expressões, o que é um silêncio encapelado, um deserto de plantas, uma morte que não é, uma ausência presente?

Mesmo quando se compreende o sentido das palavras, é-se incapaz de imaginar a sua referência: compreende-se o que é dito, ignora-se do que se fala. Os textos das *Iluminações* estão cheios de expressões enigmáticas, ambíguas: o campo é «atravessado por grupos de música rara», mas o que é um grupo de música rara? Ou «os fantasmas do futuro luxo noturno» (*Vagabonds*)? Ou «a árvore edificada», as «bandas atmosféricas», os «acidências geológicas» (*Veillées I*)? «As descobertas e os limites não suspeitados» (*Solde*)? Ou «a aresta das culturas» (*Scènes*)? «O momento de estudo», «o ser sério» (*Soir historique*)?

Poderia falar-se como anteriormente de indeterminações, mas parece-nos que, ainda por cima, a coisa não é verdadeiramente chamada pelo seu nome. As *Iluminações* têm muito poucas metáforas que se possam identificar sem qualquer hesitação (mesmo duvidando do objeto evocado): «o selo de Deus» no *Après le déluge,* «o cravo dos prados» em *Soir historique,* «a barrela de oiro do poente» em *Enfance IV,* e mais algumas outras. Em contrapartida, sentimo-nos continuamente tentados a ver nelas metonímias e sinédoques. Muitas expressões lembram sinédoques do tipo «a parte pelo todo». Rimbaud só fixa, no objeto, o aspeto ou a parte que está em contacto com o sujeito ou com outro objeto; não se preocupa em nomear as totalidades. «Caminhei, despertos os hálitos vivos e mornos... e asas ergueram-se sem ruído» (*Aube*): mas a quem pertencem os hálitos, as asas? Não se vê um ser em *Barbare,* mas «E, lá as formas, os suores, as cabeleiras, e os olhos flutuando» (e, em *Fleurs,* uma tapeçaria «de olhos e de cabelo»). E esse ser de beleza em *Being Beauteous*: «ó a face cendrada, o escudo de crina, os braços de cristal!» O deserto de betume «desaparece com os cascos, as rodas, os barcos, as garupas» (*Métropolitain*): mas de que ser fazem parte? E o génio nunca será nomeado a não ser pelos seus elementos: sopros, cabeças, corridas, corpo, vista, passo... (*Génie*).

Poderá todavia perguntar-se se temos direito de falar em sinédoque em todos estes casos ou noutros. O corpo é parcializado, as totalidades decompostas; mas será que nos é realmente pedido para, a partir da parte, termos a noção do todo, como acontece com a verdadeira sinédoque? Eu diria antes que a linguagem das *Iluminações* é essencialmente literal e não exige, ou mesmo admite, a transposição por tropos. O texto nomeia partes, mas elas não estão lá para «configurar o todo»; são antes «partes sem o todo».

O mesmo acontece com outra espécie de sinédoque, ainda mais frequente nestes textos, a do género pela espécie, ou seja, a evocação do particular e do concreto em termos abstratos e gerais. Para um poeta, que tradicionalmente se imagina movendo-se no concreto e no sensível, Rimbaud tem uma tendência muito pronunciada para a abstração que se encontra assinalada desde a primeira frase do primeiro poema: «logo que a ideia do Dilúvio serenou...», não é o dilúvio, mas a ideia do dilúvio que serenou. E, ao longo das *Iluminações*, Rimbaud terá preferência pelos nomes abstratos. Não diz «monstros» ou «ações monstruosas», mas: «Todas as monstruosidades violam os gestos...» Não é uma criança que vigia, mas estamos «sob a vigilância de uma infância»; e o mesmo texto fala ainda de «solidão», «cansaço», «mecânica» (substantivo), «dinâmica» (substantivo), «higiene», «miséria», «moralidade», «ação», «paixão»... (*H*). O mar não é feito de lágrimas, mas de «uma eternidade de lágrimas quentes» (*Enfance II*). Não se exalta a sorte (o que seria já muito abstrato), mas a substância dos nossos êxitos (*À une raison*). As exclamações que pontuam um texto são muitas vezes feitas exclusivamente de nomes abstratos: «A elegância, a ciência, a violência» (*Matinée d'ivresse*). Na grande venda pública anunciada em *Solde*, a abstração também domina: vender-se-á «a imensa opulência inquestionável», «as aplicações de cálculos e os extraordinários saltos de harmonia», as «migrações» e o «movimento», a «anarquia» e a «satisfação irrepressível». Ou vender-se-á ainda «aquilo que ignoram o amor maldito e a probidade infernal das massas».

Observe-se aqui o número de processos que nos separam do objeto designado — se é que ele o é. «O amor maldito» é uma perífrase de que se ignora o termo próprio, as «massas» um termo genérico; mas não são as massas que ignoram qualquer coisa, é a sua probidade. E não nos esqueçamos de que esta qualificação já tão ténue, só tem uma função negativa: é o que se ignora. Poderá tentar representar-se o que a probidade das massas ignora?

Ou peguemos num texto como *Génie,* onde se observa a prática abundante de «sinédoque» material. O ser inominado que se descreve é «a amizade e o presente»: coordenação problemática e decerto muito abstrata. Qual é a ação a que esta frase se refere: «todos nós tivemos o terror da sua sucessão?» Rimbaud multiplica à vontade os termos mediadores que nos impelem de uma palavra para outra: «a terrível celeridade da ação ou a perfeição das formas e da ação»; já quase estamos prontos a imaginar a celeridade da ação ou a perfeição das formas (Rimbaud nunca dirá: as ações são rápidas, as formas são perfeitas), mas e a «celeridade da perfeição»? Todo o vocabulário do poema se mantém neste elevado nível de abstração: sentimentos, forças, infelicidade, caridades, sofrimentos, violência, imensidade, fecundidade, pecado, alegria, qualidades, eternidades, razão, medida, amor... Uma frase de *Guerre* chega mesmo a ter «os Fenómenos» como sujeito.

O mesmo efeito de abstração (e também de imobilização) é obtido com a aparição sistemática de nomes de ação deverbativos em lugar de verbos. Em *Génie,* não se empregam os verbos abolir, ajoelhar-se, quebrar, livrar, mas evoca-se «o desprendimento sonhado, o quebranto da graça», «os antigos atos de ajoelhar», «a abolição de todos os sofrimentos». *Nocturne vulgaire* fala da «gravitação dos tetos» e da «muda». Os pombos não voam, mas «um levantar voo de pombos escarlates troveja em volta do pensamento» (*Vies I*). As «elevações harmónicas juntam-se» em *Veillées II.* «A inflexão eterna dos momentos... expulsa-me» (*Guerre*).

Esta abundância de vocabulário abstrato não leva, no caso de Rimbaud, como se poderia imaginar pela leitura destas listas de palavras, a uma temática metafísica: se Rimbaud tivesse tido uma filosofia, isso teria sido sabido depois de um século de comentários. Ora, os termos genéricos ou abstratos produzem o mesmo efeito do que as partes do corpo que aparecem sem que a totalidade seja alguma vez nomeada; deve tomar-se em consideração, ao fim de algum tempo, que aquilo não são sinédoques, mas partes ou propriedades que se devem tomar como tal; de repente, já não é possível representar o ser de que se fala, e contentamo-nos em compreender os atributos que lhe são predicados. Como representar as monstruosidades? Ou a infância? Ou a substância? E os fenómenos? Ou a celeridade da perfeição? É este um dos grandes problemas que desde sempre se levantou aos comentadores de Rimbaud: para cada texto particular, mesmo que se compreenda o sentido das frases que o compõe, tem-se muita dificuldade em saber qual é exatamente o ser que estas frases caracterizam. Quem é o príncipe de *Conte,* Verlaine ou Rimbaud? De que fala *Parade,* de militares, eclesiásticos ou saltimbancos? A personagem de *Antique* é um centauro, um fauno ou um sátiro? Quem é o Ser de Beleza (*Being Beauteous*)? A razão em *À une raison* é o *logos* platónico ou o dos alquimistas? *Matinée d'ivresse* fala de haxixe ou de homossexualidade? Quem é «Ela» em *Angoisse,* a Mulher, a Virgem-mãe, a Feiticeira, a vampira-Cristianismo ou pura e simplesmente a própria angústia? Quem é Helena em *Fairy,* a Mulher, a Poesia ou Rimbaud? Qual é a resposta à adivinha que H. conta? A cortesã, a masturbação ou a pederastia? E, finalmente, quem é o Génio: o Cristo, o nosso amor social, o próprio Rimbaud? Antoine Adam identifica, um pouco por toda a parte, dançarinas asiáticas: deliciosa visão nascida da secura das bibliotecas.

Mesmo pondo de lado a ilusão evhemerista, a imensidade destas questões continua a ser inquietante. E podemos perguntar-nos se não será mais importante manter a própria questão em vez de nos apressarmos a encontrar uma resposta. Só no pormenor das frases Rimbaud nos incita, em textos inteiros, a passar dos atributos aos seres. A totalidade nele está ausente, e faremos mal talvez em querer substituí-la de qualquer modo. Quando um texto como *Parade* termina com esta frase, «só eu é que tenho a chave desta parada selvagem», não é necessário pensar que existe nela um sentido secreto, apenas conhecido de Rimbaud, nem um ser cuja identidade logo que fosse revelada subitamente iluminaria todo o texto; a «chave» pode ser também o modo como é necessário ler o texto, ou seja, justamente ler sem procurar aquilo de que ele fala, porque ele não fala de qualquer coisa. Muitos títulos de textos, que são tomados como substantivos e que descrevem o ser-referente, poderiam ser também lidos como adjetivos que qualificassem o tom, o estilo, a própria natureza do texto: não será um texto bárbaro o que leva a um título desses, não será um exercício no género bárbaro? E o mesmo não se passará com *Mystique, Antique, Métropolitain, Fairy* (*féerie* — encantamento)?

Quando a indeterminação, a descontinuidade, o desmembramento dos seres e a abstração se conjugam, resultam frases de que se tem vontade de dizer que não sabemos não só do que falam, como também o que querem dizer. Numa subordinada em *Jeunesse II*, lê-se: «ainda que um duplo acontecimento de invenção e de sucesso uma estação — na humanidade fraterna e discreta pelo universo sem imagem»; ou uma frase de *Fairy* que diz «O ardor do verão foi entregue a pássaros mudos e a indolência exigida a uma incomparável barca de lutos por enseadas de amores mortos e de perfumes desvanecidos». As palavras são familiares, os sintagmas que elas formam, lidos dois a dois, são compreensíveis — mas, para lá disso, reina a incerteza. As ilhotas das palavras não comunicam verdadeiramente entre si, por falta de percursos sintáticos claros. E, quando uma frase aparece no fim do texto, lança como que uma obscuridade retrospetiva sabre tudo o que a precede; é o caso de «A música sábia faz falta ao nosso desejo» (*Conte*) ou de «Mas mais então» que remata *Dévotion*.

Esta impressão é ainda notória quando a sintaxe não é identificada ou é muito diferente da sintaxe da língua francesa. O que quer dizer «rolar com feridas» (*Angoisse*)? Ou «a visão viu-se em todos os ventos» (*Départ*)? Como interpretar uma sequência como «o mundo vosso êxito e vosso perigo» (*Jeunesse II*)? E quem saberá algum dia desenhar a «árvore» sintática da última frase de *Ville*: «tal como, da minha janela, vejo novos espectros rolando através do espesso e eterno fumo de carvão — nossa sombra dos bosques, nossa noite de verão — novas Eríneas, diante do meu jardim que é a minha pátria e o meu coração visto que tudo aqui se assemelha a isto — a morte sem lágrimas, nossa mulher ativa e servil, e um Amor desesperado e um lindo Crime gritando na lama da rua»? Tem-se sempre a tentação de imaginar conchas no texto de Rimbaud para se poder submetê-lo à norma, por uma transformação sintática ou lexical. Assim, pretende-se acrescentar diversas vírgulas ou subtrair algumas palavras a esta frase de *Fairy*: «depois do momento da canção das lenhadoras ao rumor da torrente sob a ruína dos bosques, do chocalhar das bestas ao eco dos vales e dos gritos das estepes». E esta frase de *Vies I*, «lembro-me das horas de prata e de sol nos rios, da mão do campo no meu ombro e das nossas carícias em pé nas planícies apimentadas», não seria imediatamente transparente se lêssemos em vez de «campos», «companheira»? (*)

As diferentes formas de negação do referente, de destruição do sentido, transformam-se mutuamente, e no entanto a distância que separa a primeira da última é considerável. Passa-se do referente claro, que dizemos não existir, a objetos indeterminados, isolados uns dos outros, a ponto de parecerem irreais; da afirmação simultânea e portanto irrepresentável de «ele está morto, ele está vivo» ou «ele está presente, ele está ausente», chega-se a essa decomposição e abstração que, não nos permitindo reunir o ser total e uno, também impede a representação; e por fim às frases agramaticais e enigmáticas de que ignoramos, para sempre e não só agora, «no estado atual dos nossos conhecimentos», o referente e o sentido. É por isto que me parecem empenhadas numa direção errónea as críticas animadas de boa vontade, que se propõem diligentemente reconstituir o sentido das *Iluminações*. Se pudéssemos reduzir estes textos a uma mensagem filosófica ou a uma configuração substancial ou formal, eles não teriam maior ressonância que um qualquer outro texto, talvez ainda tivessem menos. Ora, nenhuma obra singular como as *Iluminações* teve tanta importância na história da literatura moderna. Paradoxalmente, é ao querer restituir o sentido a estes textos que o exegeta lho tira — porque o seu sentido, paradoxo inverso, reside na ausência de sentido. Rimbaud elevou ao estatuto de literatura textos que não falam de nada, de que se ignorará o sentido — o que lhe dá um sentido histórico enorme. Querer descobrir o que eles querem dizer é despojá-los da sua mensagem essencial, que é precisamente a afirmação de uma impossibilidade de identificar o referente e de compreender o sentido; que é maneira e não matéria — ou

---

(*) Jogo de palavras em francês entre *campagne* e *compagne*. [*N. da T.*]

antes, maneira feita matéria. Rimbaud descobriu a linguagem no seu (des)funcionamento autónomo, liberta das suas obrigações expressiva e representativa, em que a iniciativa é realmente cedida às palavras; achou, ou, antes, inventou uma língua e, na esteira de Hölderlin, legou o discurso esquizofrénico como modelo para a poesia do século XX.

É deste modo que compreendo as frases de Rimbaud que me serviram de epígrafe: naquilo que é a sua sageza, apenas vemos o caos. Mas o poeta consola-se antecipadamente: aquilo a que chamaremos seu vazio não é nada comparado com a perplexidade em que nos terá deixado, a nós, seus leitores ([1]).

IV

A ADIVINHA

REVISÃO DOS TRABALHOS ANTERIORES

Desde o início deste século que as adivinhas foram estudadas por numerosos investigadores; hoje, dispomos não só de boas descrições feitas por folcloristas clássicos, mas também de tentativas de análise estrutural, e as mais importantes que conheço são as de Georges e Dundes e as da Sra. Köngäs-Maranda ([1]). Lembremos rapidamente os resultados.

Georges e Dundes partem do postulado de uma relativa independência das estruturas discursivas em relação às estruturas linguísticas: «Visto que as definições baseadas no conteúdo e no estilo se revelaram inadequadas, a melhor maneira de chegar a uma definição da adivinha deve passar pela análise estrutural. Pode estudar-se o estilo das adivinhas, mas não se deve confundi-lo com a sua estrutura» (p. 113). Mas não vão tão longe nesta perspetiva como seria o seu desejo. Decompõem a adivinha do modo seguinte: primeiro é dividida em elementos descritivos (a parte presente) e referente (a parte ausente). Os elementos descritivos, por sua vez, subdividem-se em tema (*topic*) e expressão (*comment*): uma palavra que visa o objeto a encontrar e a asserção que lhe diga respeito. Os elementos descritivos podem estar ou não em oposição, o que dá dois grandes tipos de adivinhas: oposicionais e não oposicionais; estas últimas podem ser literais ou metafóricas. As literais caracterizam-se pelo facto de o tema coincidir com o referente (que está igualmente ausente). Por exemplo:

> (1) O que é que vive no rio? — O peixe.
>
> (Taylor, 98)

> (2) O que é, o que é que dorme de dia e anda de noite? — A aranha.
>
> (Taylor, 255)

Nas adivinhas não oposicionais e metafóricas, o tema não coincide com o referente. Por exemplo:

> (3) Duas filas de cavalos brancos numa colina vermelha. — Os dentes.
>
> (Taylor, 505 a)
>
> («cavalos brancos» é o tema, metáfora do referente «dentes») [2]

As adivinhas de oposição são por sua vez subdivididas em várias categorias, segundo a classificação das oposições propostas por Aristóteles; temos, portanto, oposições antitéticas, privativas e causais.

Esta descrição representa certamente um grande avanço na identificação da estrutura da adivinha; apesar disso, várias das categorias utilizadas são discutíveis porque são demasiado linguísticas (ou simplesmente mal definidas). Por exemplo, o «referente» é em linguística aquilo que é exterior à linguagem; ora, aqui, acontece que é uma palavra; será que o termo ainda tem o mesmo sentido? «Tema» e «expressão» (a cópia semântica do par sujeito-predicado): será seguro que as encontremos aqui automaticamente? Metafórico-literal: divisão sumária e perigosa; o que aconteceu aos outros tropos? E na mesma oposição: não será dar demasiada importância à presença de uma palavra (o tema, precisamente) para fundar a partir dela uma oposição que se pretende, segundo os próprios termos dos autores, estrutural e não textual? Não será admissível que a função dessa palavra seja assumida por um *sema,* ou *elemento* do sentido de uma palavra? A dicotomia entre presença e audiência da oposição situar-se-á ao mesmo nível (ou a um nível superior ou inferior) da dicotomia entre adivinha metafórica e literal?

E. Köngäs-Maranda parte do mesmo princípio que Georges e Dundes: «Quando se estudam os enigmas, encaram-se as unidades da frase, não de um ponto de vista sintático, mas do ponto de vista da estrutura do *discurso folclórico.* [...] A imagem é sempre um problema, seja ou não sintática» (pp. 10–11). Mas, ainda aqui, desejaríamos que se tivesse ido mais longe. A sua análise pode ser resumida (por nós) do seguinte modo: O enigma comporta cinco elementos, que são: 1) o termo dado, o significante; 2) uma premissa constante, tão verdadeira para o significante como para o significado; 3) uma variável escondida, nunca explicitada, que caracteriza o significado; e um lugar-comum, uma evidência; 4) uma variável dada que caracteriza o significado, mas não o significante que lhe é atribuído; 5) o significado, a resposta. Por exemplo:

(4) Um porco, dois focinhos. — A charrua.

(Haavio, p. 227)

Os elementos desta adivinha são identificados assim: 1.º *significante*: um porco; 2.º *premissa constante*: tem focinhos;

3.º *variante escondida*: o porco tem um; 4.º *variável dada*: este tem dois; 5.º *significado*: a charrua.

Mas esta é só uma das espécies da adivinha, *a metáfora*. A outra é o paradoxo, que ilustra o exemplo seguinte:

> (5) Dá conselhos a outrem, mesmo que não saiba nada.
> — Os sinais de estrada.
>
> (Haavio, p. 295)

E. Köngäs-Maranda diz-nos que a metáfora é a união de dois conjuntos, ao passo que o paradoxo é a sua interseção (p. 31); mas é preciso reconhecer que a relação entre os dois nunca é inteiramente explícita; será que são duas espécies do mesmo género ou um género e uma das suas espécies?

Ainda aqui se pode revelar o uso discutível dos termos linguísticos, «significante» e «significado». Seria justificável interrogarmo-nos sobre o facto de o «significante» apenas recobrir uma só palavra da questão (é o «tema» de Georges e Dundes) e não toda a questão. Quanto à presença obrigatória de uma premissa constante (verdadeira para o significante e para o significado) e de uma variável (verdadeira só para o significado), parece ser contradita por vários exemplos de Georges e Dundes (que se contentavam em falar de «elementos descritivos» sem precisar as suas relações). Por exemplo, todas as adivinhas que não tenham «tema» (1, 2) não se prestam a esta distinção. O que nos leva ainda à questão do papel abusivo dado à presença ou à ausência de uma *palavra* que realiza esta função.

Quanto à oposição entre metáfora e paradoxo, equivale a opor o pão branco ao pão quente: compara-se o incomparável. Com efeito, a metáfora realiza-se entre a questão e a resposta, ao passo que o paradoxo se desenvolve no interior da questão. Aliás, um porco com dois focinhos não será também paradoxal, além de metafórico, como nos diz E. Köngäs-Maranda? E não haverá uma relação tópica (mesmo que não seja metafórica) entre a questão de 5 e a sua resposta?

É difícil evitar a influência das categorias linguísticas. Para neutralizá-la o mais possível, distinguiremos duas fases no trabalho da descrição de um discurso. Num primeiro tempo, considerá-lo-emos como um sistema simbólico por inteiro, irredutível ao sistema da língua. E só num segundo tempo se observará de que modo essa estrutura abstrata se manifesta através das palavras ou, se preferem, como se efetua a passagem do simbólico (discursivo) ao significante (linguístico).

Os trabalhos evocados levam-nos igualmente a formular uma segunda distinção. Os autores têm razão em sublinhar o problema da metaforicidade da adivinha e o seu aspeto paradoxal; enganam-se quando colocam os dois problemas num mesmo plano. Não será evidente que o lugar em que se estabelece a relação metafórica é mesmo de paradoxo? Num dos casos, trata-se de uma relação de equivalência («metafórica») e de um trabalho de interpretação: a partir de um primeiro sentido das palavras, descobre-se um segundo. No outro, a questão diz respeito à disposição das palavras, à relação que estabelecem entre si. Chamemos estes dois casos pelo seu nome: uma relação simbólica liga a questão e a resposta (uma simboliza a outra); como a asserção inicial foi abolida, encontramo-nos perante um subconjunto de tropos (a metáfora é um deles; o caso seria diferente para as implicações, alusões, etc., onde se manteria a asserção inicial). O paradoxo, em contrapartida, na mesma terminologia retórica, é uma figura (a relação estabeleceu-se entre dois termos presentes, não entre um termo presente e um ausente); faz parte da organização figural da adivinha.

Todo o discurso, como todo o sistema simbólico, obedece a esta dupla organização, figural e simbólica; a primeira tem a ver com a *perceção* dos discursos; a segunda torna possível a sua *interpretação*, graças ao percurso estabelecido pelos tropos (ou implicações). Estas duas funções (que se devem distinguir cuidadosamente das funções próprias da adivinha considerada como um todo) são inerentes a toda a produção simbólica, e consequentemente esta dupla organização está presente em qualquer discurso. Mas, enquanto habitualmente as organizações simbólica e figural estão inextricavelmente misturadas, as adivinhas oferecem-nos um exemplo raro de uma dissociação material das duas, visto que a primeira se realiza entre duas réplicas e a segunda no interior da questão.

O meu trabalho seguirá, pois, a partir de agora, esta subdivisão na análise do discurso.

ORGANIZAÇÃO SIMBÓLICA

A primeira característica constitutiva deste tipo de discurso particular que é a adivinha é o diálogo: duas réplicas, que se seguem uma à outra, enunciadas por interlocutores diferentes. A esta característica genérica acrescenta-se uma segunda, que permite situar a adivinha no meio de outros géneros dialógicos: as duas partes têm um referente comum, ou seja, são sinónimas. É uma sinonímia especial, é verdade, visto que não só não está institucionalizada na língua, como também as duas réplicas não pertencem ao mesmo tipo de unidades linguísticas: na maioria das vezes, a uma frase da primeira réplica é respondida uma palavra isolada da segunda. É também evidente que a adivinha não poderia existir se não houvesse esta sinonímia.

Sendo a questão a forma dialógica mais típica, dá-se frequentemente ao enunciado inicial uma forma interrogativa, para indicar a existência da segunda réplica. Uma vez que já sabemos quais são os traços característicos (diálogo, sinonímia não institucional, oposição de dois enunciados em frase e palavra), podemos agora propor uma forma canónica da primeira réplica, que será: «Qual é o nome desta coisa (deste ser) que...?» Isto não quer dizer que se encontra sempre esta forma; com efeito, a questão essencialista («O que é que...?») é mais frequente do que a questão metalinguística, e aliás podem as duas estar ausentes do enunciado verbal. Mas será sempre possível dar à primeira réplica a forma canónica. No caso contrário, não se trata de adivinha, no sentido que damos aqui a esta palavra.

Ou seja, na minha opinião, um certo número de questões classificadas como adivinhas não o é realmente e justificaria a introdução de um novo termo na taxinomia dos folcloristas. Um exemplo revelador é-nos dado por uma série de «enigmas» védicos ([3]), em que são postas perguntas, uma de cada vez, pelos diversos oficiantes de um sacrifício; aquele que consegue responder sai da prova «impregnado de uma energia santa». Paralelamente a questões semelhantes às adivinhas, encontram-se outras do tipo:

> (6) Interrogo-te para te compreender, a ti de quem os deuses são amigos: foi Vishnu que descobriu o mundo inteiro com os três passos com que recebe a oblação?

> (7) Quantas estruturas há neste sacrifício? Quantas sílabas há? Quantas oblações? Quantas vezes foi aceso o lume?

A pergunta e a resposta não são aqui sinónimas, por isso é impossível reenviar a pergunta à forma canónica «Qual é o nome de...». Este segundo tipo de questão aproxima-se das formas utilizáveis num exame (ou num catecismo). A rutura entre as duas formas é salientada por outra série clássica de adivinhas: as que Odin põe ao rei Heidrek. Este responde a todas, antes que Odin lhas pergunte:

> (8) O que segreda Odin ao ouvido de Baldr, antes de ser executado?

O rei está indignado e quer castigar o deus brincalhão: esta pergunta não é uma adivinha ([4]).

Se juntássemos as duas réplicas numa mesma frase afirmativa, a primeira o predicado e a segunda o sujeito, obteríamos uma *definição* (mediatizando, por vezes, outras transformações linguísticas menores). Com efeito, a definição baseia-se na sinonímia de uma palavra e de uma frase, tal como a adivinha; a adivinha é uma definição dialogada. Tanto uma como a outra excluem o chamamento a um saber subjetivo e individual, ainda que admitam dois tipos de proposições, analíticas e sintéticas (definições «lexicográficas» e «enciclopédicas»). Pode pois eliminar-se, neste caso, do género das adivinhas propriamente ditas, qualquer troca de réplicas, ainda que sinónima, se a resposta implicar um saber individual, porque nesse caso, não se descobre logo a adivinha, a não ser que já a conheçamos. Um exemplo célebre deste tipo é dado por Sansão, na Bíblia:

> (9) Daquele que come saiu o que se come, e do forte saiu o doce. (Alusão a uma experiência de Sansão, que encontrou um enxame de abelhas e o seu mel no cadáver de um leão.)

A natureza da questão determina neste caso a atitude dos alocutários: mais do que procurarem a resposta, pedem a Dalila para assoldadar o marido ([5]). Notemos que só a primeira réplica nos permitia saber se se tratava ou não de uma adivinha: se a resposta fosse «o leite da leoa», seria uma adivinha.

Será que a diferença entre adivinha e definição é só de natureza sintática? Não. Diferem também no plano semântico. Primeiro, a equivalência das duas partes (sujeito e predicado) é institucional na definição; o que não acontece nunca no caso da sinonímia entre as duas réplicas da adivinha. Por outro lado (isto explica aquilo), a escolha dos traços característicos não é a mesma nos dois casos. Comparemos alguns exemplos, respeitantes ao mesmo tema

> (10) O que é, o que é que está sempre tapado e sempre molhado? — A língua.
>
> (Walter, p. 273)

> (11) Qual é a coisa qual é ela que está sempre em movimento? — A língua.
>
> (Nzuji, 57)

e esta definição do dicionário:

> (12) Língua s. f. principal órgão do sentido do gosto, que concorre para a deglutição e para a fala e que é composto principalmente por um músculo móvel revestido de uma membrana mucosa.

O traço evocado pela adivinha luba («sempre em movimento») encontra-se na definição da palavra («móvel»): mas é o único. É que a definição contém características julgadas cientificamente essenciais para a compreensão de um objeto, ao passo que a adivinha se baseia antes de mais, no conhecimento percetível das aparências. Ora, o que é importante para os sentidos (a língua está sempre molhada) pode não o ser do ponto de vista científico. As duas atitudes opõem-se (não obrigatoriamente, mas na maioria das vezes) como o ser se opõe ao parecer; é uma oposição tão frágil como a que existe entre estas duas categorias.

Abandonando provisoriamente o nível da organização simbólica, pode observar-se que há também várias diferenças entre a adivinha e a definição no plano da sua realização verbal. A primeira diz respeito ao emprego de um termo genérico: obrigatório aqui, não desempenha ali nenhum papel. Ou a adivinha não emprega nenhum (é o caso de 1, 2, 5, 10), ou então está presente, mas não é adequado (por exemplo 3, 4), ou então a sua generalidade é tal que não nos ensina nada (como em 11). Como observa C. Faik-Nzuji (*op. cit.*), nas adivinhas luba, aparecem quatro substantivos em 85% das adivinhas, que são «senhor», «coisa», «animal» e «homem» (ou «pessoa»). Por outro lado, a palavra a definir ocupa regularmente o lugar do sujeito na definição, ao passo que a palavra a adivinhar pode ter igualmente outras funções, por exemplo, a de complemento direto. É o caso de (2) ou:

> (13) Estendi uma pele de búfalo, pus ervilhas a secar,
> Prendi uma galinha para as guardar. —
> O céu, as estrelas, a lua.
>
> (Stojkova, 20)

Há diferenças, e não se deve ignorá-las; todavia, passam para segundo plano perante a similitude estrutural evidente entre definição e adivinha.

A deslocação da definição em duas réplicas, aproximativamente pergunta e resposta, salienta a relação semântica que une o termo a definir (ou a adivinhar) com a sua definição. Só seguindo a relação o adivinhador pode adivinhar. Qual é a sua natureza? Vimos que, segundo os autores citados, tanto podia ser metafórica como não metafórica. Mas colocar semelhante alternativa significa que a metáfora é facultativa e que, portanto, estruturalmente não é necessária qualquer relação. A nossa hipótese será diferente: as duas primeiras réplicas são sempre ligadas por uma relação simbólica; a primeira será identificada, segundo este ponto de vista, como um *simbolizante* e a segunda como um *simbolizado;* como se viu, esta relação é, mais especificamente, *trópica*; e será de esperar que as adivinhas consideradas «não metafóricas» desenvolvam outro tropo, diferente da metáfora.

Visto que se trata de relações trópicas, devemos utilizar uma terminologia retórica. Designar um termo por uma das suas partes ou uma das suas propriedades é realizar uma *sinédoque*. A maior parte das adivinhas, pretensamente «literais», organiza-se em volta de uma sinédoque. É o caso de (1, 2, 5) ou ainda:

(14) Entra através dos vidros e não os parte. — A luz.
(Stojkova, 181)

(15) Não tem braços, nem pernas, mas abre a porta. — O vento.
(Stojkova, 219)

Se se tomaram estas adivinhas por «literais» (sem relação trópica entre as duas réplicas), é porque se sentiu intuitivamente o seu parentesco com as definições. Estas organizam-se igualmente a partir de uma relação sinedóquica (a parte pelo todo): por muito elevado que seja o número de propriedades enumeradas, nunca se trata de uma escolha entre todos os traços que caracterizam um objeto. A diferença é outra: é que a definição justapõe dois elementos que na adivinha entram em relação de substituição.

A frequência das sinédoques é grande; mas nem por isso deixa de haver outros tropos. Já se referiu a metáfora. Esta relação não se estabelece todavia entre um termo do simbolizante (o «tema», o «significante») e o simbolizado, mas entre este e o simbolizante inteiro. Se não não poderíamos analisar o seguinte caso:

> (16) Tem as costas à frente e a barriga atrás. — A barriga da perna.
>
> (Walter, p. 269)

Nenhuma *palavra* do simbolizante desempenha aqui o papel de metáfora; mas o simbolizante fá-lo, visto que comporta simultaneamente temas comuns como simbolizado (assim: ter uma frente e um traseiro; ser direito à frente e redondo atrás) e semas específicos (ter «costas», «ventre»). É pois uma metáfora e não uma sinedóque, como se poderia julgar. Não será incorreto identificar as outras relações trópicas, como a antífrase, a hipérbole e a lítotes ([6]).

O caso é um pouco mais singular quanto à metonímia. Este tropo realiza uma relação simbólica relativamente fraca, visto que simbolizante e simbolizado não têm nenhum elemento em comum, mas pertencem os dois a um conjunto maior. Será difícil encontrá-la sozinha numa adivinha. A metonímia pura será usada, em contrapartida, neste tipo de adivinhas que marca o limite do género: as adivinhas absurdas (chamadas nos países eslavos «armenianas»). Jakobson cita o seguinte exemplo ([7]).

> (17) O que é que é verde e está pendurado na sala? — É um arenque. — Porquê na sala? — Porque não havia lugar na cozinha. — Porquê verde? — Pintou-se. — Mas para quê? — Para ser mais difícil de adivinhar.

O que prova que se pode explicar pela metonímia (aqui de causa a efeito) o arbitrário à primeira vista mais irredutível: somos reconduzidos ao exemplo de Sansão (9).

Há uma exceção aparente a esta regra segundo a qual as duas réplicas estão sempre ligadas por uma relação simbólica: é o caso dos significados, que neste e naquele caso não mantêm nenhuma relação, e a adivinhação opera-se graças à proximidade dos significantes. Por exemplo:

> (18) Dva Petra Vizhe? Vedra
> [Dois Pedros em casa? — Cântaros.]
>
> (Sadovnikov, 441)

> (19) Samsonica Vizhe? — Salonica
> [A senhora Sansão está em casa? — O saleiro.]
>
> (Sadovnikov, 462)

Mas vê-se que aqui a relação simbólica das duas réplicas não está ausente, mas mudou simplesmente de nível: «Samsonica» e «salonica» forma aquilo a que se poderia chamar uma metáfora fónica, «dva Petra» e «vedra» uma sinédoque do significante.

ORGANIZAÇÃO FIGURAL

Será que a descrição da adivinha pode terminar aqui? Não, se tivermos em conta os trabalhos precedentes que lhe foram consagrados. Robert Petsch([8]) e, na sua esteira, quase todos os outros especialistas da adivinha afirmam a existência de relações obrigatórias mesmo no interior da primeira réplica (do simbolizante). Nos trabalhos recentes, distinguem-se duas classes de adivinhas: com e sem oposição (Georges e Dundes), com e sem paradoxo (Köngäs-Maranda). Mas viu-se a insuficiência de semelhante descrição: se tanto um como o outro caso são possíveis, já não se trata de um traço obrigatório da adivinha, mas de um traço facultativo — e a sua definição não interessa.

Assim como a metáfora não é o único tropo, o paradoxo não é a única figura; avançaremos aqui com uma hipótese mais forte, segundo a qual a adivinha exige não só uma organização simbólica, mas também uma organização figural no seio do simbolizante.

Vejamos os exemplos que Georges e Dundes dão da estrutura não figural (por exemplo, 1, 2, 3) e também:

> (20) O que é que voa no céu e desce para comer as galinhas das pessoas? — O falcão.
>
> (Taylor, 360)

> (21) Vermelho por fora, branco por dentro. — A maçã.
>
> (Taylor, 1512)

É verdade, como notam Georges e Dundes, que nenhuma destas adivinhas comporta em si mesma um paradoxo; o caso não é diferente em (2) e (21), onde os atributos, ainda que opostos, se relacionam com momentos ou lugares diferentes.

Voltemos à análise. Contrariamente ao que pensam Gorges e Dundes, (1) e (20) comportam uma oposição; todavia, os seus dois termos não estão igualmente presentes: o segundo não se encontra na adivinha, mas na consciência coletiva dos utentes da língua (das adivinhas); é um lugar-comum, uma «variável escondida verdadeira» nos termos de Köngäs-Maranda — mas agora compreendida num sentido mais lato. Georges e Dundes não dão conta de que o simples facto de viver na ribeira, quer dizer, na água, é, em certo sentido, paradoxal: na água os seres vivos afundam-se e morrem. Tal é o lugar-comum em que se baseia a adivinha, que, negando-o, compõe a figura da inverosimilhança.

O mesmo acontece neste caso: quem vive no ar deve achar aí o seu alimento: eis um lugar-comum em que a negação dá lugar a uma adivinha. E o mesmo acontece também em (11): como é possível que uma coisa esteja sempre em movimento?

A perceção das figuras não se produz de maneira natural e automática, mas em função de um certo número de esquemas que controlam os nossos processos psíquicos e que fazem que, de todas as relações possíveis e inúmeras de um termo qualquer (aqui um significado), só retenhamos algumas delas. A instituição das figuras tem pois origem numa psicologia social; por isso esta é destacada por aquelas. Para um público francês contemporâneo, (1) não tem nenhuma figura e por isso não será espontaneamente incluído no conjunto das adivinhas, o que nos informa acerca de certos esquemas de perceção atualmente correntes. O contexto cultural faz parte da adivinha, antes que esta se torne por sua vez, parte dele.

Constatar-se-á toda a distância que separa estas inverosimilhanças daquilo a que chamaremos propriamente os paradoxos e de que (16) já era um exemplo: as costas são, por definição, o que está atrás; afirmar que estão à frente contradiz o próprio sentido da palavra.

Eis dois outros exemplos do paradoxo:

> (22) Qual é o ser
> Que depois de nascer, está sempre grávido
> Sem nunca dar à luz,
> E que morre se o fizer? — A barriga da perna.
>
> (Nzuji, 17)

> (23) Dois seus amigos viveram juntos.
> Tinham catorze anos, quando nasceram — Os seios da menina.
>
> (Walter, p. 268)

Ter catorze anos quando se nasce é impossível, não por nunca se ter observado semelhante facto, mas por isso contradizer o sentido das palavras: ter catorze anos equivale a ter nascido há catorze anos. Do mesmo modo, a definição da palavra «grávida» implica que não pode ser aplicado a uma pessoa que acabou de nascer, porque pressupõe a realização anterior de certos atos; também não se pode estar «sempre grávido».

A oposição entre os dois grupos que acabámos de distinguir (Georges e Dundes chamam ao segundo «as oposições antitéticas») é clara: no primeiro caso, contradiz-se uma verdade sintética (e isso provoca a inverosimilhança): no segundo, contradiz-se uma verdade analítica, inerente à linguagem e não fruto da experiência, ou seja, uma tautologia (e isso gera o paradoxo). A diferença entre estes dois tipos de adivinhas é com efeito paralela à que existe entre os lugares-comuns (por exemplo, no nosso caso, «Para viver é necessário o ar», «O movimento é sempre seguido de repouso», etc.) e tautologias do género: «Não se pode comer sem comer», «O que está atrás está atrás», «Aquele que tem catorze anos nasceu há catorze anos», etc.

Mas deixemos de lado algumas das adivinhas que Georges e Dundes citavam como sendo simplesmente «não oposicionais», tal como (2) e (21). Segundo os nossos autores, elas não comportam oposições, porque as ações contraditórias estão situadas em momentos diferentes do tempo [em (2): o dia e a noite] ou em diferentes pontos do espaço [em (21): dentro e fora]. Com efeito, a situação é diferente num e noutro caso. Na mesma linha de (2) («dorme de dia, caminha à noite»), podem-se enumerar as seguintes adivinhas ([9]).

(24) Degelado no inverno, gelado no verão. — O nariz.

(Stojkova, 1658)

(25) Incha com o frio, treme com o fogo. — A neve.
(Stojkova, 318)

Estas adivinhas (e muitas outras) possuem uma estrutura formal e linguística rigorosamente idêntica. Dois versos paralelos, na maioria das vezes rimados, compõem-se de dois complementos circunstanciais em oposição (inverno-verão, frio-fogo, dia-noite) e de dois verbos antitéticos, mas que, segundo a oposição corrente, deveriam ter uma distribuição inversa. Voltamos, com efeito, aos lugares-comuns, se permutarmos os verbos:

— caminha de dia, dorme de noite;
— degelado no verão, gelado no inverno;
— inchado ao fogo, tremendo ao frio.

Estamos perante inverosimilhança, tal como anteriormente (inversões de proposições sintéticas banais): a figura mínima é testada, mas, além disso, desdobra-se noutra, visto que à primeira inverosimilhança («dorme de dia»), que seria suficiente, se acrescenta uma segunda, simétrica e inversa («caminha de noite»); é uma figura típica do absurdo, ou do «mundo às avessas», que teve o sucesso que se sabe na literatura europeia. Onde Georges e Dundes não viam nenhuma figura, há de facto duas figuras.

Voltemos agora ao último exemplo não explicado (21), onde a maçã é descrita como sendo vermelha por fora e branca por dentro. Georges e Dundes têm razão em dizer que não há neste caso nenhuma contradição lógica; todavia, o que as adivinhas invertem não é a implicação lógica, o silogismo rigoroso, mas um raciocínio aproximativo, uma inferência probabilista, que se chamava, na retórica clássica, um *entimema.* Não é «se *p,* então *q*», mas «há *p* que, se *p,* então, são frequentemente *q*»... De modo diferente dos dois primeiros casos, o paradoxo e a inverosimilhança já não têm que ver neste caso com proposições singulares, mas com uma relação entre proposições; é preciso pois dar um novo nome a este entimema às avessas; chamemos-lhe *contradição*. As espécies da contradição não serão fáceis de distinguir, porque o próprio entinema é proteiforme, vago, impreciso; é aqui que encontraremos em todos os casos as oposições causais e privativas de Georges e Dundes; mas também, sem dúvida, outras variedades. Assim, o entimema pode ser baseado na coocorrência frequente ou numa relação entre um ato e as condições da sua realização (distintas das suas causas), etc. Poderíamos resumir, assim, num quadro as figuras relevadas até aqui:

Truísmos subjacentes	lugares-comuns	tautologias	entinemas
Adivinhas que os transformam	inverosimilhanças	paradoxos	contradições

Resta saber agora se esta interpretação mais lata da «oposição» permite dar conta de todas as adivinhas existentes, ou seja, se essas três figuras são as únicas cuja presença torna possível a constituição de uma adivinha. Alguns exemplos poderiam deixar-nos perplexos: é o caso de (3) e também de:

(26) Um prato cheio de avelãs, no meio de uma noz.
— O céu, as estrelas, a lua.

(Stojkova, 25)

(27) Um campo cheio de ervas. — A cabeça e os cabelos.

(Stojkova, 1548)

Se há algo de estranho em (3), os vinte cavalos brancos numa colina vermelha (mas será que se pode verdadeiramente falar de inverosimilhança?), o mesmo não acontece com os outros exemplos; é, pelo contrário, perfeitamente natural que um prato esteja cheio de nozes e de avelãs e que um campo esteja coberto de ervas. Não há também nem paralelo, nem contradição.

Todavia, se observarmos essas adivinhas na sua totalidade (com a resposta), seremos surpreendidos por um traço que lhes é comum: trata-se sempre de adivinhar, não um só, mas vários objetos que mantêm uma relação fixa. Os dentes e as gengivas (os maxilares), os dez dedos, o céu, as estrelas, a lua, a cabeça e os cabelos. Ou seja, simbolizante e simbolizado não têm nestas adivinhas uma relação trópica simples (de metáfora, de sinédoque, etc.), mas designam uma relação entre dois ou vários termos através de outra relação: a de descrição da analogia aristotélica ou do *diagrama* de Peirce. Quando ao nível trópico, a adivinha realiza uma relação diagramática e não só «icónica», não tem necessidade de uma figura de oposição: esta é a hipótese que fomos levados a formular. A metade de um diagrama, ou seja, a simples relação, é pois uma figura suficiente para justificar a existência da adivinha ([10]).

Acrescentemos que, num caso de diagrama, regra geral, simbolizante e simbolizado intersetam-se, mais do que um tentar englobar o outro.

Pelo menos uma destas figuras deve estar presente; mas várias outras podem simultaneamente estar também. Por exemplo:

(28) Quem é o Senhor
Que vive numa montanha
Que não come nada
Mas que apesar disso defeca? — Uma orelha.

(Nzuji, 36)

Identificaremos aqui uma parte do diagrama (homem; montanha; orelha; cabeça), uma inverosimilhança (um homem que não come nada) e uma «contradição» (defeca sem comer).

Há no entanto um grupo muito homogéneo de adivinhas em que parece ser impossível descobrir qualquer das figuras até agora identificadas. Eis um exemplo:

> (29) O que é que desce a rua, volta a casa, senta-se num canto e espera um osso? — O sapato.
>
> (Taylor, 4536)

Na primeira réplica tudo nos indica que se trata de um cão. Onde está a figura? Só se pode descobri-la sabendo a resposta. O que a retórica descreve de mais semelhante a este fenómeno é a figura da *silepse*, na qual uma palavra deve ser tomada simultaneamente no sentido «próprio» e no sentido «figurado» (ou no sentido maior — independente do contexto — e um sentido menor) ([11]). A diferença entre a silepse e a figura realizada por esta adivinha é que a polivalência se situa aqui ao nível do enunciado e não da palavra isolada. Aplica-se a mesma descrição a dois objetos radicalmente distintos (neste caso, o cão e o sapato); o primeiro simbolizado é «maior» (independente do contexto), o segundo «menor» (só existe nesse contexto preciso). A figura consiste precisamente na existência destes dois simbolizados.

Este mecanismo é frequentemente utilizado nas adivinhas eróticas (também chamadas «equívocas»). O simbolizado maior é o ato sexual, ou os órgãos sexuais do homem ou da mulher, etc.; o simbolizado menor, que é a «verdadeira» resposta, é um objeto efetivamente inocente. O adivinhador pensa inevitavelmente no termo erótico e hesita em dizê-lo: fica surpreendido ao saber a resposta. Toca-se ao de leve o interdito sem nos expormos à censura que a sua transgressão exigiria. Por exemplo:

(30) Tiro a minha coisinha das bragas,
Meto-a num buraco peludo,
Depois tiro-a, com a ponta toda molhada. — O cachimbo.
(Walter, p. 332)

Na tradição indiana, estas adivinhas formam um subgénero, chamado *Kahumukri.* Por exemplo:

(31) Estava deitada e, de súbito, ele subiu
Quando desceu, eu transpirava
E tremia sem poder falar.
Era o meu amante, o meu esposo? — Não, era a febre.
(Khusro, 148)

Pode evidentemente perguntar-se, como Claude Gaignebet ([12]), em que medida outras adivinhas aparentemente inocentes não se referirão igualmente a representações eróticas (mesmo se estas não forem hoje em dia tão evidentes para nós). Deixa-se assim a descrição interna da adivinha, para estudar o problema das funções.

No *corpus* que examinei, não há adivinha que não contenha uma e/ou outra destas figuras; é possível que noutras culturas se destaque ainda a presença de outras figuras. Será que pode haver uma adivinha sem figura? Poderemos responder a esta questão, se nos lembrarmos que a função que a organização figural assume é a de uma focalização da atenção. Esta função é obrigatória; as formas que toma podem variar. Para que serve, por exemplo, a fórmula ritual de introdução (de que não nos ocupamos aqui) senão para chamar a atenção do interlocutor para o facto de se tratar precisamente de uma adivinha? A fórmula de introdução pode pois substituir eficazmente a figura na sua função de focalização. É também concebível que nenhuma forma verbal desempenhe esse papel, se as condições de enunciação da adivinha forem suficientemente ritualizadas e assumirem assim o papel de focalizador. Aqui, como noutro lado, deve procurar-se reconstituir um sistema abstrato de funções, sem o confundir com as formas que o manifestam, mesmo que estas estejam sempre presentes ([13]).

DO SIMBOLIZANTE AO SIGNIFICANTE

Na descrição que até agora se fez, abstraiu-se a matéria linguística concreta, através da qual se produzem as adivinhas; estudava uma estrutura simbólica, não uma produção linguística. É preciso agora examinar o problema da representação verbal desta estrutura, tanto mais que esta é por sua vez influenciada por aquela. Não podemos deixar de nos debruçar sobre algumas questões particularmente interessantes.

1. Sujeito e predicado, palavras e semas

Ainda não disse nada, até aqui, acerca da estrutura propriamente linguística da primeira réplica, ao passo que, se bem se lembram, os estudos evocados no início a analisavam com pormenor: em tema e expressão, no caso de Georges e Dundes; em termo dado (significante) e premissas, no de Köngäs-Maranda. Quaisquer que sejam as escolhas terminológicas, estaremos perante a velha distinção entre sujeito e predicado. Esta oposição já existia em Robert Petsch, que identificava, no centro da adivinha, um elemento denominativo e um elemento descritivo. O meu propósito aqui será mostrar que essa distinção puramente linguística ([14]) não tem qualquer pertinência na descrição da estrutura discursiva e simbólica e que a sua utilização cria dificuldades suplementares.

É preciso começar por constatar que a afirmação desta estrutura, tal como aparece em Petsch ou em Georges e Dundes, não especifica em nada a natureza da adivinha: visto que toda a frase comporta um sujeito e um predicado, para que serve dizer que a adivinha se divide do mesmo modo? Esta afirmação é pois redundante; a menos que a especifiquemos, como faz E. Köngäs-Maranda, que nos assegura que esse «termo dado» é o significante da metáfora. Para provar o contrário, bastaria observar que a maior parte das adivinhas citadas até agora não possui esse termo (o seu lugar na frase é ocupado por um pronome interrogativo ou pessoal). Há igualmente adivinhas (como se observou) cujo modelo linguístico não é a frase atributiva, mas uma frase transitiva, como se poderia encontrar numa narrativa, por exemplo em (2) e (13) ou ainda em:

> (32) Trabalho com os meus cinco bois,
> A terra em que trabalho é branca como a neve
> O grão que semeio é negro como o gaio.
> — Os dedos, o papel e a tinta.
>
> (Walter, p. 270)

Se nos baseássemos em críticas puramente linguísticas, identificaríamos o sujeito — o significante — com o pronome pessoal «eu». Mas a palavra adivinhar, neste caso, encontra-se no predicado e não no sujeito. Já relevámos o desvio que essa construção linguística representa, em relação à formulação clássica da definição.

De qualquer forma, não nos enganaremos: a «narrativa» que nos é contada aqui não é uma verdadeira narrativa (não se vê nenhuma transformação de estado). A adivinha nunca é uma narrativa, só a sua máscara verbal pode ser.

Passando agora à análise do predicado, pode questionar-se a necessidade de encontrar um elemento autónomo, que encarne a «premissa constante verdadeira». Não é que tal elemento não exista (nesse caso não haveria relação trópica), mas pode não tomar a forma de uma palavra questionada. Voltemos à adivinha (16), em que a barriga da perna é descrita como tendo as costas à frente e a barriga atrás. Se a tomarmos à letra, não tem «premissa constante verdadeira»: a barriga da perna não tem costas, nem barriga. Mas cada um destes dois sintagmas contém semas, que partilha com o simbolizado: é direita à frente e redonda atrás; «costas» e «barriga» são sinédoques conceptuais das propriedades «direito» e «redondo». Poderia dizer-se que, neste caso (como em muitas outras adivinhas), há uma relação trópica de segundo grau. Numa adivinha como (1) («O que é que vive no rio?»), a relação trópica estabelece-se entre o simbolizante (presente) e o simbolizado (ausente). Em (16), é no próprio interior do simbolizante que se estabelece uma nova relação trópica: «costas» é uma sinédoque de «direita», que por sua vez (com «frente») é uma sinédoque de «barriga da perna». A existência destes tropos de segundo grau, muito frequentes, obriga-nos a situar-nos ao nível dos semas, e não ao nível das palavras: se não, não seríamos capazes de estabelecer a relação trópica entre simbolizante e simbolizado. Observemos que aqui as únicas palavras que nunca são metafóricas ao segundo grau são os números (porque são monossémicos), o que faz que a sua presença na pergunta se torne uma chave preciosa para encontrar a resposta ([15]): desde que haja «trinta e dois», podemos estar seguros de que se trata de dentes, «dez», de dedos, «dois» é mais difícil, tanto podem ser mãos como pés, olhos ou orelhas. Mas não se pode descrever a adivinha como se todas as palavras fossem números.

O que é pertinente para a estrutura da adivinha é a relação trópica entre simbolizante e simbolizado: ora, esta não está relacionada de modo unívoco com a divisão do simbolizante em sujeito e predicado; o sujeito pode não ter conteúdo descritivo, o predicado pode não ter um elemento autónomo que caracterize o simbolizado. Mas podemos ir mais longe e encontrar casos em que o sujeito e o predicado da pergunta mantenham a mesma relação com o simbolizado (o que provaria que a sua distinção não é pertinente do ponto de vista discursivo). Vejamos este exemplo:

> (33) Um caçador que atira de longe à pressa,
> Quem é o caçador? — O olho.
>
> (Nzují, 10)

O olho não é um caçador, não atira, mas olha, não tem presa, mas objetos de perceção. Cada um dos termos da pergunta, tanto o sujeito como o predicado, tem semas em comum com o simbolizado «olho» e semas específicos: a relação simbólica situa-se ao nível de semas, não ao nível das palavras, e não tem a ver com a posição das palavras na estrutura da frase. As descrições que foram consagradas a esta dicotomia dizem respeito não à adivinha, mas às frases que a constituem.

2. *Polissemia*

A adivinha é uma definição diferente da definição socialmente instituída de cada palavra. Consequentemente, as palavras que a compõem não servem habitualmente para formar esta definição, mas têm um uso diferente. A primeira réplica da adivinha é intrinsecamente polissémica (se não tratar-se-ia de uma definição vulgar). Em termos retóricos, dir-se-á que a relação trópica da adivinha não é nunca uma *catacrese* (quando o «termo próprio» não existe, como no caso de «uma *folha* de papel»): ora, todos os tropos que não são catacreses exigem ser descritos, assim como a sinonímia dos dois significados e a polissemia de um significante.

Discurso baseado na sinonímia, a adivinha explora obrigatoriamente também os recursos da polissemia. Esta tendência aparece mais visivelmente quando uma palavra da primeira réplica, e não a frase inteira, é polissémica. Podem, aliás, distinguir-se dois graus na utilização do sentido duplo, quando se trata de *polissemia* propriamente dita ou de *homonímia* produzida por certas adivinhas, semelhantes a jogos de palavras.

No primeiro caso, joga-se com os dois sentidos de uma palavra, sendo o primeiro o sentido maior e o segundo precisamente uma catacrese. De repente, a primeira réplica parece evocar o sentido maior, ao passo que a resposta engloba o sentido menor (a catacrese). Georges e Dundes isolaram este grupo de adivinhas (sem contudo revelar a polissemia):

(34) O que é que tem dentes e não morde? — O pente.
(Taylor, 299b)

(35) O que é que tem uma cabeça e não tem corpo? — O alfinete.
(Taylor, 1)

É porque não se pode chamar de outro modo à cabeça do alfinete, a não ser «cabeça», e aos dentes do pente a não ser «dentes», etc., que a adivinha evocará aqui e ali estes dois sentidos; a figura que focaliza esta relação simbólica é a inverosimilhança. Estamos perante um mecanismo particularmente claro, que nos permite produzir tantas adivinhas da mesma estrutura quantas catacreses há na língua.

No segundo caso, a palavra que aparece na primeira réplica, e a que é evocada pela segunda, não tem nenhuma relação semântica, ainda que sejam homónimas (é o mesmo processo utilizado nas charadas). Eis dois exemplos franceses:

(36) Qual é o santo com a cabeça um pouco dura? — Santo Clou ([16])

(37) Qual é a santa que não põe as ligas? — Santa Sebastiana.

(Tabourot) ([17])

3. *Organização fónica*

Sabe-se que as adivinhas, nisto semelhantes às outras formas menores de folclore verbal, tais como os provérbios, etc., se caracterizam por uma forte organização fónica, pela presença de rima, aliteração, ritmo regular, etc. Jakobson já analisou vários exemplos destas rigorosas organizações ([18]). Os nomes próprios que aparecem na pergunta são muitas vezes reveladores a este respeito. Há por exemplo uma adivinha búlgara acerca de um rio que é construída segundo este modelo: «A grande» + Nome próprio feminino + «não tem sombra». Mas o nome varia em função dos dialetos, e a ordem precisa das outras palavras obedece sempre às exigências da rima: se a palavra no fim do segundo verso é *njama* (não tem), o nome próprio é *Jana*; se é *Sjanka* (sombra), o nome próprio é *Janka*; se é *Senka* (sombra, nos dialetos ocidentais), será *Enka* ([19]).

Paralelamente a este fenómeno divulgado e bem conhecido, há outro que caracteriza melhor a adivinha, sem no entanto ser exclusivo: é a existência de uma relação fónica entre as duas réplicas. Este facto foi pela primeira vez relevado por Brik na sua análise de repetições sonoras ([20]); foi lembrado por Jakobson no estudo citado. Mas foi sobretudo um especialista soviético contemporâneo, A. T. Guerbstman, que o estudou com pormenor ([21]). Guerbstman preocupou-se precisamente com a relação fónica existente entre a pergunta e a resposta ([22]), deu-lhe o nome de *Otgadachnaia Zvukopis*, que se poderia traduzir por «aliteração adivinhatória».

Distingue então vários casos, de acordo com a relação que se estabelece entre esta analogia fónica (primeira relação simbólica) e o tropo constitutivo da adivinha (segunda relação). Num primeiro caso, estão presentes as duas relações, e, para encontrar a resposta, baseamo-nos tanto numa como na outra. No segundo caso, as duas relações mantêm-se, mas a dos sons é infinitamente mais clara e sugestiva, por exemplo:

(38) Net ni okon ni dverej,
Povredine — arkmierej. — orekh
Nem janelas, nem portas, no meio um padre. — A noz.
(Rybnikova, p. 274)

A análise fónica revela a dispersão seguinte da resposta:

1. . . . O . . . . RE
2. O . . RE . . . (A)RK!H/ERE

Ou seja, a resposta é repetida quase três vezes na pergunta. A escolha do padre, entre todos os habitantes possíveis dessa estranha casa, é visivelmente ditada pela relação fónica ORЕКН — ARKHIEREJ.

Enfim, num terceiro caso, pergunta e resposta já não mantêm relação trópica ao nível dos significados, mas somente ao nível dos significantes, como nos exemplos (18) e (19).

Por vezes, a primeira réplica chega a comportar palavras, desprovidas de sentido na língua, mas que evocam fonicamente a resposta; é o caso de neologismo puro e da «poesia transracional». Por exemplo:

> (39) Ton da totonok? — Pol i potolok.
>
> (Sadovnikov, 53)

A palavra *totonok* não existe; é criada a partir de *ton* (provavelmente aqui o adjetivo «fim»), por analogia com a relação entre *pol* e *potolok,* chão e teto (*da* é sinónimo de *i* e significa «e»). Como se viu anteriormente, estes exemplos só aparentemente contrariam a exigência de uma relação trópica entre simbolizante e simbolizado: a relação existe, mas é entre significantes, não entre significados.

O DISCURSO DA MAGIA

> Encontramos na magia quase todas as formas de ritos orais que conhecemos na religião: juramentos, votos, desejos, orações, hinos, interjeições, fórmulas simples. Mas, assim como não tentámos classificar os ritos manuais, também não tentaremos classificar com estas rubricas os ritos orais. Não correspondem, aqui, a grupos de factos bem definidos.
>
> Marcel Mauss ([1])

Sumariamente falando, pode estudar-se a linguagem da magia segundo duas perspetivas diferentes. Pode privilegiar-se o termo magia, ao examinar a relação da fórmula com os outros elementos do ato mágico e, através deles, com a cultura de cada povo: deixo esse estudo funcional, de modo algum negligenciável, ao etnólogo, especialista nesta ou naquela etnia. Acentuar a palavra *linguagem,* confrontando as propriedades do discurso mágico com as dos outros discursos, ou com a língua em geral, é a tarefa de estudo estrutural (e de retórica geral) que me proponho aqui fazer. Noutros termos, queria adotar uma atitude diretamente oposta à de Mauss, que é revelada na passagem que citei no início.

O estudo da linguagem da magia já tem uma história própria. Simplificando ainda mais, poderia dizer-se que conheceu duas grandes etapas. No decurso da primeira, que nos é familiar através das obras correntes sobre as sociedades primitivas, as superstições, os ritos, os costumes, é consagrado um capítulo ou um apêndice às fórmulas mágicas (encantações, sortilégios, *spells*, etc.); todas as obras gerais sobre a magia têm uma pequena parte que trata do «verbo mágico». Esta separação já indica uma teoria da linguagem mágica, na maior parte das vezes implícita, segundo a qual esta província da fala não comunica com as outras: suposição que é confirmada, em muitos idiomas, por palavras ou maneiras que não são utilizadas fora de um contexto mágico ([2]).

Perante esta atitude tradicional, que liga pouco à magia na linguagem, surgiu uma reação que culminou com a obra de Bronislaw Malinowski: dá-se-lhe então, por assim dizer, tudo. Procurando definir o verbo mágico de maneira que a definição pudesse descobrir todos os casos observados nas ilhas Tobriand, Malinowski foi levado a escrever: «Cada rito [mágico] é a "produção" ou o "engendramento" de uma forma, e a sua transferência direta ou indireta para um certo objeto faz que ele seja afetado, julgam os indígenas» (Malinowski, 1966, p. 215). Ou seja, o verbo mágico age sobre as coisas. Mas uma definição tão ampla recobre, muito visivelmente, os fenómenos que habitualmente não são classificados como mágicos e que pertencem à nossa vida quotidiana. O que Malinowski não deixa de observar.

A criança utiliza sem cessar a linguagem mágica. «A criança chama a mãe, a ama ou o pai, e a pessoa aparece. Quando pede comida, é como se formulasse um encantamento mágico, um *Tischlein deck dich!*» (*ibid.*, p. 63). Quando cresce, não é obrigada a modificar este hábito, as palavras asseguram-lhe sempre o domínio das coisas. «Observe-se a aprendizagem de uma profissão numa comunidade primitiva ou na nossa sociedade e constatar-se-á sempre que a familariedade com o nome da coisa é o resultado direto da facilidade com que se manipula essa coisa» (*ibid.*, p. 233). Para dominar as coisas, é preciso conhecer as palavras.

Acontece o mesmo em muitos domínios da nossa vida social. É o caso de todo o conjunto de factos ligados à lei. «Aqui o valor da palavra, a força de comprometimento da fórmula, está na própria base da ordem e da confiança nas relações humanas» (*ibid.*, p. 234). Dir-se-ia o mesmo em relação à religião, à vida política, à publicidade. Malinowski conclui: «As palavras podem ser o discurso estúpido de um "líder" moderno, ou de um primeiro-ministro, ou uma forma sacramental, uma observação indiscreta que fira a "honra nacional" ou um *ultimatum*. Mas em qualquer um destes casos as palavras são causas de ação, e são igualmente poderosas e fatídicas» (*ibid.*, p. 53).

Mas se toda a fala que é a causa de uma ação (ou que é seguida de efeito) é mágica, então não há palavra que o não seja: a teoria de Malinowski sobre a linguagem em geral, ao mesmo tempo ponto de partida e resultado das suas reflexões sobre a linguagem mágica, ensina-nos que o próprio sentido das palavras — quer dizer, a sua propriedade constitutiva — consiste na «mudança real operada pelo enunciado no contexto da situação, com a qual forma um par» (*ibid.*, p. 214) ([3]).

Se toda a palavra é ação, então toda a palavra é magia. É este mesmo sentido generalizante que ocupará outro teórico da linguagem mágica, Toshihico Izutsu. A linguagem participa originalmente da magia, porque toda a simbolização é já uma apropriação das coisas e portanto uma ação sobre elas — logo, magia. O simples facto da significação é, já por si, mágico; em consequência, o livro de Izutsu diz respeito mais às operações linguísticas fundamentais do que às encantações singulares, apanágio exclusivo dos mágicos.

Assiste-se assim a uma mudança de objeto evidente. É possível que a magia na linguagem se relacione com a ação pela linguagem; mas, se se diz que toda a ação é mágica, é preciso encontrar outro nome para designar esse tipo de ação pela linguagem, que se chama correntemente mágica, para a distinguir de todas as outras: a jurídica, a administrativa, a ritual, etc. Qualificar como «mágico» o valor ilocutório de um enunciado (e a seguir constatar a universalidade da magia) não nos ajuda em nada a compreender a especificidade do discurso mágico.

ANÁLISE DE UMA FÓRMULA MÁGICA

Tomemos uma fórmula mágica, tal como se encontra nas transcrições dos folcloristas ([4]):

> (1) *Contra o carvão.*
>
> Germe ou Carvão, negro ou vermelho, qualquer que seja a tua cor ou espécie, esconjuro-te nos ares ou no mais profundo do mar e ordeno-te de parte de Deus (+) vivo, que saias imediatamente do corpo de N... tão depressa como Judas (+) traiu Nosso Senhor Jesus Cristo no jardim das Oliveiras (+) assim como os doze mártires assistiram e subiram ao céu (+). Natusex, christusex, mortusex, ressurrex (*três vezes*).
>
> (*Rives, Delfinado*)

Só o objetivo específico que me proponho permite isolar assim esta fórmula do seu contexto de enunciação. Sabe-se que a fórmula por si não tem poder mágico; só o adquire em circunstâncias precisas, pronunciada por uma pessoa que tenha direito a isso ou poder para tal. Ou seja, a magia não é um enunciado, mas uma enunciação, e esta compõe-se de: um enunciado e de interlocutores; de circunstâncias espácio-temporais de alocução; assim como das relações que se podem estabelecer entre esses diversos elementos. Limitando-me ao enunciado, ponho entre parênteses vários elementos do ato mágico; é necessário lembrar sempre isto.

O que é que nos leva a identificar intuitivamente esta fórmula como uma parte do discurso mágico? O facto de se tentar agir sobre uma doença (eripsela, carvão) por intermédio de um simples enunciado verbal. Tentemos fazer variar os elementos desta descrição para provar os limites da magia. Será indispensável que a doença seja o alocutário? Se eu disser: «Conjuro o germe ou carvão...», etc., o meu discurso continua a ser mágico. Se eu disser: «Conjuro o padeiro a trazer-me o pão neste preciso momento», o meu discurso é ainda mágico. Se eu disser ao padeiro: «Peço-lhe que me dê um croissant» *para que* ele me dê pão, o meu discurso continua a ser mágico (a menos que esse acordo se faça num código secreto). Se em contrapartida eu disser (ao padeiro): «Peço-lhe que me dê um pedaço de pão», o meu discurso já não terá nada mágico, mesmo que seja seguido de uma ação.

Porquê? Querer provocar uma ação pela fala é visivelmente suficiente para dar a essa fala um caráter mágico: tudo depende do agente dessa ação. Se o agente é esse de quem eu falo (o *delocutário* ou referente do discurso), seja qual for a sua natureza, o meu discurso é mágico. Se esse agente é aquele a quem falo, o meu discurso só é mágico se esse agente não o ouvir (alocutório ausente), ou se não o compreender (alocutório inanimado ou frase que quer dizer outra coisa), ou se for incapaz de se submeter a ele («levanta-te e caminha», dito a um paralítico). «Abre-te, Sésamo» é uma fórmula mágica: a ação deve ser dirigida a um rochedo: «Abre-te, Maria» não é mágico, se a dita Maria souber compreender as minhas palavras. A identificação da magia baseia-se na categoria do possível (científico): pôr adubo no campo para melhorar o rendimento não releva da magia; pôr talismãs, sim. Base talvez frágil, mas indispensável.

Proceder assim é identificar o discurso mágico pelo que ele faz, pela sua intenção ou — já que estamos num sistema simbólico — pelo seu simbolizado. Haverá meios que sejam constantemente colocados ao serviço desta intenção? Ou ainda: sendo o que é o simbolizado, qual deverá ser o simbolizante? É o que tentaremos ver, através da análise da fórmula citada, lembrando-nos todavia de que o objeto do nosso estudo não é a matéria linguística, mas a estrutura simbólica que esta recobre, manejando duas etapas na análise: estudo do simbolizante (mágico); passagem do simbolizante ao significante (linguístico).

A fórmula que temos diante dos olhos deixa-se primeiro decompor em três partes distintas. Uma vai da primeira palavra até à menção de um nome próprio (designado aqui por N...): contém toda a informação de que disporemos para realizar o ato mágico. A segunda começa por «tão depressa» e termina no fim da frase: é uma comparação do acontecimento presente com um acontecimento passado (mítico). Enfim, a terceira parte é formada pela última proposição: à primeira vista incompreensível, é aparentemente composta por palavras latinas deformadas.

Aproveitarei a presença no léxico português de uma série de termos de sentido semelhante que se relacionam todos com o discurso mágico; dar-lhes-ei, no quadro deste estudo, um sentido preciso (que não estará em contradição com o seu sentido comum) e utilizá-los-ei para designar as subdivisões ou subespécies da fórmula mágica. Chamar-se-á *invocação* à primeira parte; *comparação* à segunda; *encantação* à terceira.

É a primeira parte, a invocação, que a este nível pede para ser analisada com pormenor: a comparação repete, de forma mais simples, a mesma estrutura; quanto à encantação, apresenta-se como um bloco indivisível. Na invocação, em contrapartida, identificam-se facilmente vários elementos, que se poderiam agrupar do seguinte modo:

— os *papéis*, que são designados por: «germe ou carvão» (e tu»), «eu», «Deus vivo» e «N...»;
— as *ações*, designadas por verbos: «esconjurar», «ordenar» por um lado; «sair» por outro;
— as *expansões*, ou diversos complementos, atributos, etc.: «negro ou vermelho», «nos ares ou mais profundo do mar».

Deixaremos provisoriamente de lado o grupo das expansões para nos limitarmos às duas primeiras espécies, que parecem ocupar uma posição dominante.

Primeiro, os papéis. São, pode ver-se claramente, de duas espécies: os protagonistas da enunciação (identificados por «eu» e « tu») e os protagonistas do enunciado («germe», «Deus», «N...»). «Germe» iguala «tu», ao passo que «eu» não possui outro nome. Mas, mesmo que o discurso não o faça, devemos claramente separar estas duas séries de papéis, *discursivo* e *enunciativo*, para melhor poder estudar a sua articulação. Os papéis enunciativos não nos dizem nada por agora. Quais são os papéis discursivos? Tentemos dar a cada um, provisoriamente, um nome que o identifique melhor. «Eu» é o mágico; «tu» ou «germe» é o *objeto* da ação mágica; «N...» é o *beneficiário* dessa ação; «Deus» é o *mediador* que se invoca para ajudar.

Quanto às *ações*, dois dos verbos que as designam são quase sinónimos, «esconjuro» e «ordeno». Têm também em comum a propriedade de serem verbos *performativos;* ou seja, a sua enunciação realiza a ação que significam. Opõem-se ambos ao verbo «sair», que designa uma ação vulgar e que se chamará verbo *descritivo* (ou constativo).

Interrompamos aqui a análise. Se quisermos mais esclarecimentos sobre a natureza do discurso mágico, é preciso abandonar esta fórmula única para a comparar com outras: único meio de estudar o sistema hierárquico que ela ilustra ([5]).

ESTRUTURA DA FÓRMULA MÁGICA

Para passar da descrição de uma fórmula única à do discurso mágico, servir-nos-emos dos caminhos já conhecidos da comparação e da dedução (com efeito, este trabalho já estava implícito na minha descrição inicial). Seremos levados a formular uma nova dicotomia, que reagrupa as distinções precedentes: dicotomia entre a organização *sintagmática* (ou figural) de um discurso e a sua organização simbólica.

1. *Organização sintagmática.* Fazendo primeiro uma leitura «horizontal» da única ação efetuada pela fórmula mágica, chega-se a uma primeira conclusão: o discurso mágico é uma subespécie do discurso narrativo, a fórmula mágica é uma micronarrativa.

Esta constatação baseia-se na presença de um elemento preciso da fórmula, que acabámos de identificar como sendo um «verbo descritivo»: esse verbo («sair», no nosso exemplo) significa necessariamente uma mudança de estado (passar da presença à ausência); ora, a transformação de um estado é uma condição necessária para a existência da narrativa.

Não se deve julgar que semelhante existência seja sempre e em todo o lado realizada e que permite classificar qualquer sequência verbal numa narrativa. Para dar outro exemplo de folclore, veja-se o caso das *adivinhas,* que nunca são narrativas (contrariamente ao que se julgava), mesmo que a pergunta tome por vezes a forma de uma frase narrativa: a adivinha é uma definição não convencional; ora, a definição retém os traços fixos (mesmo se são ações) e não os comportamentos transitórios. Nos termos de Sapir, dir-se-á que a pergunta da adivinha designa um «existente» (o adjetivo ou o substantivo da gramática), ao passo que a fórmula mágica designa um «ocorrente» (o verbo).

A narrativa da fórmula mágica tem, aliás, um traço específico que a distingue imediatamente da maior parte das outras narrativas: designa uma ação virtual, não real, uma ação ainda não realizada, mas que o será. Não é todavia a única a preencher esta condição; outro exemplo de «narrativa imperativa» é-nos dado pelas receitas de cozinha.

É o verbo descritivo que assegura o caráter narrativo da fórmula mágica; merece por isso ser examinado com mais pormenor. «Sair» é um verbo de movimento que designa a passagem da presença à ausência; o seu sujeito é o nosso «objeto» (germe ou carvão), agente nocivo que é preciso afastar. Semelhante descrição sugere já que os dois elementos identificados se prestam à variação: pode fazer-se sair, ou entrar, um objeto nocivo ou um objeto útil. Daí se deduz que a fórmula analisada só ilustra uma variedade de magia entre quatro, que se poderiam assim inscrever num quadro:

		de um objeto	
		negativo	positivo
Provocar	a ausência	1	3
	a presença	2	4

Chama-se tradicionalmente às fórmulas um e quatro (provocar a ausência do negativo ou a presença do positivo) *magia branca*; às fórmulas dois e três, *magia negra*. Poderia também, aproveitando ainda a abundância de sinónimos neste domínio, dar-se um nome particular a cada uma dessas espécies: 1) — fazer desaparecer o negativo, *exorcismo*; 2) — fazer aparecer o negativo, *imprecação*; 3) — fazer desaparecer o positivo, *cominação*; 4) — fazer aparecer o positivo, *conjuração*.

A amostra que encontrei nas transcrições de folcloristas só tem exemplos de magia branca (fórmulas um e quatro). Já se viu o exemplo do exorcismo ou magia de proteção (defensiva); eis um exemplo de conjuração ou de magia de aquisição (ofensiva):

> (2) *Para se casar bem*
>
> Grande S. José, já que os bons casamentos se fazem no céu, conjuro-vos, pela felicidade incomparável que haveis recebido, quando vos tornastes o verdadeiro e legítimo esposo de Maria, a ajudar-me a encontrar um partido favorável, uma companheira fiel, com a graça de poder amar e servir Deus para sempre.

Notemos que a oposição entre exorcismos e conjurações ou entre magia defensiva e ofensiva é exatamente paralela à que Propp estabelece entre dois tipos de contos de fadas, os que começam por uma ação má (elemento negativo a desaparecer) ou por uma falha (elemento positivo a aparecer).

Quanto às imprecações e às cominações, podemos produzi-las facilmente a partir de duas fórmulas presentes: no primeiro caso, pedir-se-á ao carvão para vir para o corpo de N...; no segundo, exigir-se-á que N... nunca chegue a casar.

Experimentemos agora uma variação mais importante: mais do que mudar a direção do verbo, ou o valor do seu sujeito, observemos o que se produz, se suprimirmos inteiramente esse verbo. Com ele desaparecerá o sujeito (a que chamei objeto da magia); a fórmula limitar-se-á a uma convocação do mediador, e ela própria torna o mágico beneficiário. A fórmula seguinte aproxima-se desta descrição:

> (3) *Para se assegurar da ajuda dos anjos*
>
> Adonai, Theos, Ischyros, Athanatos, Paraclytus, Alfa e Ómega, conjuro-vos e peço-vos para me serdes favoráveis e virdes prontamente em meu socorro.
>
> (*Alto Vosges*)

Mas semelhante estrutura é-nos de facto familiar; tem a ver com um certo tipo de fala, habitualmente considerado distinto: a oração. Tocamos aqui nos limites entre os dois discursos, a oração e as fórmulas mágicas examinadas até agora, a que chamarei, por oposição, *sortilégios*.

Como observar esta diferença? Podem ser encaradas várias soluções. Uma primeira, que se rejeitará logo, seria declarar como orações todas as fórmulas que começassem por «eu peço (vos)» (e os seus sinónimos), e sortilégios todas aquelas em que se diz «eu vos conjuro». Uma segunda solução seria fazer apelo ao cânone contemporâneo da Igreja que aceita certas fórmulas (as orações) e recusa outras (os sortilégios). Van Gennep já assinalava o arbitrário de semelhante critério: «...os resmungos, ou seja, as *fórmulas*, se por vezes foram reconhecidas pela Igreja, inscritas no ritual diocesano antigo, hoje são consideradas obrigatoriamente como *orações*; e, se não são reconhecidas, ou já não o são hoje em dia, são heterodoxas ou mágicas. Mas devemos lembrar-nos que *magia* e *religião* são termos relativos...» (1933, p. 479). Tal critério, com efeito, informa-nos mais sobre a história da Igreja do que sobre a natureza dos discursos. Mauss, por seu lado, opõe orações a encantações pela existência ou não de um mediador: «Diremos que se trata de uma oração sempre que estivermos em presença de um texto que menciona expressamente uma potência religiosa. [...] Noutros casos, diremos que há encantação mágica pura ou de forma mista [...] A encantação pura é só uma e não apela a nenhuma força exterior a não ser ela própria» (1968, pp. 410–411). Mas este critério, ainda que se refira à estrutura simbólica (e não linguística ou institucional), não me parece apropriado: muitas vezes fórmulas muito semelhantes só diferem por essa presença ou ausência, que aparece como traço facultativo, e não como uma diferença fundamental. Assim, a nossa primeira fórmula (1) seria uma oração, e esta, que agora cito, um sortilégio:

> (4) *Contra a cegueira*
>
> Dragão vermelho, dragão azul, dragão branco, dragão voador, seja qual for a tua espécie, esconjuro-te a ir para o olho do maior sapo que eu encontrar.
>
> (*Alto Vosges*)

No entanto, a semelhança entre as duas salta à vista.

A diferença que eu queria considerar como básica na oposição oração/sortilégio é mais essencial.

No sortilégio, a invocação de um mediador é uma ação transitiva: consome-se no seu objetivo, que é facilitar o movimento de desaparecimento ou aparecimento de um objeto benéfico ou maléfico. Na oração, em contrapartida, é a própria invocação, a comunicação com o mediador, que esgota o conteúdo da fórmula. É aquilo a que os teólogos chamam oração pura ou mística. Releiamos estas frases de Gabriel Marcel: «Quanto mais a minha oração se assemelha ao pedido, mais cresce o meu poder (uma informação, um objeto qualquer), menos é no seu sentido próprio uma oração [...]. Em suma, a oração nunca pode ser em nenhum caso tratada como um meio que se interroga, pondo-se em causa a sua eficácia.» Não faço aqui mais, em suma, do que explicitar semelhante intuição no plano discursivo.

Naturalmente que um dos dois polos que descrevo não está forçosamente presente e o outro excluído. O objeto da fórmula pode permanecer presente; basta *salientar* a relação com o mediador, e aproximar-nos-emos da oração; por outro lado, o mediador pode estar presente, mas subentendido, concentrando-se toda atenção no objeto: estaríamos então no domínio do sortilégio (é o que explica a ilusão e o ponto de vista de Mauss). Mas como medir esse «salientar», essa «atenção»? Depois de ter definido a oração pela sua intransitividade, G. Marcel acrescenta: «É evidente que é uma atitude-limite, e que na prática a oração tende inevitavelmente a ser tratada como meio. Não pode haver demarcação rigorosa entre uma certa religião e uma certa feitiçaria». Na ação mais popular do Catolicismo, juntam-se elementos dos dois géneros: «Pai-Nosso que estais no céu...» releva da oração, mas «Dá-nos o pão de cada dia» ou «Livra-nos do mal» são frases que poderiam figurar em qualquer sortilégio (a primeira revela da conjuração, a segunda do exorcismo). Pode pois concluir-se: toda a fórmula desprovida de objeto é uma oração; toda a fórmula desprovida de mediador, um sortilégio; quanto às numerosas fórmulas em que um e outro estão presentes, teremos recurso ao uso de outro critério, que releva da realização linguística do sistema simbólico (cf. *infra*, p. 286).

Examinemos agora os papéis narrativos. Notemos primeiro — facto digno de mais interesse do que aquele que provocou — que estes só aparecem se uma ação verbal (um «ocorrente») estiver presente; o adjetivo (o «existente») não implica esses papéis. O mesmo acontece com a língua, onde o sistema de casos, que mais não é do que uma rede de papéis à volta de uma ação, depende do verbo, não do adjetivo.

Os nomes dados a esses papéis só eram apropriados para o tipo de magia ilustrado pela fórmula (1). Para o contraexemplo mais evidente, só se pode falar de *beneficiário* quando se trata de magia branca; no caso contrário, teremos de ver com uma *vítima*. Será pois necessário, numa teoria mais geral, introduzir um termo neutro em relação à oposição benéfico/maléfico; tal como o de *destinatário*. Do mesmo modo, teremos necessidade de um termo genérico que englobe o mágico e o padre, por exemplo, o de *oficiante*. Com a desaparição do objeto, o ser invocado já não merece o nome de mediador, porque entra em relação com ele, torna-se um fim em si; trata-se então de uma transformação mais profunda da estrutura dos papéis, porque Deus participa tanto do antigo mediador quanto do papel que eu atribuía ao objeto.

O sortilégio, rigorosamente definido, comporta três papéis obrigatórios (mágico, destinatário e objeto) e um papel facultativo, o de mediador. Veremos aliás que o mediador pode por vezes tomar aspetos menos claros, confundindo-se com os elementos exteriores do sistema dos papéis.

Haverá outros papéis facultativos? Alguns exemplos da nossa amostra poderiam demonstrá-lo:

> (5) *Contra o granizo*
>
> Feiticeiro ou feiticeira que fizestes esta nuvem esconjuro-te da parte de Deus vivo e do grande Adonai que é o teu mestre e o meu, esconjuro-te a não te aproximares do meu território, a partires para os desertos. Sim, esconjuro-te pelas três grandezas que são as pessoas da Santa Trindade, o Pai, o Filho e o Espírito-Santo.
>
> (*Alto Vosges*)

(6) *Contra a hemorragia*
Erva que não foi plantada, nem semeada,
Criada por Deus,
Para com o sangue, e cura a moléstia!

(*Alto Vosges*)

Os casos são à primeira vista diferentes. No primeiro, mais do que se tratar de um simples objeto, combate-se ao mesmo tempo a nuvem e o feiticeiro que a criou; no segundo, solicita-se a mediação da erva, mas mencionando que ela é produzida por Deus. A semelhança das duas fórmulas baseia-se no facto de um papel simples (objeto, mediador) ser cindido em dois, sendo uma das metades o agente ativo e criador e a outra o instrumento prático, o produto que serve de auxiliar. Mas esta nova dicotomia, entre «agente» e instrumento», já não se situa ao mesmo nível da configuração precedente de papéis, visto que, precisamente, cada um dos papéis pode ser analisado do mesmo modo. É necessário, pois, distinguir, na análise do discurso, os dois níveis em que se estabelecem as redes relacionais: um mais abstrato, próprio a toda a narrativa, em que se fará provavelmente a distinção entre «agente» e «paciente», entre «adjuvante» e «oponente» (para retomar aqui a terminologia de Greimas); o outro, mais concreto, caracterizando um universo discursivo por oposição a outro — foi o que aconteceu com os sortilégios: mágico, objeto, destinatário, mediador. Esta distinção parece tanto mais necessária quanto nos permitirá dar conta da singularidade de uma fórmula como esta:

(7) *Contra a cegueira*

Olho, fogo, queixa, seja unha, grão ou aranha, Deus ordena-te para não teres mais poder sobre este olho como os judeus no dia de Páscoa sobre o corpo de N.-S. J.-C.

(Verrières-le-Buisson, Hurepoix)

O mediador aqui já não é um agente, está reduzido a ser um auxiliar do mágico (que, de repente, aparece como um superior).

Examinemos agora o terceiro elemento essencial da estrutura sintagmática: o verbo performativo. A sua função nos sortilégios é estabelecer a relação entre o mágico e o objeto da magia (eventualmente, o mediador); viu-se que o seu papel se tornava mais importante nas orações. Fora do seu conteúdo de verbo de fala, designa uma relação de poder entre dois papéis: de superioridade na «ordem», «mandamento», «conjura», ou de inferioridade na «petição», «súplica», etc. Salientar-se-á a diferença em relação aos dois outros grupos de verbos performativos, igualmente usados no discurso religioso. As promessas (*juras*) e as ameaças estabelecem uma espécie de contrato de troca: os dois parceiros colocam-se, de certa maneira, em posição de igualdade. Os sortilégios, esses, estão aquém e para além do contrato: a diferença do poder permite passar sem a troca. As *bênçãos* e as *maldições*, por outro lado, não implicam que aquele que as pronuncie tenha um poder qualquer, não garantem a realização de uma ação especial. Uma só fórmula pode conter elementos de vários tipos de discurso [o nosso exemplo (2), que é essencialmente uma conjuração, comporta no final um juramento].

O verbo performativo garante a eficácia da fórmula, transforma a narrativa em ato mágico. Mas essa mesma função pode ser assumida por outros elementos formais. Estes podem figurar apenas no contexto de enunciação: oficiante em certas circunstâncias muito precisas, o mágico simboliza assim o seu ato e não tem forçosamente necessidade de o designar no interior do discurso. Veremos mais adiante quais são as transformações especificamente linguísticas que pode sofrer o mesmo verbo performativo. Notemos aqui que a mesma função (a de indicar que se trata de um ato mágico) é correntemente assumida por outra parte da fórmula mágica, ou seja, a encantação. Esta pareceu-nos primeiro uma parte residual: é o que restou da fórmula, uma vez subtraídas as partes facilmente identificáveis, a invocação e a comparação; viu-se ao mesmo tempo que era parcialmente incompreensível. Pode agora designar-se a função desta parte incompreensível (veremos além disso que a encantação duplica a invocação ou a comparação): designa a natureza mágica do ato, a relação que se estabelece entre o mágico e o objeto da magia. O que explica, aliás, o facto de as encantações como «abracadabra» se terem tornado o símbolo da magia em geral.

Se deixo de lado as *expansões*, não é pelo facto de elas terem pouca importância; pelo contrário, do ponto de vista etnológico, serão precisamente estas expansões que distinguirão a magia de um povo (ou de uma área cultural) da de outro. I. Tchernov (1965) mostrou, por exemplo, que as circunstâncias de lugar, nos sortilégios de amor russos, são rigorosamente fixadas e organizadas em duas oposições: «campo/mar» e «este/oeste», servindo o primeiro termo de referência à magia branca e o segundo à magia negra. No entanto, o meu quadro de referências, aqui, não é a cultura deste ou daquele povo ou tribo, mas a tipologia dos discursos; ora, a este respeito, as expansões desempenham inevitavelmente um papel mais limitado, visto que a sua presença é facultativa.

2. *Organização simbólica:* Dediquei-me até agora à análise da única situação central, copresente na enunciação da fórmula. Sabe-se, no entanto, que a fórmula pode evocar outro plano de referência, paralelo ao primeiro. Voltemos ao exemplo (1). Por três vezes se mencionam elementos exteriores ao contexto de enunciação, e faz-se isso em cada uma das três partes que se identificaram inicialmente: primeiro, referindo-nos ao «grande Deus vivo»; a seguir, evocando um episódio da vida de Cristo; finalmente, na encantação, apesar

da deformação do latim, adivinha-se ainda uma referência à vida de Cristo.

É a este paralelo entre duas situações distintas (uma que releva da vida quotidiana e presente, a outra do cânone cristão) que eu chamo organização simbólica. Ela realiza-se, vê-se, graças a meios verbais muito variados, que ocupam posições sintagmáticas diferentes. Esta organização simbólica será necessária? I. Tchernov julga que sim (1965, p. 168); por outro lado, é incontestável que há fórmulas sem nenhuma referência a outra situação; assim acontece com uma já citada (4). Parece-me no entanto que tais fórmulas são muito raras; e seria antes levado a acreditar que a organização simbólica é obrigatória, apesar de em alguns casos ser substituída pelo recurso ao contexto cultural.

Esta segunda série de circunstâncias manifesta-se, pois, através do mediador (encarado aqui segundo um outro ponto de vista) e da encantação, na medida em que ela é compreensível, e especialmente através da comparação de que é a única função ([6]). Notemos que na nossa amostra de sortilégios franceses se trata de uma comparação explícita, e não de um tropo no sentido estrito (em que a comparação estaria subentendida por uma sinédoque ou metáfora, etc.). Considerando apenas os sortilégios franceses, podemos revelar a origem cristã da maioria das comparações, bem como outros elementos que nelas se misturam episodicamente; compreende-se por que razão se pôde chamar aos sortilégios «orações populares». Eis outro exemplo de comparação, cujo interesse reside no facto de se encontrar encaixada no lugar do mediador:

(8) *Contra a cólica*

Suplico-te, ó cólica, pelos sofrimentos terríveis que os judeus causaram ao corpo de J.-C., quando levantaram a cruz, e pelos sofrimentos que o fizeram passar descendo-o

> da cruz e colocando-lhe o corpo dentro de rochas, para salvar as nossas almas, que deixes o corpo de N… e que lhe devolvas a saúde. Suplico-te também, ó cólica, pelos sofrimentos silenciosos do bem-aventurado Erasmo, quando os carrascos lhe arrancaram os intestinos com um ferro. Peço a Deus e à Virgem.
>
> (*Flandres*)

Será que se pode identificar a função desta organização simbólica (agora que pus de lado a função da narrativa)? Tentaremos responder à questão, examinando uma comparação que aparece em numerosas fórmulas (é a mais frequente da nossa amostra). Aparece como uma forma motivada em sortilégios como:

> (9) *Contra as queimaduras*
> Fogo de Deus, perde o teu calor
> Como Judas perdeu a cor
> Quando traiu Nosso-Senhor
> No jardim das Oliveiras.
>
> (*La Combe-de-Lancey, Delfinado*)

Dois sujeitos, o fogo e Judas, têm um predicado em comum [«perder»], que motiva a comparação, ainda que os complementos se mantenham distintos (calor e cor).

Toda a espécie de supressão, de adição e de substituição pode intervir na comparação, sem por isso lhe tirar o seu caráter motivado. As coisas tornam-se todavia mais perturbadoras quando Jesus e Judas mudam de papel:

> (10) *Contra as queimaduras*
> Fogo, Fogo, Fogo
> Extingue os teus calores

Como Jesus as suas cores
No jardim das Oliveiras.

(*Plessis-Robinson, Hurepoix*)

(11) *Contra as entorses*

Perde as tuas forças, calores e cores como N.-S. J.-C. perdeu as suas forças, calores e cores no jardim das Oliveiras.

(*Bruyères-la-Châtel, Hurepoix*)

Subsiste um predicado comum; não se pode todavia evitar a impressão de que o sentido da comparação não importa muito àquele que a enuncia, visto que o positivo e o negativo se podem facilmente substituir um pelo outro.

Mais um passo, e a comparação seria imotivada. Eis como isso acontece:

(12) *Contra as queimaduras*

Acalma a tua dor, como Judas mudou de cor ao entrar no jardim das Oliveiras.

(*Saint-Pierre-d'Allevarâ, Delfinado*)

(13) *Contra as queimaduras*

Fogo retém o teu calor
Como Satanás traiu Nosso-Senhor
No jardim das Oliveiras.

(*Villemoirieu, Delfinado*)

(14) *Contra o cancro*

Cancro amarelo, cancro branco, cancro negro, cancro de todos os cancros, apaga o teu fogo e a tua luz como Judas crucificou N.-S. J.-C.

(*Souchamp, Hurepoix*)

Como se pode acalmar a dor tal como Judas mudou de cor? Ou reter o calor como Satanás traiu? Ou apagar o fogo como Judas crucificou? Torna-se claro que a comparação já não serve para salientar a semelhança entre os dois acontecimentos, visto que, justamente, não há nenhuma semelhança! É-se então levado a formular uma hipótese mais geral, ou seja, que a função da comparação não serve para fazer ressaltar as semelhanças, mas para afirmar a possibilidade de relacionação entre acontecimentos pertencentes a séries diferentes e permitir a ordenação do universo. Neste caso particular, trata-se de inscrever um acontecimento contingente e novo — uma queimadura — numa série finita e bem conhecida, limitada aos principais acontecimentos da vida de Cristo. É assim que o facto perturbador, desconhecido, se integra numa ordem tranquilizadora; trata-se de uma atividade de classificação. É esta relacionação que importa acima de tudo, uma vez que é capaz de ultrapassar a sua motivação (a semelhança real).

Que a função da organização simbólica seja de natureza ordenadora bem mais informativa (ensinar-nos que isto se parece com aquilo) do que outros géneros folclóricos é-nos confirmado por estes últimos. Vejamos, por exemplo, as adivinhas que se qualificam como sendo a «sageza popular» e acerca das quais se pergunta se não servirão para transmitir o saber dos velhos aos jovens, dos sábios aos ignorantes, etc. Eis duas adivinhas ([7]):

> (15) Dois senhores que nunca se veem.
> Mas se um está atormentado, o outro consola-o.
> Quem são? — Os olhos (n.º 108).

> (16) Estes dois senhores vivem na mesma Montanha.
> Mas quando chove

A água que corre num
Não vai para o outro.
Quem são? — Os olhos (n.º 110).

No primeiro caso, os dois olhos são caracterizados pelo seu afastamento físico e pela sua proximidade «moral». Qual das duas afirmações revela a «sageza popular»? Talvez nenhuma delas: será que visam, tanto uma como outra, relacionar ordens diferentes, sem se preocuparem com o conhecimento dos factos que deveriam transmitir?

Não se pode deduzir uma teoria funcional do simbolismo de dois exemplos. Resta saber que a organização simbólica das fórmulas mágicas, como das adivinhas, tende a mostrar que a função «construtiva» prima sobre a função «informativa» ([8]).

DO SIMBOLIZANTE AO SIGNIFICANTE

Até agora só me preocupei com a estrutura deste sistema simbólico que é o discurso mágico, e não com a matéria linguística que ele manifesta. A diferença é essencial: este sistema inclui não só o enunciado linguístico, mas também o seu contexto de enunciação. É o que não se pode esquecer quando se encontram fórmulas como esta:

(7) *Para combater um feiticeiro*
Rostin clasta, auvara clasta, custodia durane.
(*Alto Vosges*)

Isto é pura encantação, e, se fosse necessário limitarmonos ao enunciado, não podíamos estabelecer nenhum papel, identificar nenhuma ação. No entanto, o contexto de enunciação indica-nos quem pronuncia a fórmula (é o mágico), em proveito de quem é pronunciado (o beneficiário) e contra quem (o objeto); a ação prescrita decorre da natureza do objeto (neste caso, combater o feiticeiro).

A realização linguística da fórmula põe uma série de problemas: só poderei tratar, a título de exemplo, de alguns deles.

1. *Apóstrofes e narrações.* Van Gennep já tinha observado que, no plano linguístico, as fórmulas relevavam de dois tipos: as fórmulas diretas ou *objurgatórias* (ilustradas por todos os exemplos até agora citados) e as fórmulas indiretas ou *narrativas,* onde se relata um acontecimento semelhante, sem indicar explicitamente a sua relação com a situação presente (Van Gennep, 1928, p. 5). Eis um exemplo destas últimas:

> (18) *Contra as queimaduras*
>
> Nosso Senhor Jesus Cristo, passando numa ponte com um braseiro, deixa cair um pouco de brasas: sopra por cima, dizendo: Fogo, eu apago-te.
>
> (*Jons, Delfinado*)

A diferença linguística entre estes dois tipos de fórmulas é claro; é a mesma que Benveniste visa com a sua oposição entre discurso e história. No primeiro caso, o enunciado comporta pronomes pessoais («eu» e «tu») e os tempos verbais que lhe são correlativos; no segundo, mantemo-nos no modo impessoal (o da terceira pessoa) sem nenhuma indicação sobre a relação entre este enunciado e o seu ato de enunciação; se aparecem pronomes pessoais, devem ser tomados a cargo por uma instância de enunciação, já enunciada. Poderia, baseando-se nas suas propriedades linguísticas, chamar-se às fórmulas do primeiro tipo *apóstrofes* e às do segundo *narrações.*

Se relacionarmos esta distinção com o que sabemos acerca da fórmula, torna-se possível descrever essa transformação segundo outro ponto de vista. Enquanto nas apóstrofes a invocação ocupava a posição dominante e a comparação era secundária, aqui, pelo contrário, a comparação é dominante e a invocação subordinada. A isto acrescenta-se que a comparação neste segundo caso tem obrigatoriamente que ver com o mediador (e não com o objeto). Assim, poderíamos transformar a fórmula (18) em:

> (19) Fogo, eu apago-te, como te apagou N.-S. J.-C., ao passar numa ponte com um braseiro, etc.

Observar-se-á que a fórmula original indica não só os elementos do enunciado (palavras a pronunciar), mas também os elementos da enunciação (os gestos de acompanhamento). Noutros exemplos, apenas se descrevem esses gestos (a magia verbal introduz uma magia não verbal):

> (20) *Contra a tinha*
>
> Paulo estava sentado na pedra de mármore, e N.-S., passando por lá, disse-lhe: «Paulo que fazes aí? — Estou aqui para curar a doença do meu chefe. — Paulo, levanta-te e procura Santa Ana para que ela te dê um óleo; untar-te-ás ligeiramente em jejum, uma vez por dia; quem assim fizer não terá nem ronha, nem sarna, nem tinha, nem raiva.»
>
> (*Flandres*)

A partir destas narrações «canónicas» (em que a comparação engloba a invocação) tornam-se possíveis duas fórmulas derivadas: uma em que só a comparação está presente e outra em que no interior da invocação aparece uma nova comparação. Eis um exemplo da primeira:

> (21) *Contra a névoa*
>
> O Bem-aventurado S. João, ao passar por aqui, encontrou três Virgens no seu caminho. Disse-lhes: «Que fazem

> aqui? — Curamos a névoa. — Curem, virgens, curem o olho de N...»
>
> (*Hurepoix*)

Poderia igualmente dizer-se que se trata aqui de invocação indireta do mediador (as virgens), o que nos aproxima das apóstrofes, mas não contradiz a descrição precedente, visto que sabemos que, simbolicamente, o mediador pertence à esfera da comparação. Eis um exemplo do segundo caso:

> (22) *Contra as queimaduras*
>
> São Pedro e São João estavam a passear nos campos quando encontraram uma pessoa cheia de queimaduras. «Queimadura, queimadura, para, tal como Jesus Cristo parou, quando carregava a cruz.»
>
> (*Flandres*)

Estamos perante um encaixamento do segundo grau, e concebe-se facilmente que, pelo menos em teoria, os encaixamentos poderiam continuar de modo indefinido: bastaria que Jesus Cristo, parando, pronunciasse uma fórmula que contivesse no seu interior uma nova comparação, e assim por diante.

A vertigem cessa, se o encaixamento se torna um autoencaixamento. Eis um exemplo:

> (23) *Contra a dor de dentes*
>
> Quando Pedro e Simão
> Subiram os montes
> Simão sentou-se;
> Nosso-Senhor disse-lhe:
> — Que fazes aí Simão?

— Oh, Senhor, eu estou
tão doente, tão profundamente doente
que não posso
subir os montes.
— Levanta-te, levanta-te, Simão!
e ficarás curado
desse mal profundo.

(*Alto Vosges*)

A própria narração afirma que deve ser tomada como uma apóstrofe. «Esta oração» é a própria fórmula; se seguíssemos o seu mandamento à letra, não poderíamos parar nunca; cada oração pronunciada exige que se digam três! É também o autoencaixamento que transforma a reescrita em apóstrofe impossível: precisamente porque esta fórmula se declara já uma apóstrofe. É pois uma explicação segunda da natureza real da fórmula, visto que as narrações são, de toda a maneira, apóstrofes dissimuladas: a sua qualidade de apóstrofes provém do contexto de enunciação.

2. *Formulação das ações:* Identifiquei anteriormente duas ações e, respetivamente, dois verbos que as designam: um informativo, o outro descritivo. É no entanto possível que a ação designada pelo verbo performativo nos seja comunicada pelo *modo* do verbo descritivo: «Ordeno-te que partas» é equivalente a «parte!» Pode, de facto, encontrar-se uma série de substituição linguística:

O imperativo simples

(24) *Contra as queimaduras*
Fogo de Deus, perde o teu calor
Como Judas perdeu a cor
Traindo Nosso-Senhor Jesus-Cristo

No jardim das Oliveiras.
Em nome de Jesus e de Maria
Que este fogo desapareça.

(*Les Avenières, Delfinado*)

O imperativo com «fazer»

(25) *Contra os cortes, ferimentos, moléstias*

Fazei, meu Deus que eu não sofra mais do que a Santa Virgem sofreu para dar à luz N.-S. J.-C.

(*Jons, Delfinado*)

O imperativo com «dever» (o obrigatório)

(26) *Contra as larvas*

Tal como as trevas desaparecem e são desvanecidas pela luz divina do Sol, também vós, larvas, deveis desaparecer e morrer.

(*Jons, Delfinado*)

Acontece finalmente que, conservando ainda o modo indicativo, se substituem os dois verbos por um só, que já não designa, como o nosso verbo performativo, o valor *ilocutório*, mas o valor *perlocutório* do ato:

(27) *Contra a febre*

Urtiga, devolvo-te a minha febre.

(*Jons, Delfinado*)

(28) *Contra as larvas*

Inseto roedor, expulso-te em nome de N.-S. J.-C.

(*Jons, Delfinado*)

(29) *Contra as queimaduras*

Em nome do P. e do F. e do E. S., N... tiro-te a queimadura que te queima.

«Devolvo-te», «expulso-te», «tiro-te»: são verbos que combinam as duas funções descritivas (verbos de movimento) e performativa (verbos que se identificam com a ação presente).

Um último grau na desaparição das marcas linguísticas da ação conjuratória é ilustrado pelas fórmulas narrativas, em que a ação desejada (por exemplo, o desaparecimento do carvão) é simplesmente apresentada como já realizada (mesmo se se relaciona com outro beneficiário). O valor elocutório só é então deduzível a partir do contexto de enunciação: é porque sabemos que o carvão está lá que a frase no indicativo «o carvão desapareceu» deixa de ser indicativa e toma o valor de um exorcismo; é uma espécie de tropo gramatical.

3. *Verbalização dos papéis.* Na passagem do simbolizante ao significante, acontecem obrigatoriamente duas operações: a distribuição dos papéis discursivos por atores e a distribuição de papéis discursivos sobre papéis enunciativos.

No que respeita a esta primeira operação, sabe-se desde Propp que um papel pode ser assumido por vários atores (por exemplo, várias doenças desempenham o papel de objeto) e que um ator pode assumir vários papéis. Eis um exemplo em que o mágico é simultaneamente beneficiário:

(30) *Para encontrar o caminho*

Lua, ordeno-te que me desencantes um nome do grande diabo Lúcifer.

(*Alto Vosges*)

Quanto à segunda operação, nas fórmulas de que dispomos o locutor coincide sempre com o mágico. O alocutário, em contrapartida, pode desempenhar qualquer um dos outros papéis. Eis um exemplo (talvez raro), onde se dirige ao beneficiário:

> (31) *Contra o eczema*
>
> Vós, pobre criatura, N..., estais atormentado ou infestado por um eczema nos braços, nas pernas ou noutra parte do corpo. Livrai-vos disso agora e sede aliviado (+) e recuperai a saúde (+).

Habitualmente, como se pôde observar, o alocutário é ou o mediador ou o objeto. Esta distinção linguística será um meio suplementar que permitirá distinguir *sortilégios* de *orações*: quando os dois papéis estão presentes, podem classificar-se como *sortilégios* as fórmulas dirigidas ao objeto; como *orações* aquelas em que nos dirigimos ao mediador.

4. *O princípio de paralelismo.* A organização fónica e sintática da fórmula mágica obedece, na maioria das vezes, ao princípio de paralelismo, que assume, como todas as outras figuras, uma função de focalizador da atenção. A rima, o metro regular, as aliterações proliferam. O mesmo princípio rege muitas vezes a estrutura lexical do enunciado, determinando por exemplo a escolha de santos-mediadores por paronímia ([9]).

> (32) *Contra as escrófulas*
>
> Adjuro-vos mil vezes nas mãos de Deus todo-poderoso e com a intercessão de S. Marcos para curar-vos de todas as moléstias que são chamadas Males de S. Marcos, tão rapidamente como N.-S. J.-C. abençoou, curou o bem-aventurado Lázaro e o ressuscitou da morte.
>
> (*Flandres*)

Outras vezes, é a escolha de verbos descritivos ou performativos que é regida pela consonância:

> (33) *Contra a doença dos olhos*
>
> Não farei nada que não se deva fazer, se Deus quiser. Em nome de Deus e da Virgem Santa, se é a unha que Deus a desunhe, se é o dragão que Deus o lance na confusão, se é o vento que Deus o desalente.
>
> (*Alto Vosges*)

Infelizmente, as transcrições existentes de fórmulas são visivelmente inexatas (são «retocadas», traduzidas), o que torna difícil uma apreciação precisa, a partir dos materiais já recolhidos, acerca do papel que desempenham o paralelismo fónico e gramatical.

FORMAS ATUAIS DO DISCURSO MÁGICO

Na sociedade atual, é pouco frequente o recurso a fórmulas mágicas comparáveis às que acabo de analisar. Será que se pode encontrar outra forma de discurso, com propriedades análogas, mesmo que não seja considerada habitualmente como mágica?

Há uma, que é bem conhecida e repertoriada: é o eufemismo. Quando se evita chamar uma coisa pelo seu nome e se lhe aplica outro, mais benéfico, tenta-se agir sobre o delocutório (o referente) com um discurso; ora, viu-se que essa era a definição de discurso mágico.

O mecanismo do eufemismo já não é hoje ignorado, depois dos trabalhos de Millet, Bonfant, Bruneau. Comporta dois tempos: primeiro o da proibição, que tem a ver com o nome das coisas julgadas perigosas numa sociedade (tabu);

e o da substituição e, na maioria dos casos, da substituição de um nome tabu por um nome diferente. Os nomes de substituição podem classificar-se, em termos retóricos, em etaplasmas ou modificações do significante e tropos. Estes, por sua vez, podem ser propriedades do objeto visado — por exemplo, chamar ao urso «castanho» ou «comedor de mel» (russo *medvedi*) — e nesse caso são sinédoques; ou então outros nomes semelhantes, contíguos ou contrários (metáforas, metonímias e antífrases) — por exemplo, o olho terá, em irlandês, o nome de sol.

Se se comparar o eufemismo com a fórmula mágica tal como a observámos, releva-se uma modificação notável: a fórmula encontra-se reduzida a uma comparação, e o que é mais importante é que esta não traz nenhuma marca do seu estado. Mais do que dizer

> (34) Conjuro-te, morte, por seres tão agradável como a passagem para um mundo melhor,

diz-se:

> (35) Passou para um mundo melhor.

A expressão eufémica funciona sem se fazer enunciar. Produz-se uma operação comparável à que observámos no verbo comparativo: só o conhecimento do código cultural nos permite saber se se trata de um eufemismo (e, portanto, de um discurso mágico).

O eufemismo está codificado ao nível da língua: em português, existe um número finito de expressões que permitem a referência à morte de forma atenuada. Mas os teóricos do discurso mágico procuraram saber se não haveria outros casos da linguagem, menos evidentes e menos convencionais, mas tão comuns que pelo menos se assemelhassem às antigas fórmulas. Uma opinião divulgada, que se encontra por exemplo em Malinowski ou Castiglioni, consiste em ver mais especialmente os avatares da magia em dois discursos: o da publicidade e o do orador político. Mas esta hipótese procede da confusão inicial entre discurso mágico e discurso que suscita a ação. O anúncio publicitário e a arenga política suscitam a ação; mas só o fazem dirigindo-se às pessoas presentes. Para se poder falar de magia, seria necessário observar uma ação exercida sabre o delocutário ou sobre um alocutário ausente: o que não é o caso nem da publicidade, nem do discurso político.

Julgo, como Malinowski, que atualmente há usos mágicos da língua; mas é preciso procurá-los noutro lugar: no discurso da descrição em vez de ser no da persuasão. Este uso distingue-se do eufemismo, porque funciona no interior de um tipo de discurso e não no interior da língua; poderíamos dar-lhe o nome de *eufemia* (termo introduzido por Bruneau noutro sentido). E seria necessário, pois, acrescentar-lhe o seu contrário, a *cacofemia* (termo igualmente introduzido por Bruneau), para designar a magia negra, a seguir à magia branca. Em qualquer dos casos, tenta modificar-se a natureza das coisas, dando-lhes nomes novos, benéficos ou maléficos; mas esse uso não é codificado ao nível da língua.

Um longo caminho separa o *sortilégio* do *eufemismo:* é o da implicitação, da dissimulação da sua própria natureza. As fórmulas mágicas anunciam-se explicitamente como tal; aliás, só são praticadas por profissionais reconhecidos, mágicos e feiticeiros. O eufemismo é a magia ao uso de todos: finge-se não se perceber a natureza mágica da fórmula, ainda que não se possa ignorá-la, visto que pertence ao código comum. Enfim, a eufemia só funciona na medida em que se ignora; desmascarada, deixa de ter valor.

Por esta mesma razão, é difícil isolar casos de eufemia. Para os observar, seria necessário dispor de duas descrições contraditórias de uma mesma coisa: uma pode ser pelo menos uma tentativa para juntar o objeto de que se fala a outra coisa que não ele; ou seja, uma tentativa de agir sobre as coisas pelas palavras. Ou, então, seria necessário conhecer o objeto em questão, para se poder constatar que a sua «descrição» é com efeito uma eufemia ou uma cacofemia.

Eis um exemplo dos dois métodos de observação. Lê-se no *Le monde* de 24.12.1971 esta declaração do Partido Socialista a propósito do encontro Pompidou-Nixon, nos Açores:

> (36) Trata-se, não do «acordo monetário mais significativo da história do mundo», mas de um concerto provisório do sistema monetário internacional.

O interesse desta frase reside para já na crítica metalinguística que exerce: uma das duas expressões que se referem ao mesmo pacto («acordo monetário...» e «concerto provisório...») participa da eufemia e da cacofemia (e portanto do discurso mágico), visto que, atribuindo-se a esse pacto uma qualidade que ele não tem, pretende-se que passe a tê-la.

No que respeita ao segundo método de observação, devo referir-me às discussões que tiveram lugar em matéria de teoria estilística, onde posso tentar medir o potencial mágico das fórmulas utilizadas. Um bom exemplo são as recentes discussões em torno da noção de *desvio*. Vários autores afirmaram que a noção de desvio era cientificamente insatisfatória ou ideologicamente doentia, etc. No entanto, esses mesmos autores, perante os factos que a noção recobre, não podem deixar de a utilizar, mas utilizam outra palavra de que se espera visivelmente um efeito benéfico. Os meus exemplos são tirados das obras de Henri Meschonnic, de Jean-Claude Chevalier e de Julia Kristeva ([10]).

Estes autores atacam o desvio e os seus defensores; mas vejamos como eles próprios procedem.

H. Meschonnic chama à linguagem poética, que tradicionalmente se considerava como um «desvio» da linguagem quotidiana (o caso de Jean Cohen, por exemplo), literariedade e escreve na sua definição:

> (37) Opõe-se à subliteratura, espaço literário não orientado; opõe-se ao falar quotidiano, espaço inteiramente aberto, ambíguo, visto que a sua sistematização é indefinidamente posta em causa.

Ou outro texto mais recente (a propósito de Jean-Claude Chevalier):

> (38) Considera o texto como contestação da linearidade, diferença de perspetiva e não de natureza da linguagem veicular.

Mas será de acreditar que se abandonou a noção de desvio, substituindo a palavra por «opõe-se» ou «contestação»? O mesmo acontece com J.-C. Chevalier:

> (39) O falar oral quotidiano cria, ao referir-se a vários elementos externos, o ou os interlocutores, as circunstâncias ambientes, o sujeito que ele denota; vê-se que se desenvolve de maneira bastante livre e dificilmente previsível. Inversamente, o discurso escrito apresenta-se como uma totalidade que o leitor decifra, geralmente ao seguir o fio da escrita, a que pode voltar (etc.).

Esta atitude aparece da maneira mais explícita numa intervenção oral de J. Kristeva no primeiro Colóquio de Cluny:

> (40) A rejeição total de noção de desvio poderia levar a pensar a obra como um todo fechado sobre si, sem referências aos outros textos. Penso de qualquer modo que a palavra «desvio» é muito perigosa, porque reenvia sempre ao conceito de «desregramento»; dizer «desvio», «desregramento ou «anomalia» é a mesma coisa; mais vale falar então de «transformação» se se quiser falar de intertextualidade.

É notável que J. Kristeva fale aqui de palavras e não de noções; a palavra é considerada perigosa (maléfica), e por isso a substituímos, sem mudar em nada a noção ([11]), por outra palavra: eis um exemplo explícito de eufemia. Os processos de substituição são evidentes: escolhem-se palavras relativamente neutras, desprovidas de conotações secundárias («opõem-se», «ao contrário de») e mistura-se a magia da proteção; ou então analisam-se as palavras, à volta das quais se especula, e põe-se em equação outro sentido: sentido científico com «transformação», sentido político com «contestação» (magia de aquisição).

Chegado a este ponto, devo no entanto confessar que, desprovido das suas marcas exteriores, o discurso mágico não se distingue do discurso descritivo, a não ser em casos extremos, como os que acabo de citar. Não será uma superstição maior acreditar que as coisas trazem o nome inscrito em si próprias? Todo a ato de denominação é uma hipótese; enquanto tal, participa do desejo do locutor de tornar o mundo inteligível, submisso. Será crível pensarmos que dispomos de um escalão inocente, que permite medir o grau de «magicidade» no discurso dos outros? E que o objeto evocado em termos diferentes seja ainda o mesmo? Saído de uma margem relativamente estreita de eufemias incontestáveis, deve reconhecer-se (como fazia Izutsu, mas depois de ter feito um percurso diferente) que todo o discurso descritivo — o que quer dizer também, pura e simplesmente, todo o discurso — tem uma dimensão mágica. Saber reconhecê-la e não eliminá-la seria talvez a nossa ambição.

RESUMO: ALGUMAS REFLEXÕES GERAIS SOBRE A MAGIA

Desde os primórdios da etnologia que a magia se tornou um dos seus objetos favoritos e adquiriu desde então um estatuto ambíguo — e a responsabilidade disto deve-se ao que se poderia chamar a má consciência constitutiva da etnologia. Porque o interesse que todos os etnólogos dedicaram à magia, desde Frazer até Lévi-Strauss, passando por Mauss, Malinowski, Evans-Pritchard e muitos outros, revela, por um lado, o caráter excecional do fenómeno mágico e, por outro, o facto de não poder deixar de exigir explicações — exatamente por ser tão inexplicável! Mas ao mesmo tempo, como que receando achar os outros muito diferentes de si, todos os teóricos da magia procuram mostrar que afinal de contas a magia não é muito diferente das atividades que nos são familiares, mesmo em relação às mais dignas de respeito, visto que será finalmente assimilada à ciência. É assim que Lévi-Strauss, resumindo uma longa tradição, pôde escrever: «Em vez de opor magia e ciência, mais valia pô-las em paralelo, como dois modos de conhecimento, desiguais em relação aos resultados teóricos e práticos... mas não devido ao género de operações mentais que supõem e diferem menos quanto à sua natureza do que em função dos tipos de fenómenos a que se aplicam» (1962, p. 21). Depois de num primeiro gesto ter exibido o caráter estranho da magia, o etnólogo, como que com remorsos, anula esse gesto com outro, assegurando-nos que ela se assemelha suficientemente ao que somos, ao que apreciamos. Vê-se por aí, como que em miniatura, o duplo movimento fundador de toda a atitude etnológica: o reconhecimento da estranheza de algo e depois, querendo evitar toda a suspeita de etnocentrismo, a magnificação desse facto estranho e a redução do outro ao mesmo.

Mais do que deduzir uma nova teoria da magia a partir dos meus princípios pessoais, queria agora fazer um caminho inverso, e, baseando-me num facto mágico de que fui testemunha e mesmo ator, observar quais são as condições necessárias e suficientes para a sua existência. O facto é muito banal. Um dia no campo, tentava, em vão, reparar uma janela estragada; gesto ambicioso que me levou a entalar um dedo no vão da janela. Começava a lamentar-me, quando a minha vizinha, camponesa, apareceu e se ofereceu para me curar imediatamente. Pegou na minha mão, fez um gesto em torno do dedo e pronunciou em voz baixa algumas palavras que não ouvi claramente, depois voltou-se para mim e disse: «Já está, já se foi.» E, com efeito, já não me doía.

Este pequeno incidente será reconhecido por toda a gente, julgo eu, como um ato de magia ou, mais exatamente, de magia curativa. Tentarei agora descrevê-lo, enumerar as suas propriedades, e estarei pronto a pôr este exemplo de lado quando for necessário, para o substituir por outros exemplos de atos mágicos, mais explícitos ou mais eloquentes.

Primeiro, a magia manifesta-se sob a forma de *atos* mágicos, atos realizados por um mágico e, neste caso, seguidos de uma transformação de estado pelo destinatário desse ato.

Esse ato comporta pelo menos três papéis: aquele que age (a minha vizinha), aquilo sobre que se age (a minha dor), aquele em proveito de quem se age (eu). Chamo a esses papéis: mágico, objeto da magia, destinatário.

Estas noções muito gerais permitem já enunciar uma primeira definição dos atos mágicos, ou seja: são atos pelos quais o mágico age sobre o objeto da magia para desse modo agir sobre o destinatário.

Comparemos o ato mágico de dois atos, mais simples, que se pode de certa forma estabelecer, por decomposição, a partir deste. Por um lado, é um ato técnico puro, semelhante a uma intervenção cirúrgica que se contenta em agir sobre o objeto. Por outro, um ato como o do advocacia judiciária, que consiste em agir sobre o interlocutor, sem pretender agir sobre aquilo que se diz. Estamos perante duas classes de atos: num caso age-se sobre o referente, no outro sobre o alocutário; chamemos-lhe «referenciais» e «alocutórios». A magia é um ato alocutório que se apresenta como um ato referencial.

Várias objeções poderiam aqui ser formuladas, e seria bom examiná-las já a partir deste momento. Primeiro, pode parecer abusivo falar em «referente» no caso do objeto, visto que esse termo pertence ao quadro conceptual da linguística, ao passo que a magia não é forçosamente verbal — e só o era parcialmente, no meu exemplo, onde pude ver o gesto, mas não ouvir as palavras que o acompanharam. Se me permito fazer esta assimilação é porque os atos mágicos relevam da categoria dos comportamentos simbólicos, de que o discurso apenas é um exemplo — muitas vezes, é verdade, mais fácil de analisar. A este propósito, foi Mauss que constatou o parentesco dos diferentes canais de transmissão da magia: «Todo o gesto ritual comporta uma frase, porque há sempre um mínimo de representação, que exprime numa linguagem interior a natureza e o fim do ritual. É por isso que dizemos que não há verdadeiro rito que seja mudo, porque o silêncio aparente não impede essa encantação subentendida, que é a consciência do desejo. Segundo este ponto de vista, o rito manual mais não é do que a tradução dessa encantação muda; o gesto é um sinal e uma linguagem» (1960, p. 50).

Poderíamos objetar também que por vezes o destinatário é o objeto da magia; há, como se viu, fórmulas mágicas onde se diz, por exemplo: «conjuro-te moléstia, a deixar o corpo de N...», etc. Mas formular essa objeção já não é descrever a magia, é praticá-la. A enunciação presente é só uma parte visível de um icebergue, e os papéis que nos interessam só se revelam muitas vezes quando se examina a parte inicialmente invisível. Se, enquanto mágico, me dirigir à doença mais do que ao doente, estou a empregar um processo retórico, um tropo gramatical: aquele sobre quem ajo é realmente o doente, e só aparentemente isolo a doença. O diálogo estabelece-se entre seres humanos até nova ordem, e apesar do que os mágicos dizem.

Outra objeção mais fundamental poderia contestar o facto de a ação real ter sempre a ver com o destinatário. Vejamos outro caso familiar de magia: o mágico age em proveito de uma rapariga, para a ajudar a conquistar o coração de um rapaz. Aqui, à primeira vista, não há ação sobre o alocutário, mas apenas sobre o objeto da magia. Direi que tal ação não é propriamente eficaz — e portanto mágica — se, apesar de todas as aparências, não atingir o interlocutor real, que no meu caso é a rapariga; a menos que haja um segundo diálogo, em que o rapaz seja o interlocutor do mágico. Ainda nesse caso, seria necessário experimentar a magia, para poder fazer outra descrição.

Um dos termos empregues neste exame das objeções possíveis exige algumas explicações suplementares: é o ato *simbólico*. Pode entender-se este termo, aplicado à magia, pelo menos de três maneiras diferentes.

Isolando-o, primeiro, na imagem que a magia pretende dar de si — a ação sobre o objeto de que se fala —, observa-se uma relação simbólica um pouco marginal, para este estudo. O ato mágico refere-se quase obrigatoriamente a uma série de factos diferentes dos factos presentes; compara a situação presente com uma situação canónica, que faz parte de uma lista fechada e já de antemão conhecida. Muitas vezes, como se viu, essa referência toma a forma de uma comparação explícita: que sejas curado, declara o mágico, como Nosso-Senhor Jesus-Cristo foi livrado do mal na cruz. A função desta comparação e deste simbolismo não contribui para nos fazer conhecer melhor o ato presente (a magia não é, neste sentido, um modo de conhecimento), mas para nos familiarizar com o singular e o contingente, ligando-o a uma classe de factos ordenados; o simbólico tem o papel de ordenar a matéria percebida. À primeira vista, o episódio que me aconteceu não corresponde a esta descrição; mas tentemos compreender melhor as coisas: ao colocar a mão nas da minha vizinha, comprometi-me logo, num contrato não formulado, a confiar na curandeira. Ora, feito isto, não partia do princípio de que a minha mágica sabia tratar este caso particular, e que tinha competência para isso? O meu próprio comprometimento nesta ação implica que o caso que me aconteceu não seja um caso aberrante e singular, mas corresponda a uma série estabelecida, mesmo que se ignore a sua natureza.

Voltemo-nos agora para dois outros aspetos simbólicos do ato mágico. Primeiro, a relação que pode ser estabelecida entre o pretendido ato mágico — ação sobre o referente — e o ato mágico real — ação sobre o alocutário. Esta relação é simbólica porque um evoca o outro, sem que este último seja explícito: é o desdobramento (pelo menos aos olhos de um observador exterior) que faz o símbolo.

Em segundo lugar, o ato mágico é simbólico no sentido que Mauss dava à magia: porque consiste em palavras ou em gestos que se poderiam converter em palavras. Esta forma de simbolismo é, de certa maneira, complementar da precedente: se admitirmos que o ato mágico procura essencialmente agir sobre o alocutário, torna-se por isso um ato de fala como outro, que se esgota na sua existência e não reenvia a nada mais do que ele próprio. O ato é fictício e não sério: porque o «sério» dos atos simbólicos exige precisamente que se formulem em símbolos. Isto permite eliminar muitos mal-entendidos que dizem respeito à eficácia mágica: a magia curativa, por exemplo, não é uma má fisiologia (porque tenta curar as doenças com gestos e propósitos extravagantes), mas uma boa psicologia, porque encontrou o meio apropriado para agir sobre outrem; mais do que um ato referencial falhado, é um ato alocutário conseguido.

Se salientarmos o ato referencial, a relação simbólica é do tipo substitutivo; se destacarmos antes o ato alocutário, é de participação. A magia é simultaneamente *signo* e *conflito.*

Esta análise da relação entre símbolo e magia permite compreender melhor a natureza desta última. Primeiro, o ato mágico não é só constituído pelo enunciado, seja ele verbal ou não, mas pela enunciação na sua totalidade; inclui não somente as frases pronunciadas, ou gestos realizados, mas também os protagonistas desse ato, as circunstâncias da sua produção, as relações de todos os elementos entre si; realiza-se graças à existência conjunta de uma série de condições — sobre as quais não me alongarei —, que, sem constituírem a magia, a tornam possível. A seguir, o que é específico na magia é precisamente a possibilidade dessa dupla perspetiva, o facto de ela ser simultaneamente signo e conflito, que procura agir sobre o objeto do seu discurso.

Estamos agora na altura de comparar a magia com outras atividades vizinhas, para tentar precisar a sua natureza.

Poderíamos primeiro compará-la com uma descrição interessada das coisas, quando evocamos um facto para convencer o nosso interlocutor, para conseguir a sua adesão. Há também, neste caso, dois atos, um dirigido ao referente, o outro ao alocutário. Mas a diferença reside primeiro na natureza do ato referencial, aqui de descrição, portanto de manutenção do referente, ali de transformação. Além disso, a relação entre os dois já não é a mesma: na descrição persuasiva, o ato referencial está submetido ao ato alocutário; a intenção de agir sobre outrem é, se não explicitamente declarada, pelo menos fácil de estabelecer. No ato mágico, pelo contrário, só se mostra o ato referencial; se eu agir diretamente sobre o interlocutor, deixa de haver magia.

Vê-se agora como é grande a diferença entre ciência e magia — sem que seja forçosamente em detrimento desta última. O ato científico é primeiro um ato que se pretende puramente referencial (tal é pelo menos a intenção da ciência pura); além disso, o sábio não admite que se diga que tenta através da sua própria atividade científica transformar a realidade que descreve. Só se pode assimilar a magia à ciência reduzindo a enunciação ao puro enunciado e eliminando a natureza performativa da magia.

Comparou-se frequentemente a magia à religião. Aqui, as diferenças são de outra ordem: é enquanto atos alocutórios que as duas se aproximam (ainda que seja necessário distinguir neste caso o discurso que se dirige a Deus daquele que podem trocar entre si dois membros numa comunidade religiosa); em contrapartida, o discurso religioso não realiza o ato referencial: transforma a relação do homem com Deus, não a relação que o liga às coisas (se não essa religião é uma mistura de magia — o que não deixa de acontecer na prática).

Interrogamo-nos muitas vezes sobre as formas que a magia toma nas nossas civilizações modernas, onde curas maravilhosas, como a que sucedeu comigo, são olhadas como os restos de um passado definitivamente morto. Haverá uma magia moderna, sem fantasmas nem fórmulas, que se realize nas circunstâncias quotidianas da nossa vida?

Cita-se muitas vezes o exemplo da publicidade. Pode agora ver-se quais são as diferenças e as semelhanças. O discurso publicitário age sobre o seu alocutário: faz parte da sua própria definição. Pode, para conseguir, procurar modificar a sua natureza (mas esta é apenas uma das formas de publicidade): como se, para vender um aparelho *Indesit*, fosse necessário eu dizer que funcionará durante vinte e cinco anos sem reparação. Mas este discurso nunca admitirá transformar aquilo acerca de que fala, muito menos reivindicará essa transformação como uma definição do seu ser; se ratificasse o ato referencial de transformação, o ato ilocutório de persuasão estaria condenado a falhar.

Todos os parentes modernos da magia — de que algumas formas de publicidade são o exemplo — distinguem-se do seu antepassado clássico por este traço específico: dissimulam a natureza da sua ação sabre o referente, em vez de a reivindicarem. A magia moderna é uma magia envergonhada. Embelezando o objeto de que falo, procuro convencer o meu parceiro: eis o que é idêntico numa e noutra coisa. Mas num dos casos dissimulo o embelezamento, no outro escondo a tentativa de convencimento. Magias «moderna» e clássica são pois perfeitamente simétricas, qualquer uma delas é um ato duplo que finge ser simples, uma não ratifica o ato referencial, a outra o ato alocutório.

Há outras diferenças que decorrem disto: o produtor da magia clássica é um profissional, reconhecido por todos, a sua reputação assegura a sua eficácia; o mágico moderno nunca se reconhece como tal, visto que dissimula a natureza mágica da sua ação em vez de a proclamar; o único que se aproxima, hoje em dia, do antigo mágico é o artista que pendura um pano velho numa parede com o título «Composição B X 311» e o vende pela bagatela de dez mil dólares; a transformação do referente é consecutiva à persuasão do comprador, em vez de ser provocada. Mudança simétrica do lado do destinatário: um indivíduo bem identificado no caso da magia clássica, e solicitando por sua vontade a intervenção do mágico, é hoje anónimo e múltiplo; é a opinião pública, é o indefinível «homem médio», e não sabe que é a vítima — ou beneficiário — da magia.

Este parentesco, de que importa ver também os aspetos semelhantes e diferentes, mostra que a atividade mágica, vista na sua generalidade, está longe de ser estranha e enigmática como queremos fazer querer. A apresentação dos atos varia; mas, por detrás das diferentes camuflagens, descobre-se uma estrutura comum. A predisposição para a magia não tem necessidade de ser procurada num passado longínquo — na tenebrosa Idade Média, por exemplo — nem no espaço (nos selvagens dos continentes perdidos); está presente em cada um de nós, mesmo que as suas formas sejam diferentes, porque cada um de nós tenta, exercendo uma atividade simbólica — ao falar, por exemplo, «conciliar» as coisas do modo que mais lhe convém, tendo em vista o diálogo incessante que mantém com os outros.

A única atividade verdadeiramente estranha seria — se existisse — o ato de descrição pura, a designação do mundo que não consegue transformar nem submeter esse ato a nenhum objetivo de persuasão; ato a que alguns povos confinados à parte ocidental do continente europeu dão o nome de *ciência*.

REFERÊNCIAS

Austin (J. L.), 1970, *Quand dire c'est faire*, Paris, Seuil.

Bonfant (G.), 1939, «Études sur le tabou dans les langues indo-européenes», in *Mélanges de linguistique offerts à Charles Bally*, Genebra, Georg, pp. 195–207.

BRUNEAU (Ch.), 1952, «Euphémie et euphémisme», in *Festgabe Emil Gamillscheg,* Tubingen, Niemeyer, pp. 11–23.

CASTIGLIONI (A.), 1951, *Incantation et magie,* Paris, Payot.

GUIRAUD (P.), 1967, *Structures étimologiques du lexique français,* Paris, Larousse.

GUNTER (H.), 1921, *Von der Sprache der Gotter und Geister,* Halle, Niemeyer.

IZUTSU (T.), 1956, *Language and Magic. Studies in the Magical Function of Speech,* Tóquio, Keio University.

LÉVI-STRAUSS (Cl.) , 1962, *La pensée sauvage,* Paris, Plon.

MALINOWSKI (B.), 1923, «The Problem of Meaning in Primitive Languages», apêndice a C. K. OGDEN & L. A. RICHARDS, *The Meaning of Meaning,* Londres, International Library of Psichology, pp. 296–336.

—, 1966, *The Language of Magic and Gardening* (*Coral Gardens and their Magic, II*), 2.ª ed., Londres, George Allen & Unwin.

MARANDA E. Köngäs & MARANDA P., 1971, *Structural Models in Folklore and Transformational Essays,* Haia, Mouton.

MARCEL (G.), 1928, *Journal métaphysique,* Paris, Gallimard.

MAUSS (M.), 1960, *Sociologie et anthropologie,* Paris, PUF.

—, 1968, *Œuvres, I: Les Fonctions sociales du sacré,* Paris, Minuit.

MEILLET (A.), 1921, «Quelques hypothèses sur des interdictions de vocabulaire dans les langues indo-européennes», in *Linguistique historique et linguistique générale,* Paris, Champion.

SEBEOK (T. A.), 1953, «The Structure and Content of Cheremis Charms», *Anthropos,* 48, pp. 396–388.

TCHERNOV (I.), 1965, «O stukture russikikh ljubovnykh zagovorov», *Trudy po znakovym sistemam,* 2, pp. 159–172.

TODOROV (T.), ed., 1970, *L'Énonciation* (*Langages,* 17), Paris, Didier-Larousse.

VAN GENNEP (A.), 1928, «Incantations médico-magiques en Savoie», *Annecy, son Lac et Vallées de Thônes,* Annecy, Imprimerie comerciale.

—, 1933, *Le Folklore du Dauphiné,* II, Paris, G.-P. Maisonneuve.

O DITO DE ESPÍRITO

Tal como nos capítulos precedentes, consagrados às fórmulas mágicas e às adivinhas, adotarei aqui uma perspetiva retórica (de análise do discurso) e não sócio- ou etnológica (tendo em conta o lugar e a função do espírito numa estrutura maior). Mas, desta vez, não vou propor um quadro global, uma explicação conjunta. E isto porque tenho a impressão de não saber exatamente quais são as propriedades linguísticas dos enunciados produtores do «espírito». Julgo que partilho tal ignorância com muitos dos teóricos que me precederam nesta investigação e que, no melhor dos casos, descreveram as condições necessárias para o aparecimento do espírito, mas não as condições suficientes. Na maioria das vezes, as teorias sobre o espírito captam apenas as estruturas comuns a todo o simbolismo linguístico: é o caso, por exemplo, da doutrina mais popular dos nossos dias, que explica o humor pela *bissociação* ([1]).

Mais do que uma exposição sistemática, apresentarei aqui algumas das observações que dizem respeito a alguns aspetos particulares do discurso humorístico.

A primeira tem a ver com a própria organização de um estudo sobre o dito de espírito. Poderia partir-se de uma afirmação antiga (porque há muito tempo que o dito espírito é objeto de uma reflexão teórica) que se encontra justamente no interior de uma retórica: *Do Orador*, de Cícero. Interrogando-se sobre as origens possíveis do humor, o porta-voz de Cícero, resume-as assim: «Em suma, iludir a espera dos auditores, troçar dos defeitos do próximo e dos seus, recorrer à caricatura ou à ironia, proferir ingenuidades fingidas, revelar a tolice de um adversário, são meios de suscitar o riso.» ([2]) O que nos impressiona nesta enumeração é a heterogeneidade dos elementos que a compõem. Revelar a tolice de um adversário, troçar dos defeitos dos outros é aquilo que Freud chamava «tendências» do humor: agressão, obscenidade, etc. Iludir a espera dos auditores é um meio de levar esses auditores à interpretação do dito de espírito. Finalmente, recorrer à caricatura, à ironia, ou à falsa ingenuidade é a descrição do próprio trabalho de produção do humor. Assim, devem ser distinguidos pelo menos três níveis: ao lado da «tendência», encontramos os dois planos que isolei na análise das adivinhas e das fórmulas mágicas: um trabalho de figuração (sintagmática) que atrai a atenção do auditor e o leva a procurar uma nova interpretação; e o trabalho de simbolização que consiste em induzir, a partir de um primeiro sentido, um sentido segundo.

É preciso primeiro observar que em cada um desses níveis se encontram características indispensáveis para a constituição do humor. Contrariamente ao que Freud pensava, considerando a «técnica» (quer dizer, os nossos dois últimos níveis) responsável pelo efeito humorístico, é incontestável que apenas certas «tendências» permitem a sua realização: por exemplo, a agressão, mas não o elogio. Cícero dava ainda este exemplo: «As palavras com dois sentidos… nem sempre são divertidas; muitas vezes são sérias. O primeiro Africano tinha dificuldades em ter na cabeça, durante um festim, a sua coroa de flores; caiu-lhe várias vezes. Não é de espantar, disse-lhe Licinius Varus, que ela não te fique bem; a tua cabeça é demasiado grande» (*ibid.*, 61, 250). O duplo sentido está aqui presente, mas a tendência para o elogio impede a produção do humor.

Seria incorreto pensar que todos os teóricos do humor fazem uma amálgama de categorias do mesmo modo que Cícero. A distinção que faço aqui entre figuração e simbolização encontra-se em vários autores antigos, mas é formulada de maneiras diferentes.

Assim acontece com Lessing, que se preocupa, não com o humor, mas com um dos seus «parentes», o epigrama. Eis como identifica os elementos que o constituem: «Primeiro um objeto qualquer percetível desperta a nossa curiosidade; depois uma novidade acerca do mesmo objeto satisfaz a nossa curiosidade.» ([3]) Lessing descreve assim um estado muito antigo do «epigrama»: à época em que aquele se encontrava escrito num poste, este servia para focalizar a atenção, e o texto para a interpretação. Mas são apenas elementos funcionais e não substanciais que procura identificar; voltaremos a encontrá-los na altura em que os epigramas forem exclusivamente verbais: «Estes dividem-se naturalmente em duas partes: numa a nossa atenção é dirigida para um pormenor particular, a nossa curiosidade fixa-se num objeto único; na outra a nossa atenção encontra o seu objeto e a nossa curiosidade a satisfação» (p. 11). Lessing está aliás muito consciente de que esta dupla organização não é uma propriedade exclusiva do epigrama, mas caracteriza, nas suas diversas modalidades, todos os tipos de discurso; o epigrama só contribui para salientar a diferença de modo particularmente claro entre os dois elementos, o elemento de focalização e o elemento de interpretação. É também o que se passa ao comparar o epigrama com a fábula. «A diferença essencial consiste no facto de as partes que constituem o epigrama coincidirem na fábula: em consequência, só funcionam como partes ao nível da abstração» (p. 26), ou seja, já não são duas partes, mas dois níveis, dois princípios de organização.

Lessing distingue, pois, a oposição de um ponto de vista funcional. É, em contrapartida, numa perspetiva estrutural que na tradição da retórica clássica se colocam os românticos alemães quando abordam o mesmo problema. Friedrich Shlegel já tinha formulado uma distinção entre duas espécies de figuras: «todas as figuras poéticas ou retóricas devem ser sintéticas (metáfora, similitude, alegoria, imagem, personificação) ou analíticas (antíteses, etc.).» ([4]) E quando outro romântico, Jean Paul, consagra um capítulo ao humor nas suas *Leçons préparatoires à l'esthétique,* distingue duas espécies de humor: o das imagens (*bildlich,* que corresponde às figuras sintéticas de Schlegel) e o oposto (*unbildlich,* analítico) ([5]).

Na introdução do seu livro, Freud cita uma série de autores que tentaram juntar numa fórmula única a definição do humor; encontram-se aí expressões como «sideração e luz» (Heymans) ou «sentido do absurdo» (Lipps). Apesar do seu caráter sumário, pressente-se que estas fórmulas visam a mesma duplicidade de que falavam Lessing e Jean-Paul: um primeiro momento de incompreensão («sideração», «absurdo»), que é também o da perceção inicial e que será seguido de um trabalho de reintegração («luz», sentido»). O próprio Freud hesita entre duas conceções. Numa, que só está presente de modo episódico no seu livro, considera dois aspetos em cada dito de espírito: «Lembremos que o dito de espírito se apresenta ao auditor com um rosto duplo e impõe-lhe duas conceções diferentes. Nos ditos de espírito sem sentido, como aqueles que acabámos de citar, uma das conceções que está explícita no texto afirma o absurdo; a outra, que alusivamente se revela no inconsciente do auditor, atinge o sentido profundo. Nas conversas de Wippchen, que são espirituosas, uma das máscaras do dito de espírito está vazia, como que estiolada, é uma cabeça de Janus, apenas com uma face visível. [...] nos chamados "ditos de espírito" só está presente uma destas conceções, ou uma das faces: a do "absurdo"» ([6]). O «absurdo» e a «alusão» são dois elementos que se distinguem por pertencerem a dois processos independentes (mas nem por isso é verdade que um dos dois se deva situar necessariamente ao nível do inconsciente). Mas a distinção assim formulada não figura sequer no quadro de recapitulação das técnicas do humor.

A segunda apresentação da mesma oposição, que está relacionada com a primeira e que tem a preferência de Freud, consiste em distinguir não dois aspetos no dito de espírito, mas duas espécies de cómico verbal, a que Freud chama humor e graça (*Witz* e *Scherz*); a sua posição assemelha-se à de Jean Paul, ao distinguir o humor com imagens e o humor sem imagens. O que o leva a analisar do modo seguinte um exemplo particular: «Foi por graça que o mestre Rokitansky respondeu a um interlocutor que o interrogava acerca da profissão dos seus quatro filhos: "Zwei heilen und zwei heulen" (dois médicos e dois cantores). Esta resposta era exata e, por conseguinte, inatacável, mas não sugeria nada que não tivesse sido expresso pelas palavras postas em parênteses. É incontestável que a resposta só se afastou das formas banais, pelo prazer da unificação e da assonância ligadas a estas duas palavras» (p. 196). A unificação e a paranomásia são aqui identificadas como sendo processos de figuração (ao passo que na sua análise da «técnica» Freud tem tendência para as assimilar à metáfora e à alusão); mas pode perguntar-se se haverá graças puras, em que não haja nenhum trabalho de interpretação — e se a figuração não leva automaticamente à interpretação ([7]). Pode também ter-se preferência pela primeira forma de apresentação do problema, e ver dois aspetos do dito de espírito, onde Freud identifica duas espécies.

Nas páginas que se seguem, dedicar-me-ei a alguns problemas específicos de cada um destes níveis, figuração e simbolização, utilizando alguns dos exemplos que Freud tem no seu livro.

FIGURAÇÃO

Queria examinar aqui com pormenor uma das figuras mais frequentes, que nos levam, num dito de espírito, à procura de um sentido segundo: a contradição. A forma mais simples, mas mais difícil de encontrar, consistiria na afirmação simultânea de dois opostos: *X* é *A* e *não A* ou ainda: *p* e *não p*. É o caso de

> (1) Este indivíduo tem um grande futuro atrás dele.

O futuro só pode ser futuro: é prospetivo e não passado. Mas, na maior parte dos casos, a contradição não é tão evidente, porque não se estabelece entre os dois elementos copresentes, mas entre dois enunciados, e o primeiro implica (ou pressupõe) uma inferência do tipo: *se p, então q*; o segundo afasta-se de duas maneiras possíveis: ou afirma *não p, mas q*, ou então *p, mas não q* (acrescentemos que se trata neste caso de entimemas e não de inferências rigorosas).

Vejamos primeiro o caso *não p, mas q*: aqui o antecedente é negado, mas continua-se a manter a verdade do consequente. É o caso de um dito de espírito, um pouco grande de mais para ser transcrito: os fiéis julgam que o seu rabino sabe o que se passa de Cracóvia até Lemberga, embora seja certo que o dito rabino se enganou na sua «visão». O fiel admite o erro de visão (antecedente), mas esquece-se de que essa é também a única prova de existência da visão (consequente).

A mesma descrição aplica-se a outro grupo de ditos de espírito, no entanto com uma diferença: no caso que acabo de evocar, o julgamento lógico (lógica da conversa) consistiria em afirmar *não q* (o rabino não vê até Lemberga): no novo grupo, *q* é verdadeiro — enuncia-se *p* para revelar *q*, devido ao caráter automático da implicação; na resposta nega-se *p*, mas substitui-se *p* por *p'*, que implica *q*, talvez mais ainda do que *p*. Eis três exemplos:

> (2) Um pretendente em companhia do casamenteiro faz a primeira visita à hipotética noiva; esperando a família no salão, o casamenteiro chama a atenção do rapaz para uma vitrina que contém uma bela coleção de pratas. «Repara na fortuna que aquela coleção representa, diz-lhe. — Mas — responde o rapaz, cético — será que esses objetos não terão sido emprestados para circunstâncias, para nos iludirem? — Que ideia! — diz o casamenteiro com desdém. — Quem emprestaria a esta gente o que quer que seja?»

> (3) A bela Galateia! Acusam-na de tingir os cabelos de negro; mas os seus cabelos eram já negros, quando os comprou.

> (4) Um judeu vê na barba de um amigo restos de comida. «Posso adivinhar o que comeste ontem. — Então diz. — Lentilhas. — Enganaste-te! Foi anteontem.»

A implicação da frase do rapaz em (2) é: esta gente não é rica. O casamenteiro nega que a prata tenha sido emprestada, mas o argumento de que se serve para o provar tem a mesma implicação: só se empresta aos ricos, portanto, esta gente é pobre. O mesmo acontece em (3): a cabeleira de Galateia é artificial tanto num caso como no outro; e também em (4) — as lentilhas encontram-se do mesmo modo na barba do judeu.

Examinemos agora a segunda fórmula, *p, mas não q*. Podem-se citar como exemplos:

> (5) Frederico, *o Grande*, ouve falar num pregador da Silésia que é conhecido pela sua ligação com os espíritos. Manda-o vir ter com ele e pergunta-lhe: «Sabe conjurar espíritos? — Às vossas ordens Majestade, mas eles não vêm.»

> (6) Esta mulher é muito parecida com a Vénus de Milo: é, como ela, muito velha, é igualmente desdentada e mostra na superfície amarelada do corpo algumas manchas brancas.

(5) mostra a técnica de *p, mas não q* no estado puro: admite-se a afirmação, nega-se a sua implicação (e significativamente essa negação é introduzida por um «mas»). Se (6) só tem duas réplicas, a contradição estabelece-se entre as duas proposições, ou, mais exatamente, entre as implicações culturais da primeira (é uma bela mulher) e a segunda. Aceita-se, pois, uma vez mais, a afirmação explícita ao negar as suas implicações — que a justificariam.

Esta técnica tem igualmente uma variante, simétrica e inversa da que é representada pelos exemplos (2), (3) e (4). Aqui põe-se no lugar da implicação corrente, *q*, outra, *q'*, que lhe é equivalente. Assim:

> (7) O pretendente objeta que a moça tem uma perna mais curta e coxeia. O casamenteiro responde: «Está enganado. Suponha que casava com uma mulher com as pernas direitas e iguais. O que é que isso lhe garante? Não pode

> estar seguro de que ela não caia um dia, parta uma perna e fique estropiada para o resto da vida; já pensou no desgosto, nos problemas, nos honorários médicos?! Se ficar com esta mulher, não terá de se preocupar; o mal já está feito.»

Admite-se neste caso a verdade de *p*, mas recusa-se a consequência: o facto de a senhora ser um mau partido; afirma-se o contrário, mas os argumentos utilizados só servem para evidenciar a equivalência das duas implicações: a rapariga é estropiada «para o resto da vida».

Seja qual for a forma da contradição, o seu efeito é sempre semelhante: leva o auditor a recusar o sentido superficial e a procurar um sentido segundo (e, portanto, a postular no dito de espírito um trabalho de simbolização).

SIMBOLIZAÇÃO

No que diz respeito à simbolização, terei em conta ainda um dos aspetos do problema, que me parece ser por agora pouco conhecido: é a hierarquia dos sentidos e o seu papel na produção do humor.

Admitindo que o humor tem sempre um sentido duplo, direi primeiro que esses dois sentidos nunca se situam no mesmo plano, um deles apresenta-se como um sentido evidente, ao passo que o outro, o sentido novo, sobrepõe-se-lhe, dominando o primeiro, quando a interpretação termina. Chamarei ao primeiro sentido exposto (ou dado) e ao segundo, sentido imposto (ou novo).

A ideia de uma hierarquia nos sentidos está presente na obra de Freud, mas não é claramente afirmada. Ao analisar os exemplos de «duplo sentido com alusão», Freud nota que «as duas significações de sentido duplo não nos são igualmente familiares»; e, a propósito de um exemplo, observa: «o sentido banal... impõe-se primeiro, e o sentido sexual esconde-se e dissimula-se a ponto de escapar a um leitor não malicioso» (p. 58). A importância desta observação é tanto para Freud como para o seu leitor limitada: primeiro, só se aplica a um dos subgrupos de uma das classes; e, mesmo no interior deste, não se aplica a todos os exemplos: a propósito de outro dito de espírito, Freud afirma que «os dois sentidos são igualmente compreensíveis, e é difícil saber se é a significação sexual ou não sexual que é mais vulgar e mais familiar» (pp. 57–58). Aliás, é evidente que esta diferença qualitativa entre os dois sentidos é pouco elaborada: será que pode *opor* seriamente o «sentido banal» ao «sentido sexual»?

O exemplo, dado por Freud, em que não existe esta relação de imposição e onde «os dois sentidos são igualmente compreensíveis», é o seguinte:

> (8) Esta rapariga lembra-me Dreyfus. O exército não acredita na sua inocência.

É evidente que os dois sentidos da palavra «inocência» não se encontram no mesmo plano. A inocência jurídica a que se referem os termos «exército» e «Dreyfus» é o sentido exposto (e banal); a inocência sexual (a virgindade) é o sentido que se pretende visar com o dito de espírito: é o sentido imposto. Quando Freud afirma que os dois sentidos da palavra «inocência» são igualmente vulgares, está a pensar na palavra fora do seu contexto, tal como se encontra definida num dicionário: considera esta ambiguidade como se ela não fosse simbólica, mas a anedota dá um contexto à palavra e impõe a prioridade de um sentido sobre o outro.

A distinção que Freud não apreende é a que existe entre a palavra retirada do léxico e a palavra vista num sintagma (na terminologia de Benveniste, confunde o *semiótico* com o *semântico*).

Ao lado desta hierarquia semântica, há outra, gramatical (morfológica e sintática), que é preciso não confundir com a primeira, nomeadamente nas suas contaminações, quando as duas estão igualmente presentes. Assim, *Dichteristis,* composto de *Dichter* + *Diphteritis,* é dominado gramatical e semanticamente pela difteria. Mas nem sempre é este o caso, e aqui não partilho a opinião de J. M. Klinkenberg, que escreve num estudo consagrado às contaminações: «Um dos termos é sempre preponderante: quando um abraço solene é dado por uma pessoa ligeiramente embriagada, e R. Queneau utiliza a expressão «donner l'alcoolade» (*), é evidente que a palavra *accolade* é a mais importante, porque impõe a sua função semântica e gramatical [8]. «Ora, esta opinião só é parcialmente verdadeira: se é *accolade* que impõe a forma e a função gramaticais, é álcool que pelo contrário se impõe semanticamente ou que é, pelo menos, o sentido «interessante», sendo o sentido de *accolade* apenas «banal». Veremos que a hierarquia dos dois sentidos pode ser interpretada, numa primeira aproximação, como sendo semelhante à relação semântica entre sujeito (dado) e predicado (novo).

De que mecanismos nos servimos para escolher o primeiro sentido, e a seguir o segundo? Poderíamos neste caso recorrer à distinção entre contexto sintagmático (o que está contido nas frases vizinhas ou na situação enunciativa) e contexto paradigmático (o saber partilhado pelos dois locutores e muitas vezes pela sociedade a que pertencem). Um destes contextos pode sugerir o sentido dado, e o outro impor o novo sentido. Os exemplos concretos mostram geralmente

---

(*) «alcoolade» (alcool + accolade)
«alcoolabraço» (álcool + abraço). [*N. da T.*]

estes contextos numa interação complexa. Voltemos ao dito de espírito acerca da inocência da rapariga. Os dois contextos intervêm simultaneamente na determinação de cada um dos sentidos. O contexto sintagmático imediato, quer dizer, as palavras *Dreyfus* e *exército,* determina o primeiro sentido, o sentido exposto como «não culpável». Um contexto sintagmático mais distante (*rapariga*) impõe, pelo seu próprio contexto paradigmático, o sentido «virgem»: na nossa sociedade (ou, antes, no meio em que corria esta anedota), a primeira coisa que se tenta saber acerca de uma rapariga é se ela é ou não virgem.

Voltamos a encontrar a ação simultânea dos dois contextos nos trocadilhos de palavras, onde um só significante presente evoca dois significados, o seu e o de um parónimo. São possíveis então dois casos. No primeiro, é o contexto sintagmático que evoca a palavra ausente; é o caso do exemplo seguinte:

> (9) Num baile da corte, Napoleão dizia a uma senhora italiana: «tutti gli Italiani danzano si male!» E ela respondeu: «Non tutti ma bona parte.»

Para que *bona parte* evoque não só «uma boa parte», mas também «Bonaparte», foi preciso dizer (no contexto sintagmático imediato) que era uma história acerca de Napoleão.

A segunda variedade da mesma classe pode ilustrar-se com o exemplo seguinte:

> (10) Porque é que os Franceses rejeitaram *Lohengrin?*, perguntava-se numa época em que as suas ideias eram diferentes das de hoje. A resposta era: «Elsa's (Elsas) Wegen.»

Aqui, já não é o contexto sintagmático, mas o contexto paradigmático (cultural) que substitui a palavra que falta.

Numa época em que todos os Franceses choravam a perda da Alsácia, o nome da heroína de *Lohengrin* evocava inevitavelmente (para um alemão) o nome da província. O contexto sintagmático («Lohengrin») contribui apenas para nos dar o sentido exposto.

A distinção clara entre sentido dado e sentido novo, exposto e imposto, permitir-nos-á descrever com mais precisão uma característica do humor, que muitas vezes foi salientada: a importância da ordem de aparição dos seus elementos (o locutor com espírito sabe manejar as surpresas). Cícero já escrevia: «Um dos mais conhecidos géneros do espírito é aquele que provoca a espera de uma coisa e diz uma outra» (*op. cit.*, 63, 255); e, em termos mais gerais, Jean Paul: «É sempre a estratégia que dá a vitória, não só ao guerreiro, mas também ao seu discurso» (*op. cit.*, 348).

Comparemos estes dois ditos de espírito:

> (11) Se um médico perguntasse a um dos jovens se nunca se masturbava, de certeza que ele responderia: «o na nie» (Oh, não, nunca).

> (12) Na primeira representação da *Antígona*, em Berlim, os críticos acharam que lhe faltava o aspeto característico da Antiguidade Clássica. O humor berlinense formulou a crítica nestes termos: *Antik? Oh, nee!*

São dois exemplos de trocadilhos de palavras: dois significados semelhantes (*Antigone — Antik? Oh, nee; onanie — O na nie*); a aparição de um só deles é suficiente para evocar os dois significados, se pensarmos em (12) e no modo como em Berlim se brincou com a palavra, e não no modo como aparece no livro de Freud. Mas em (11) o significante (e o significado exposto) é «oh, não, nunca», e o novo significado, imposto pelo contexto sintagmático, «masturbação». Em contrapartida, em (12), o sentido exposto, contrariamente às aparências, é o nome da peça e é ele que nos vem do contexto de enunciação (integrado no livro, no contexto sintagmático imediato); o sentido imposto (o «predicado psicológico») é a falta de antiguidade, explicitamente dito na frase; a sua compreensão releva apenas do conhecimento da língua. Esta situação paradoxal — a ausência do sentido exposto — torna difícil a descrição deste exemplo; e também o priva, pelo menos em parte, do seu caráter espirituoso: estamos quase perante uma simples afirmação agressiva, sem segundo sentido. Penso que estaríamos todos de acordo em achar o exemplo (11) mais engraçado do que o (12). Observe-se também que o uso de sinónimos (Napoleão por Bonaparte, masturbação por onanismo) permite não «trair o segredo» demasiado depressa.

A ordem de aparição dos sentidos expostos e impostos (ou, se preferem, a surpresa) contribui para o efeito de espírito, mas, tal como a contradição, ou o sentido segundo, ou as tendências agressivas, não permite engendrar o espírito de maneira automática.

OS JOGOS DE PALAVRAS

A forma original da poesia são os jogos de palavras.

F. Schlegel,
Caderno «Zur Poesie», 1902, II, 12.

1

A existência da expressão «jogos de palavras» nas nossas línguas é significativa. O «jogo» de palavras opõe-se à utilização das palavras, tal como é praticada em todas as circunstâncias da vida quotidiana. Esta oposição não diz respeito apenas ao jogo e à seriedade, mas também à palavra que apenas serve para exprimir, designar, incitar, que se consome na sua finalidade ou na sua origem (palavra natural). A literatura também não é um jogo (segundo esta ótica). É muito significativa a este respeito a atitude de um E. R. Curtius, um dos raros historiadores da literatura que procura captar o objeto na sua amplitude máxima, que procura equilibrar a tradição «clássica com uma «contratradição» barroca ou maneirista e que descreve essa oposição com palavras como estas: «O autor maneirsta diz as coisas não de modo normal, mas anormalmente. Prefere o artificial, o alambicado ao natural; quer surpreender, espantar, encantar([1]).» O jogo de palavras é quase uma anormalidade: é a loucura das palavras.

Esta categorização não impediu Curtius de se interessar pelos jogos de palavras ou pelo maneirismo. Todavia, habitualmente o que se passa é o contrário, e tentaríamos em vão encontrar nas histórias correntes da literatura (que somos obrigados a consultar à falta de uma história dos discursos) um lugar reservado aos jogos de palavras entre outros géneros: a coabitação da tragédia e do romance com os jogos de palavras é impensável. Os raros autores que consagram estudos ao sistema dos jogos de palavras consideram necessário justificar-se; quase se desculpam de o fazer e acabam por lançar o anátema no próprio objeto das suas preocupações. Alguns exemplos poderão ilustrar esta atitude([2]). Nos *Amusements philologiques* (1842), Gabriel Peijnot escreve:

«Fica-se surpreendido pelo facto de as pessoas de letras terem passado a tirar da cabeça semelhantes futilidades, enquanto poderiam empregá-las melhor. Atribuía-se, diz um antigo professor (M. Colon), esses versos ao Demónio; decerto que não era o demónio da verdadeira poesia, mas o da loucura; e quem seria o demónio capaz de decifrar o sentido da maior parte dessas aborrecidas ninharias?» (pp. 1–2).

É uma atitude típica: encontramo-la também antes e depois de Peijnot. Assim, Albéric Deville (?) escreve numa «Dissertation sur les jeux de mots», que segue a sua edição da *Bièvriana* (publicada no ano IX):

«A revolução que produziu tantas mudanças não modificou quase nada o caráter francês. A mesma frivolidade, o mesmo gosto pela espirituosidade. Paris, um país tão fértil em contrastes, oferece neste aspeto excessos de extravagância;

enquanto tudo está em estado de combustão, o parisiense joga com as palavras e consola-se com os *trocadilhos*.

Vimos os mais pueris jogos de palavras sucederem-se uns aos outros; os anagramas ilustraram o século de Ronsard; as rimas forçadas foram as favoritas na nação durante muito tempo; as charadas tiveram a sua época, e os trocadilhos de palavras ainda hoje são praticados, apesar das reviravoltas políticas. Este gosto lamentável apareceu e eclipsou-se por várias vezes, e acreditamos que voltará sempre que o amor pela frivolidade for dominante» (pp. 137–138).

No fim da «Notice» que figura na mesma obra, o autor exclama: «Nunca os jogos de palavras foram tão repetidos: é uma verdadeira loucura, mas que seja temporária!» (p. 87). E de modo muito semelhante, em A. Canel, autor de um dos mais copiosos recenseamentos dos jogos de palavras (*Recherches sur les jeux d'esprit,* 1867), a propósito de uma obra antiga:

«Neste livro, escrito em honra de M. de Vergy, governador de Franche-Comté, pelos alunos do colégio de Dole, notam-se acrósticos, anagramas, versos quebrados, versos figurados, representando asas, altares, ovos, óculos, círculos, ângulos, triângulos, etc. Não terá sido pelo facto de o mal se ter profundamente entranhado na sociedade que a juventude se entrega a semelhantes obras»? (pp. 10–11).

O mal, o demónio, a loucura, a irresponsabilidade política: são as únicas explicações possíveis para estas práticas de jogos de palavras ou para o pouco interesse que se revela por elas. Esta atitude certamente tem consequências lamentáveis, e a primeira é a nossa ignorância em relação aos jogos de palavras. Porque as recolhas em questão não são verdadeiros estudos, mas compilações de exemplos, entre toda a espécie de outros conhecimentos extravagantes ou, como diz G. Peijnot, «variedades de todos os géneros». Os índices destas recolhas têm muitas comparações imprevisíveis. Eis uma breve amostra (tirada de Peijnot, p. 501):

> Do Telescópio e da sua origem
> Do chá e do seu consumo atual
> Da vacina, da Varíola, e do Mal Venéreo
> Das Viagens de longo curso, e notícia das descobertas de que se lhes é devedor, etc.

Seria difícil contrariar esta tradição, se ela não fosse visivelmente limitada ao Ocidente cristão dos últimos cinco séculos. Para compreender o seu caráter contingente, bastará olhar para outra tradição, que é o centro da literatura sânscrita. Voltamos ao domínio literário; mas esta estreiteza de espaço é inevitável: é preciso passar do discurso em geral à literatura, se se quiser dar uma atenção especial às regras de construção. A literatura é o discurso construído por excelência, e daí a sua afinidade congenital com os jogos de palavras. A poesia é chamada (em sânscrito) tradicionalmente *Kavya,* quer dizer, ornada. A ideia da literatura como discurso natural, sem regras, não existe. Cada género literário (ou não literário, deveríamos acrescentar) distingue-se pelas suas regras específicas.

Num dos textos mais antigos da literatura sânscrita de um livro médico lê-se o seguinte: «É no filtro aplicado aos mil fluidos que os poetas, procurando a inspiração, clarificam o seu discurso» (hino 9. 73). A ideia da regra poética ser como um filtro é pois evidente. Cimentando esta situação, o grande sanscritista Louis Renon escreveu: «A composição, a técnica poética, assim pensada, torna-se ela própria um fim. A imagem transforma-se insensivelmente em objeto, o objeto recua para o plano da imagem: há um deslize incessante de um para outro registo([2]). E ainda: «Não nos surpreende o facto de a reflexão sobre a obra se confundir com o próprio conteúdo dessa obra, porque na Índia sânscrita é frequente observar — nomeadamente na gramática, mas não só nesse domínio — que o modo como as coisas são ditas tem um valor didático quase semelhante ao conteúdo» (*ibid.*, p. 27). A criação literária é uma atividade inteiramente regrada. «A descrição, a narração, a expressão dos sentimentos estão sujeitas a uma minuciosa seleção, para a qual é necessário equilibrar habilmente as potencialidades da língua, o manuseamento dos compostos nominais e dos sufixos, a escolha estética do vocabulário, o jogo das sílabas suscetíveis de formar uma espécie de rima (interior ou final) ou uma aliteração. [...] A convenção não está só na forma; está também no assunto, visto que só são admitidas certas narrativas de tipo épico, certas cenas mitológicas, certos motivos da vida galante, heroica, religiosa.» ([3])

Esta conceção da poesia como uma atividade submetida a regras preciosas tem múltiplas consequências — não só para a própria poesia, como também para a vida do poeta que a pratica. A vida do poeta, tal como a do campeão desportivo de hoje (outro jogo), exige numerosos sacrifícios. Um historiador da literatura indiana, H. de Glasenap, escreveu ([4]): «Para compreender o sânscrito e os diferentes dialetos, cujo conhecimento é indispensável ao poeta sempre na forma mais pura, escolhem as suas amantes e os seus criados em províncias diferentes» (p. 151, segundo Râjasekhara). Não sendo um indivíduo isolado que se abandona à inspiração cega, mas um artesão consciencioso, mestre do seu ofício, o poeta faz parte de um grupo profissional bem estabelecido, e os momentos de criação não dependem de forma alguma do acaso: os soberanos dispõem sempre de vários poetas na corte, e as discussões poéticas são vulgares: Glasenap prossegue:

> Assim Balallâha (fim do século XVI) mostra no *Bhojaprabandha*... os maiores poetas da Índia, que na corte

> de Bhoja dão provas à porfia da sua finura de espírito. Quando o rei disse uma vez «o Sol esconde-se no mar nas noites de luar», os outros continuaram:
>
> *Bâna:* As abelhas inebriadas escondem-se no cálice do lótus.
>
> *Mahesvara:* O pássaro aninha-se no bosque na concavidade de uma árvore.
>
> *Kâlidâsa:* E o Amor docemente se aninha no coração da menina. (p. 152)

A perfeição formal dos poetas atinge evidentemente graus desconhecidos anteriormente e depois disso. Manuseia-se tão sabiamente a ambiguidade que certas obras «resumem simultaneamente o *Râmâyana* e o *Mahâbhârata,* podendo cada estrofe aplicar-se a uma e a outra epopeia; outras obras concretizam este segundo sentido, uma vez que cada verso se pode ler da esquerda para a direita, ou da direita para a esquerda. Para citar apenas um exemplo, célebre entre todos, num romance de Daudin, o herói Mandragupta faz certa manhã uma longa narrativa, em que não há nenhum som labial: «Os seus lábios foram feridos de beijos durante uma noite de amor» (Glasenap, p. 181).

A mesma complexidade, o mesmo requinte, a mesma tendência em explicitar as regras da poesia caracterizam também as outras literaturas orientais (e os historiadores ocidentais dessa literatura não deixam de o condenar; é o caso de Glasenap: «se semelhantes escapadelas nas charlatanices verbais, muito admiradas no Oriente, nos parecem erros desprovidos de gosto que não têm nada em comum com a poesia, não se deve todavia negligenciar o facto de semelhante propensão para tais afetações estar profundamente enraizada no espírito dos países do Oriente. Encontram-se exemplos paralelos nos poetas de outras literaturas orientais», p. 166). Concluirei esta breve evocação sobre os jogos de palavras no Oriente (somos obrigados aqui a servir-nos de categorias sumárias) com uma descrição da literatura persa clássica, que se encontra numa das melhores obras consagradas à poesia como jogo (A. Liede, *Dichtung als Spiel*, t. II):

«A literatura persa poderia servir de exemplo de uma poesia orientada para o jogo. É por isso que não será inútil dar exemplos de alguns desses jogos, tanto mais que eles estão, de modo notavelmente frequente, de acordo com os das literaturas europeias. Comecemos pelos jogos de sons ou de letras. Na «reversão» vira-se uma palavra, trocando parcialmente as letras de modo que apareça uma nova palavra (*anagrama*) ou invertendo a ordem das letras (*palindroma*). Um verso inteiro pode ser também lido nos dois sentidos. O poema pode omitir certas letras (*hipograma*), pode ser escrito com ou sem sinais diacríticos, com ou sem elementos de ligação. As palavras de um poema podem começar todas com a mesma letra (*tantograma*). Outros poemas alternam regularmente as letras marcadas ou não por um ponto. Uma obra inteira pode ser finalmente composta pelo conjunto do alfabeto, sem nunca repetir nenhuma letra. Nos jogos de palavras ou versos, repetir-se-á a mesma palavra de várias maneiras no verso (*poliptote*): todas as palavras aparecem com diminutivos; cada hemistíquio ou cada verso deve conter uma ou várias palavras idênticas; colocam-se ao lado uma da outra duas ou várias palavras que se pronunciam ou se escrevem de maneira semelhante, mas cujo sentido é diferente (jogo de palavras propriamente dito); nos versos ou na prosa as partes do discurso serão dispostas de tal modo que a primeira sequência corresponderá à segunda no plano da rima e do metro, palavra por palavra: atinge-se a perfeição quando não se repete nenhuma palavra. Certas linhas de um poema devem ser vistas de duas maneiras: como um prolongamento do que as precede e como um começo do que se segue (versos encadeados); ou então são justapostos vários assuntos, e a seguir enumera-se o que se refere a cada um deles (versos encaixados). A poesia persa é igualmente rica nos jogos de metro e de rima; conhece muitas espécies de rima total, de pausa, de rima inteira, central ou acentuada; na maioria das vezes, em vez de introduzir uma palavra nova, repete a mesma, o que dá a impressão de uma rima encadeada. Para a rima final, utilizam-se segundo a ordem todas as letras do alfabeto (rima alfabética). Os jogos métricos permitem ler um poema segundo duas ou várias fórmulas rítmicas, e as poéticas fazem um elogio exagerado destes versos, onde se podem identificar seis ou mesmo trinta medidas diferentes! O acróstico, o mesóstico, o teléstico, o cronóstico são manuseados com uma virtuosidade que as literaturas europeias nunca atingiram. O acróstico dá não só nomes próprios, como também novos versos; as iniciais de sessenta e quatro versos são introduzidas sob a forma de números num xadrez, e devem ser lidas seguindo o movimento do cavaleiro. A partir de um só verso, obtêm-se, por interversão dos membros da frase, cerca de sessenta e oito novos versos (verso proteu). Os versos são construídos de tal maneira que se pode combinar uma qualquer linha com outra, sem alterar a regularidade da rima, do metro e do sentido. Um ou dois versos serão distribuídos no interior de um círculo, de modo que cada segmento apenas contenha uma palavra, ou uma parte da palavra, e pode começar-se a lê-la a partir de um segmento qualquer. Serão dispostos quatro versos de modo que se possa lê-los de cima para baixo, por grupos de palavras, que dividam o poema em quatro ou em oito grupos (versos quebrados). Os poemas figurados persas são dos mais fascinantes. Ultrapassam os seus correspondentes europeus, pela elegância (que é a da escrita) e pelo requinte da construção. Encontram-se figuras emblemáticas, pentagramas, árvores, palmeiras, guarda-sóis e tetos em pavilhão. [...] A poesia persa não ignora a mistura das línguas: os versos em persa e em árabe podem alternar, uma frase ou um verso podem ser lidos em duas ou três línguas, um poema pode ser lido do princípio ao fim ou do fim para o princípio, se nos servirmos de uma ou de outra língua. Sendo conhecida a tendência dos Persas para o jogo de palavras, as palavras polissémicas levam o poeta a ligar os diferentes conceitos de modo incompreensível, o que deixa o tradutor na maior perplexidade; mas no original essas construções são muito graciosas. Há poemas em que basta modificar os signos diacríticos ou o movimento das vogais para que o elogio ou a lisonja se transformem em censura ou injúria. A primeira metade de um verso parece conter uma censura ou qualquer coisa que não está de acordo com o objeto do elogio, mas a segunda metade inverte o sentido (versos quebrados).

Esta pequena visão de conjunto só serve para entrever a riqueza dos jogos verbais persas. Contentar-nos-emos em mencionar a arte requintada do enigma, que possui a sua língua artificial com um sistema ultracomplexo de alusões, de indicações e de relações que simultaneamente designam e escondem a palavra a adivinhar. O empréstimo literário que pode ir até ao centão é naturalmente bem conhecido e de forma nenhuma suspeito. Não ficaremos surpreendidos em saber que, segundo um poeta, o seu poema possui cento e vinte sentidos aparentes e cento e oitenta escondidos» (pp. 59–69).

2

Deixemos de lado esta evocação histórica sumária e tentemos construir uma definição do jogo de palavras. Tomemos, para começar, um exemplo simples e incontestável, que figura numa das primeiras grandes recolhas de jogos de palavras, em língua francesa, nas *Bigarrures* de Étienne Tabourot, dito Cavaleiro dos «Accords» (1583). Chama-se a este jogo, versos encaixados:

> A tua beleza, a tua virtude, o teu espírito, a tua graça
> Encanta e extenua, inflama e acalma
> Por enlevo, por pensar, por medo ou por um nada
> Os meus olhos, meu amor, os meus intentos e a minha alma.

A regra é fácil: cada verso só tem palavras com a mesma função sintática: o sujeito, o verbo, o complemento. O número de frases é, neste caso, quatro; poderia ser superior ou inferior. Para constituir as frases, deve ler-se o poema de cima para baixo e não só da esquerda para a direita.

Tentemos agora passar deste jogo de palavras particular para o jogo de palavras em geral. A partir deste exemplo, poderia propor-se a seguinte definição: o «jogo de palavras» é um texto de pequena dimensão, cuja construção obedece a uma regra explícita, que diz respeito de preferência ao significante. Esta definição tem três elementos de importância desigual: a regra explícita, a pequena dimensão, o nível do significante. Estas duas últimas características são aproximativas; ocupar-nos-emos da primeira, que desempenha o papel essencial. É, aliás, através da regra que o jogo de palavras participa do *jogo* (sabe-se que os constituintes destes podem ser, segundo Piaget, o exercício, o símbolo ou a regra).

Em que medida se pode dizer que a construção de um texto obedece a uma regra? Arriscamo-nos aqui a cair na generalidade, sem tomar em consideração a especificidade do jogo de palavras. Segundo determinado ponto de vista, não há nenhum texto cuja construção não seja regulamentada. Eikhenbaum dizia: «Numa obra literária, não há uma única frase que possa ser por si uma expressão direta dos sentimentos pessoais do autor, porque é sempre construção e jogo.» É um truísmo hoje em dia afirmar que nenhum elemento do texto é gratuito, e que se encontra ligado a todos os outros por múltiplos laços de necessidade. Mas seria abusivo empregar o termo regra para designar essa coerência inerente ao texto. A regra implica uma diferença de abstração entre ela própria e as instâncias que lhe estão submetidas. A relação entre dois elementos do texto, por muito «regular» que seja, não constitui ainda uma regra.

Em contrapartida, a regra é identificável desde que haja mais do que uma instância que se lhe submeta. Se é difícil falar da regra de um livro, é muito mais fácil evocar as regras do romance policial, ou do romance epistolar, ou do romance histórico; ou seja, se a regra se aplica à obra, é porque esta não é tomada como uma unidade, mas como um conjunto de unidades mais pequenas que a constituem. Assim, pode falar-se da regra a que obedece a construção das estrofes de um poema, dos capítulos ou dos episódios de um romance. Se todavia o «romance» só tem um capítulo (o poema uma única estrofe), já não se pode formular a regra: temos de nos contentar com uma descrição. Não é que a regra não exista; mas não há nenhum meio para confirmar ou infirmar a hipótese formulada a seu respeito, visto que essa hipótese coincide com a única instância da regra!

No caso até aqui considerado, cabia ao analista descobrir a regra de um grupo de textos. No entanto, ela pode ser explicitada no próprio ato de produção: pelo facto de nele figurar ou pelo texto indicar através da sua própria construção qual a sua regra; é o que acontece com a quadra de Tabourot anteriormente citada. Quer seja dada, ou possível de deduzir, a regra é vista como preexistindo ao poema, sendo este uma aplicação da mesma. Isto é essencial para o nosso objetivo, porque é precisamente este tipo de regras que caracteriza os jogos de palavras.

Vê-se porque o jogo de palavras está tão ligado à repetição (as recolhas de jogos de humor têm regras individuais; pensemos também nas discussões poéticas características da cultura «oriental» antiga); e também porque pode passar despercebido: basta que a regra não seja nem «evidente», nem explicitamente designada. Em casos destes, o autor (um pouco vexador) retoma a palavra e enuncia a regra que seguiu. É o caso de Poe em *Filosofia da Composição,* de Roussel em *Comment j'ai écrit certains de mes livres,* de Queneau, que transcreve as regras que presidiram à criação dos seus livros em *Tecnique du Roman,* de Georges Perec, autor do romance lipogramático *La Disparition,* onde os críticos não notaram que faltava a letra *e*!

Nestes últimos anos, um grupo consagrou-se a reanimar e a espalhar a tradição dos jogos de palavras: trata-se do Oulipo, ou Oficina da Literatura Potencial, cujos trabalhos apareceram recentemente publicados em livro ([6]). Os membros do Oulipo estão muito conscientes do papel primordial que a regra desempenha. François Le Lionnais escreve, por exemplo: «Toda a obra literária se constrói a partir de uma inspiração... que deve, pior ou melhor, adequar-se a uma série de constrangimentos e de processos» (p. 20). E Jean Lescure, ao comentar esta frase: «O que o Oulipo pretende mostrar é que esses constrangimentos são necessariamente felizes e generosos» (p. 31). A partir deste princípio, define-se o programa de trabalho do grupo, que comporta dois aspetos: um analítico (demonstrando a existência de constrangimentos nas obras do passado ou repertoriando aquelas que são conhecidas), outro sintético, quer dizer, «criador», onde se inventam novas regras e se produzem obras que as ilustram; ou, como escreve Claude Berge, «deseja-se substituir os constrangimentos clássicos do tipo "soneto" por outros constrangimentos linguísticos: alfabéticos..., fonéticos..., sintáticos..., numéricos... ou mesmo semânticos» (p. 49).

Mas será que se pode chamar jogo de palavras a um romance? Isto não corresponde à norma corrente, e por isso somos levados à questão delicada das dimensões. Duas coisas são certas: há por um lado dimensões textuais, para lá das quais já não se fala em jogos de palavras; mas é impossível, por outro lado, estabelecer esse limite com precisão. O romance de Perec, ao realizar um dos jogos de palavras mais conhecido, não é o primeiro exemplo de um lipograma que atinge as dimensões de um livro. Todavia, normalmente, limitamo-nos à frase, ao parágrafo, à página.

O outro limite incerto dos jogos de palavras não tem que ver com a dimensão, mas com o nível linguístico que desenvolvem. Na sua grande maioria, os jogos de palavras exploram o nível significante. Há todavia géneros que são vulgarmente classificados como jogos de palavras e que só exploram o significado: é o caso das adivinhas e das galimatias. Todavia a exigência em relação ao significante é mais importante que a das dimensões: admitir-se-á entre os jogos de palavras um romance lipogramático, mas não um romance policial, um estatuto explícito. O romance policial é um «género»; este último termo não está relacionado com o jogo de palavras, embora simultaneamente o inclua.

O que determina os limites e o interesse dos jogos de palavras é o facto de serem definidos por uma regra explícita. O seu interesse reside na observação, em condições de certo modo experimentais, de um dos princípios fundamentais da produção verbal, mais particularmente literária. Condições privilegiadas, porque cada jogo só possui uma regra (por muito complexa que seja). Ora, já se viu que para muitos autores não há solução de continuidade entre jogos de palavras e literatura; dispomos pois de uma possibilidade única de observar as formas literárias no seu embrião; é um parentesco primordial, ainda que não se fale em identidade. Mas esse mesmo privilégio determina os limites do jogo de palavras: porque, diferenciando-se dele, o texto literário nunca aplica uma só regra (o lipograma não é a única regra em *La Disparition*), mas várias e ao mesmo tempo; ou, se se prefere, é um texto que subverte a própria regra. É o caso dos escritores que fazem os seus livros como se fossem jogos de palavras; e Queneau, comentando um dos seus livros, para o qual concebeu uma fórmula aritmética, escreve em «Technique du roman»: «Disse mais acima que o número de capítulos de *Derniers Jours* era quarenta e nove, se bem que, quando foi publicado, apenas tivesse trinta e oito capítulos. É que retirei os alicerces, e sincopei o ritmo...» ([7]) Uma literatura que seja totalmente submetida a regras explícitas morre: a obliteração da regra não é menos necessária do que a sua aplicação.

3

Como sistematizar os jogos de palavras? Visto que é a aplicação de uma regra que os caracteriza mais do que qualquer outra coisa, e que a regra nada mais é do que a sistematização de um aspeto da produção linguística, a resposta parece ser evidente: agruparemos os jogos de palavras segundo as suas características, por exemplo, os jogos de sinonímia, os jogos de homonímia, os jogos de encadeamento de palavras nas frases ou das frases no enunciado. No entanto, esta atitude parece nunca ter sido assumida pelos autores dos numerosos tratados sobre o assunto. A ordem habitual, pela qual nos apresentam os jogos de palavras, é das mais pobres: é a ordem alfabética. Por outro lado, a definição de cada classe não é baseada, como deveria ser, na explicação do facto linguístico pertinente; o que provoca cortes e sobreposições desagradáveis. Ilustramos este tipo de confusão com um exemplo.

No seu «prefácio» aos *Jeux de mots de M. Bièvre*, Albéric Deville faz um esforço digno de mérito para estabelecer o sentido dos diferentes termos, que habitualmente utilizamos para designar as espécies do jogo de palavras. Mas a lista justapõe classes radicalmente distintas (a que chama *antístrofe, chalaça, trocadilho, anominação, gracejo*) a outras cujas diferenças parecem ser muito secundárias. Assim, vejamos estas quatro classes: *zombaria, chiste, agudeza* e *equívoco*.

Equívoco: «palavra que tem dois sentidos, um natural, que parece ser aquele que se pretende dizer...; o outro subentendido, que só é percebido pela pessoa que o diz...» (p. 9). Exemplo: Um alquilador, ao vender um cavalo, dizia: abra-lhe os olhos, recomendo-o, e garanto que não tem qualquer defeito. O cavalo era cego, o alquilador sincero.

Agudeza: «sentença brilhante de uma contradição de pensamento, em que se passa do sentido próprio ao sentido figurado, por meio de uma alusão mais ou menos maliciosa.» (p. 10). Exemplo: Mlle. Vestris, cujos gostos extravagantes são muito conhecidos, divertia-se com a leviandade da sua amiga Rev e não percebia como a moça se deixava levar tão facilmente. Fala com segurança, retorquiu Mlle. Arnould, mas um rato sem toca é logo apanhado.

Chiste: «baseado numa alusão trivial, o chiste está para a agudeza assim como o jogo de palavras está para o conceito engenhoso» (p. 13). Exemplo: Um comediante no leito de morte diz ao padre que lhe vem prestar os últimos sacramentos: Torne a levar o seu óleo, já estou frito.

Zombaria: «troca sem graça baseada em jogos de palavras mal feitos» (p. 17). Exemplo: X diz a Y: Tu mostraste-me má cara. Y responde a X: Não, porque, se o tivesse feito, tu decerto estarias com melhor cara.

O traço comum a estes quatro exemplos é o emprego de uma palavra polissémica, em que os dois sentidos são simultaneamente atualizados; um através da frase que o contém, o outro através da frase vizinha. É *abra-lhe os olhos* no primeiro caso, *toca* e *rato* no segundo, *óleo* no terceiro e *fazer má cara* no último. Qual é a diferença que existe entre elas? Primeiro Deville qualifica os dois sentidos como «natural» e «subentendido», depois como «próprio» e «figurado»: é pura variação terminológica. Uma vez a alusão é «maliciosa», outra vez «trivial»: uma vez o jogo de palavras é «brilhante», outra vez «sem graça»; são julgamentos de valor que não têm nada a ver com a descrição dos factos. Ao nível da generalidade, em que Deville se colocou, estas quatro classes são apenas uma.

Só há, que eu saiba, uma única tentativa de sistematizar os jogos de palavras: é a de Liede, no segundo volume do seu *Dichtung als Spiel*. Este sistema baseia-se nas dimensões da unidade linguística em questão; obtêm-se pois jogos de letras, de sílabas, de rimas, de versos e de textos de maiores dimensões. Mas já vimos que as dimensões do jogo, ainda que pertinentes, não eram a principal característica. Além disso, perde-se assim a possibilidade de relacionar os jogos que se baseiam num mesmo princípio: por exemplo, uma repetição pode realizar-se em todos esses níveis.

Não vou tentar, pela parte que me toca, enumerar, nem classificar todos os jogos de palavras até agora citados. Nada mais posso acrescentar, a não ser segundo outra ordem, à enumeração que foi feita em muitos tratados sobre a questão (Canel, Liede): além disso, são e serão criados novos jogos de palavras, de modo que nenhuma enumeração pode ser exaustiva: o próprio princípio da sua construção o prova; os jogos de palavras formam uma série aberta. Quanto à classificação, deve seguir, em traços gerais, uma descrição integral do aspeto linguístico, visto que o enunciado se pode submeter a uma regra explícita e tornar-se desse modo o ponto de partida para um novo jogo de palavras. Contentar-me-ei, pois, em ilustrar dois princípios da descrição: é necessário identificar a regra comum a vários jogos; e um jogo pode salientar mais do que um aspeto da linguagem.

Um grande número de jogos de palavras tem a ver com uma única característica da língua: a possibilidade de um só significante, ou significantes similares, evocar significados independentes. Albéric Deville salienta este facto à sua maneira, afirmando que só a pobreza dos significantes explica a existência dos jogos de palavras: «É sobretudo devido à imperfeição das línguas que há uma grande facilidade em jogar com as palavras. Se tivéssemos menos termos metafóricos e se as nossas expressões fossem mais variadas, teríamos menos palavras com a mesma consonância e consequentemente menos equívocos» (p. 132).

Fala-se neste caso de polissemia, de homonímia, de paronímia; mas os jogos de palavras diluem muito estas categorias. Encontram-se aqui todas as figuras utilizadas no dito de espírito, tais como: silepse, antanaclase, paranomásia, trocadilho, *mot-valise,* etc.; o mesmo acontece com todos os jogos relacionados com a rima, como as rimas *leoninas, emparelhadas, coroadas, encadeadas, alternadas,* etc.: como observa Liede, «a organização do discurso em função do ritmo e da rima é certamente o jogo mais divulgado» (p. 121). Lembrarei apenas, a título de exemplo, alguns jogos que exploram outros aspetos dos mesmos fenómenos.

Pode ler-se uma letra de duas maneiras: chamando-a pelo nome ou apenas pronunciando-a. Podem pois escrever-se letras e lerem-se os seus nomes:

Ci = Sê grande e pequeno.

ou escreverem-se as palavras, mas lerem-se as letras cada uma pelo nome:

> vil = vê e lê.

Trata-se, neste caso, de uma homonímia da letra, ou do som, diferente nas suas dimensões, mas não do princípio da homonímia vulgar. Este aspeto da linguagem é também destacado nos anagramas; estes últimos, todavia, não implicam necessariamente uma semelhança fónica: é um processo gráfico de interversão de letras. O anagrama pode ser explícito (o mesmo enunciado contém duas palavras compostas por letras idênticas) ou implícito (um está presente, e o outro é evocado pelo contexto). Sabe-se que há uma obra, um poema composto no século XIX, com duzentos versos, e cada um tem um anagrama, submetido a regras sintáticas; *Anagrameana, poema em oito cantos, feito pelo anagrama de Archet* [= *Rachet*], *um dos trinta associados de uma revista literária, nonagésima quinta edição, revista, corrigida e aumentada,* Anagrammatopolis, *ano XIV da era anagramática.* Aprecie-se a qualidade desta poesia, lendo o primeiro e o último versos:

> Leitor *convém* que lhe diga (*)
> … … … … … … … … … …
> Eu vou *pousar* o meu *repouso.*

Os «anagramas» de Saussure, que recentemente despertaram a curiosidade sobre este domínio, não são verdadeiros, no sentido tradicional da palavra, porque não se trata de uma simples permutação de letras entre duas palavras,

(*) No original: «Lecteur, il *sied* que je vous *disse*.» [*N. da T.*]

mas de disseminação das letras que compõem uma palavra no interior de um enunciado inteiro; seria preferível empregar aqui outra palavra, *paragrama*. Uma variante do anagrama implícito é a *interversão de letras,* um dos raros jogos de palavras que se mantêm nos nossos dias, devido talvez à obscenidade obrigatória de uma das leituras. Enfim, um anagrama particularmente constrangedor é o *palindroma,* enunciado que parece ter um espelho no meio.

A grafia oferece a possibilidade de inclusão de uma letra em mais de uma palavra, ou seja, utilizar as duas dimensões da página; ainda não abandonámos o domínio da homonímia, entendida no seu sentido lato. É o caso do *acróstico,* em que as iniciais de todos os versos formam uma palavra ou um verso inteiro; mas este princípio pode ser generalizado a todas as letras do verso; se isso acontece no meio, fala-se de *mesóstico,* e, no fim, de *teléstico.* O mesmo princípio, elevado à dimensão dos sintagmas, dá os versos quebrados. Todos estes jogos, por muito variados que possam parecer, baseiam-se num só e mesmo princípio, que se pode designar por «homonímia».

A aproximação de palavras com sonoridades semelhantes, mas com sentidos diferentes, aparece sob muitas formas; estes jogos salientam a ausência, na língua, de um paralelismo rigoroso entre o plano do significante e o do significado. Esta era a prática dos etimologistas-científicos, embora nunca tenham pensado em fazer um jogo. Mas Tabourot já é consciente do valor cómico deste processo.

Os seus exemplos incluem: *parlement,* lugar onde se fala e se mente, *cordonniers* (*) que fazem calos nos pés, etc.

(*) Parlamento (*parler* [falar] + *mentir* [mentir]); sapateiro (*cor* [calo] + *donnier*). [*N. da T.*]

No *Glossaire*, Michel Leiris explora o mesmo processo com uma intenção claramente poética:

> abismo (*abîme*), vida secreta das amibas
> abrupto (*abrupt*), acre e bruto
> absoluto (*absolut*), base única: solo abolido
> maravilhoso (*merveilleux*), põe o mar em vigília (*il met la mer en veilleuse*).

Há, por outro lado, jogos de palavras que sistematizam simultânea e sucessivamente mais do que um aspeto da linguagem. É o caso da charada, que é um jogo baseado ao mesmo tempo na homonímia e na sinonímia; substitui-se a palavra a adivinhar por um homónimo, eventualmente composto por várias palavras, depois faz-se uma adivinha para cada uma dessas novas palavras, descrevendo-as segundo um princípio sinónimo. Exemplo: «o primeiro caminha, o segundo nada, e o todo voa. — *Hanneton* (*âne-thon*) (*)». O rébus é semelhante, mas, em lugar da definição sinónima, temos uma imagem: é o referente que de certa maneira substitui o significado. Assim, encontramos em Tabourot: «Un *os*, un *bouc*, un *duc*, un *monde* são precisos para dizer: *Au bout du monde*» (sabe-se que o rébus é igualmente um processo das escritas ditas ideográficas). As palavras cruzadas, por sua vez, utilizam a homonímia das letras (a possibilidade de a mesma letra fazer parte de várias palavras) e a sinonímia: as palavras a escrever devem ser adivinhadas a partir da sua definição; é pois uma combinação do princípio do acróstico e do da adivinha. O caligrama coloca a ambiguidade das letras noutro nível, visto que estas têm, para além da sua função habitual, de figurar no conjunto o objeto de que tratam no enunciado que formam;

(*) *Hanneton* = besoiro; [*âne* (burro) + *thon* (atum)]. [*N. da T.*]

os constrangimentos têm a ver tanto com a grafia como com o sentido.

4

Concluirei com uma tentativa de resposta à pergunta que o meu leitor não deixará de pôr: será que apesar de tudo os jogos de palavras, semelhantes jogos de palavras, terão um interesse real? Já se viu que, mesmo que se quisesse, não se podia excluir o aspeto de «jogo» da produção literária, nem de todo o discurso; mas pode variar-se a apreciação acerca dos diferentes jogos de palavras. O seu interesse varia, parece-me, de acordo com a importância das categorias da linguagem que destacam. Os jogos baseados no alfabeto parecem ter relativamente pouco interesse. Em contrapartida, aqueles onde predomina a polissemia das palavras, a ausência de paralelismo rigoroso entre significante e significado, têm a ver com uma das características mais essenciais da linguagem e ensinam-nos muito — quer se tenha ou não consciência disso — acerca do funcionamento simbólico da linguagem.

REPERTÓRIO DOS JOGOS DE PALAVRAS

Há muitos, principalmente no século XIX, e os autores são Peignot, Lalane, D'Israeli, etc. O mais completo e que dispensa a leitura dos outros é:

A. CANEL, *Recherches sur les jeux d'esprit, les singularités et tes bizarreries littéraires, principalement en France,* 2 vol., Évreux, Impr. Auguete Hérissey, 1867.

Entre os tratados mais recuados, convém sobretudo fixar o mais antigo de todos eles:

B. TABOUROT, *Les Bigarrures du Seigneur des Accords,* Genebra, Slatkine Reprints, 1969 (reedição da edição de Bruxelas de 1866).

Dos livros existentes no mercado, o melhor é:

J. BENS, *Guide des jeux d'esprit,* Paris, Albin Michel, 1967.

Alguns jogos foram objeto de estudos monográficos; assinalemos aqui o autor de um deles:

O. DELEPIERRE, Éssai historique et biblographique sur le rébus, Londres, 1870.

—, *Macaronéana,* ou *Mélanges de littérature macaronique des différents peuples de l'Europe,* Brighton-Paris, 1852.

—, *Macaronéana andra overrum, Nouveaux Mélanges de littérature macaronique,* Londres, 1855.

—, *De la littérature macaronique...,* Londres, 1855–1856.

—, *La Parodie chez les Grecs, chez les Romains et chez les modernes,* Londres, 1870.

—, *Tableau de la littérature du centon chez les anciens et chez les modernes*, Londres, 1874–1875.

O repertório sistemático fundamental é:

Alfred Liede, *Dichtung als Spiel. Studien zur Unsinnpoesie an den Grenzen der Sprache,* 2 vol., Berlim, Walter de Gruyter, 1963 (o segundo volume tem uma descrição dos jogos e uma bibliografia pormenorizada; o primeiro é um ensaio sobre a poesia como jogo).

NOTAS

I

POIÉTICA E POÉTICA SEGUNDO LESSING

([1]) Cf. Roland Barthes, «L'ancienne rhétorique», *Communications,* 16, 1970, p. 179.

([2]) Assim considerada por M. H. Abrams em *The Mirror and the Lamp,* Nova Iorque, 1953, pp. 3–29.

([3]) Adotei o seguinte sistema de referências para a obra de Lessing: para a *Dramaturgia de Hamburgo* (abreviatura: DH): o número da secção em algarismos romanos, a página da tradução francesa de 1869 [*Dramaturgie de Hambourg*] em algarismos árabes; para o *Laocoonte* (abreviatura: L): o número do capítulo em algarismos romanos, o número da página precedido do ano de publicação da tradução francesa (*Laocoon,* 1877 ou 1964) em algarismos árabes; para todas as outras obras: a edição dos *Gesammelte Werke* (abreviatura: GW) de Aufbau-Verlag, 1968, com o número do volume em algarismos romanos, o da página em algarismos árabes; para a correspondência: a edição de Robert Petsch, *Lessings Briefwechsel mit Mendelssohn und Nicolai uber das Trauerspiel,* Darmstadt, Wissenschaftliche Buchgesellschaft, 1967 (1.ª edição de 1910: abreviatura: Briefwechsel). Modifico por vezes as traduções existentes.

([4]) Lessing emprega a fórmula «Kunst um ihrer selbst Willen», que pode ser a origem das expressões como «arte pela arte», «art for art's sake», etc.

([5]) Cf. *Teorias do Símbolo,* cap. V.

([6]) Como observou Joseph Frank no seu estudo fundamental «La forme spatiale dans la litérature moderne» (trad. fr. em *Poétique,* 10, 1972, pp. 244–266; o original inglês data de 1945). Escreve: «Muitos críticos começaram por ler uma ou outra destas opiniões (de Lessing) e julgaram que isso lhes permitia atacar o crédito dessas posições: mas esta atitude leva a pensar que não compreenderam a importância do *Laocoonte* na história da teoria estética. Podemos contentar-nos em utilizar as intuições de Lessing como instrumentos de análise, sem tentar determinar o valor de obras individuais segundo as normas por ele prescritas: é mesmo esta a única condição que permite perceber a significação profunda do *Laocoonte*. Lessing não propunha novas formas, mas uma maneira diferente de encarar a forma estética» (*op. cit.*, p. 246). É nisto que Lessing é o verdadeiro fundador da estética moderna.

([8]) «É minha intenção demonstrar que nada na sua obra é devido ao acaso ou à intuição — a obra avançava para a sua realização, passo a passo, com o rigor e a consecução rígida de um problema matemático» *(Philosophie de la composition)*.

([9]) Diltey já notava: «Só depois de ter encontrado as leis por indução é que formula, exatamente como é recomendado pelos maiores exemplos das ciências naturais, uma teoria explicativa global, a partir da qual se deduzem os processos das artes específicas; e é só no fim que mostra a ligação que existe entre esta teoria e uma série de processos de Homero, que nunca haviam sido tidos em consideração» (*Das Erlebnis und die Dichtung*, Stuttgart-Göttingen, 1957, p. 34; o estudo data de 1867).

([10]) Uma fórmula de Novalis condensa bem este paradoxo: «Basta ao poeta a livre escolha arbitrária do primeiro momento; depois disso resta-lhe desenvolver até ao fim as virtualidades contidas nesse germe» (*Œuvres complètes*, Paris, 1975, t. II, fragmento III, 227).

([11]) Para outros aspetos desta noção em Lessing e do seu lugar no contexto histórico, consulte-se P. Grappin, *La Théorie du génie dans le préclassicisme allemand*, Paris, 1952, cap. IV.

([12]) Encontraremos outras instâncias desta atitude «generativa» em Lessing, citadas por P. Szondi, «Tableau et coup de theâtre», *Poétique*, 9, 1972, pp. 11–13, e por K. Stierle, «L'Histoire comme Exemple, l'Exemple como Histoire», *Poétique*, 10, 1972, pp. 180–181; mas são comentadas segundo um outro ponto de vista.

([13]) *Op. cit.*, p. 33.

([14]) «Reparai que não falo do final [da tragédia] porque deixo ao poeta a decisão de coroar a virtude com um final feliz ou de a tornar ainda mais interessante com uma saída infeliz», escreve Lessing (*Briefwechsel*, p. 55).

A ORIGEM DOS GÉNEROS

([1]) Encontra-se uma afirmação semelhante em Henry James, que participa como teórico da posteridade romântica: «Os "géneros" são a própria vida da literatura; reconhecê-los inteiramente, ir até ao fim do sentido próprio de cada um, mergulhar profundamente na sua consistência — produz verdade e força» (Prefácio a *The Awkward Age,* Londres, 1975, p. 18).

(2) Este modo de colocar os problemas não é de forma alguma original (a diferença entre frase e enunciado remonta pelo menos à considerada entre significação gramatical e significação histórica, que fazia no princípio do século XIX F. A. Wolf); eu só lembro as evidências, mesmo que por vezes elas sejam ignoradas. Para estudos mais completos que utilizem uma terminologia atual, podem consultar-se os escritos de Austin, Strawson, Searle ou as apresentações que fiz desta problemática em «L'Énonciation» (*Langages,* 17, 1970) e em colaboração com Oswald Ducrot, no nosso *Dicionário das Ciências da Linguagem,* Publicações D. Quixote, Lisboa. [*N. do E.*] Ver também, mais recentemente, Dan Sperber, «Rudiments de rhétorique cognitive», *Poétique,* 23, 1975.

(3) Esta afirmação tem o seu corolário, que tem menos importância do que o que agora dou à noção de género teórico ou tipo. Não renuncio de forma alguma à necessidade de analisar os géneros em categorias abstratas; mas o estudo dos tipos possíveis parece-me hoje uma reformulação da teoria geral do discurso (ou da poética geral); esta contém integralmente aquela. Os géneros históricos não são géneros teóricos; mas, na medida em que o recíproco não é necessariamente verdade, a noção separada de género teórico parece-me perder o seu interesse. A menos que seja no quadro de uma estratégia heurística, como nos exemplos estudados por Christine Brooke-Rose.

(4) Sou, em suma, mais otimista do que os autores de dois estudos recentes, que aliás me levaram a precisar os meus pontos de vista (Dan Ben-Amos, «Catégories analytiques e genres populaires», *Poétique,* 19, 1974, pp. 265–286, e Philippe Lejeune, *Le Pacte autobiographique,* 1975, pp. 311–341, «Autobiographie et histoire littéraire»). Lejeune e Ben-Amos consideram haver um abismo inultrapassável entre o abstrato e o concreto, entre os géneros tal como historicamente existiram e a análise categorial a que hoje os podemos submeter.

(5) A ideia de que os géneros se devem relacionar com os atos de fala encontra-se formulada em K. Stierle, «L'Histoire comme Exemple, l'Exemple comme Histoire», *Poétique,* 10, 1972, pp. 176–188; Ph. Lejeune, *Le Pacte autobiographique,* 1975, pp. 17–49 («Le pacte autobiographique»); E. Bruss, «L'autobiographie considérée comme acte littéraire», *Poétique,* 17, 1974, pp. 14–26. Os géneros são examinados segundo um ponto de vista etnológico no estudo de P. Smith «Des genres et des hommes», *Poétique,* 19, 1975, pp. 294–312, e histórico em «Autobiographie et histoire littéraire», de Ph. Lejeune, capítulo de conclusão do livro já citado (onde se encontrarão outras referências sobre o mesmo assunto). Num estudo recente, li esta lista de géneros próprios à literatura árabe, lista que revela claramente as suas

relações com os atos de fala: «Nós temos o pedido de realização — de uma promessa, por exemplo —, as censuras, a ameaça, a sátira, a desculpa...» (A. Kilito, «Le genre "séance": une introduction», *Studia Islamica,* 43, 1976, p. 27).

(6) Devo todas as informações respeitantes aos géneros literários dos Lubas e seu contexto verbal à amabilidade da Sra. Clementine Faik-Nzuji.

(7) Cf. P. Mufuta Kabemba, *Le chant Kasala des Lubas,* Paris, 1968; C. Faik-Nzuji, *Kasala, chant héroique luba,* Lubumbashi, 1974. Para factos análogos do Ruanda, cf. P. Smith, artigo citado, nomeadamente pp. 297–298.

(8) Penso em especial nos estudos já citados de Philippe Lejeune, «Le pacte autobiographique», e de Élisabeth Bruss, «L'autobiographie considérée comme acte littéraire».

II

O DISCURSO PSICÓTICO

(1) A palavra *autismo* assinala essencialmente o lado positivo do que Janet designa negativamente como «perda do sentido da realidade», (pp. 51, 53). S. Freud, «Névrose et Psychose», em *Névrose, Psychose et Perversion,* Paris, 1973: «a psicose (seria o resultado de um conflito) nas relações do eu com o mundo exterior [...]. Na [...] forma de psicose mais extrema e mais notória, o mundo exterior é como que inoperante, ou a sua perceção é completamente inexistente» (pp. 283, 284). J. Delmond-Bébet, *Essai sur la Schizophasie,* Paris, 1935: «O emprego da linguagem para exprimir alguma coisa... é impossível em semelhante conjunto de palavras [...] Tudo isto... significa a perda de atividade representativa da linguagem» (p. 67). H. Ey *«Psychiatrie»,* I, *Encyclopédie médico-chirurgicale,* 1955: «Os clínicos estão de acordo em que o pensamento esquizofrénico seja... sobretudo caracterizado pela alteração do sistema da realidade» (p. 7). Etc.

(2) G. Bateson, *Steps to an Ecology of Mind,* Nova Iorque, 1972, por exemplo, pp. 190, 191, 205, 261, etc.

(3) Esta exposição é a versão abreviada de um trabalho de que já não possuo a versão completa. O Dr. Lantéri-Laure pôs amavelmente à minha disposição as transcrições de discursos psicóticos.

E. Blender, *Dementia Praecox oder Gruppe der Schizophrenien,* Leipzig e Viena, 1911 (resumo francês feito por H. Ey, Paris, Círculo de Estudos Psiquiátricos, 1964): «uma alteração muito particular e característica de esquizofrenia é a que acontece na relação da vida interior com o mundo exterior. [...] Essa evasão da realidade, e simultaneamente a predominância relativa ou absoluta da vida interior, é aquilo a que chamamos autismo.»

EM TORNO DA POESIA

([1]) Cito a tradução de A. Guerne (Novalis, *Œuvres complètes*, Paris, 1975, t. I), modificando-a por vezes.

III

CADERNOS DO SUBTERRÂNEO

([1]) Cito a tradução de Lily Denis publicada na edição bilingue dos *Cadernos*, na Aubier-Montaigne, 1972.

CORAÇÃO DAS TREVAS

([1]) Cito, modificando-a por vezes, a tradução de André Ruyters, 1948.

A IDADE DIFÍCIL

([1]) Utilizo, modificando muitas vezes, a tradução francesa de M. Sacher, 1956, exceto no prefácio nunca traduzido em francês. *The Awkward Age* é uma locução que se traduz por «a idade ingrata»; mas James explora também o sentido literal dos termos, ou seja, «a idade do mal-estar». *A Idade Difícil* é um compromisso entre estes dois sentidos, o idiomático e o literal.

ILUMINAÇÕES

([1]) Cito o texto cuja edição foi preparada por A. Py (*Textes littéraires français*, Genebra e Paris, 1969). As notas que Suzanne Bernard acrescentou à sua edição de Rimbaud (Paris, 1960) são uma fonte preciosa de informações. O estudo de Jean-Louis Baudry, «O texto de Rimbaud» (*Tel Quel* 35, 1968 e 36, 1969), é perspetivado de maneira parcialmente semelhante à minha.

IV

A ADIVINHA

(1) R. A. e A. Dundes, «Toward a Structural definition of the ridle», *Journal of American Folklore,* 1963, pp. 111–118; E. Köngäs-Maranda «Structure des énigmes», *L'Homme,* IX, 1969, pp. 5–49. Ainda que numa perspetiva diferente, a minha análise do trabalho de Georges e Dundes aproxima-se de várias críticas formuladas por Ch. T. Scott, «On defining the ridle: The problem of a structural unit», *Genre,* II, 1969, 2, pp. 129–142. Para um estudo de conjunto sobre a literatura consagrada à adivinha, ver R. D. Abrahams e A. Dundes, «Riddles», in M. Dorson ed., *Folklore and folklife,* Chicago e Londres, 1972, pp. 129–143.

(2) Eis as referências das recolhas de adivinhas citadas: A. Taylor, *English Riddles from Oral tradition,* Berkeley e Los Angeles, 1951 (citado: Taylor); H. Haavio e J. Hautala, *Suomen Kansan arvoituskirja,* Helsínquia, 1946 (citado: Haavio); S. Walter, R. Morel e P. Ferrari, *Le livre des devinettes,* Les H. Pl. de Mane, 1969 (citado: Walter); St. Stojkova, *Bâlgarski narodni gatanki,* Sófia, 1970 (citado: Nzuji); Brajrata Das, *Khusro ki Hindi Rarita,* Kashi, 1922 (citado: Khusro); V. Sadovnikov, *Zagadki Russkogo naroda,* Moscovo-Leninegrado, 1959 (citado: Sadovnikov): E. Tabourot, *Les Bigarrures du Seigneur des Accords,* 1583 (citado: Tabourot).

Salvo indicação em contrário, o número que segue o nome da recolha corresponde ao número da adivinha, e não de página.

(3) O concurso de enigmas da *Vajasameyi Samhita,* traduzido por Louis Renou, «Sur la notion de bráhman», *Journal asiatique,* 237, 1949, pp. 7–46.

(4) R. Caillois, *Art poétique,* Paris, 1958, p. 188.

(5) É assim que eu interpretaria a seguinte observação de Jolles: «Podemos dizer que neste caso o questionador — a que chamámos sábio — não está sozinho, não é independente, encarna um saber, uma sageza ou um grupo ligado pelo saber. O adivinhado, por sua vez, não é um indivíduo que responderia à pergunta de outros, mas aquele que procura aceder a esse saber, ser admitido no grupo, e que prova com a sua resposta que está maduro para essa admissão» (*Formes simples* [1.º, 1930], Paris, 1972, cap. «La devinette», pp. 109–110). Não seguiremos Tones na aproximação que faz entre adivinhas, por um lado, e exames e catecismos, por outro.

(6) Encontraremos exemplos disso na tese de terceiro ciclo de Alain Boucharlat, *Le commencement de la sagesse. Structures et fonctions des devinettes au Rwanda,* E. P. H. E., 1972.

(7) «Neue Beiträge zur Kenntnis des Volkrä tsels», *Palaestra,* IV, Berlim, 1899.

(8) Este tipo de adivinha é descrito por Cl. Faïk-Nzuji na rubrica «Structure I, Type I».

(9) Mas não é uma metonímia, contrariamente ao que julga E. Köngäs-Maranda, porque não há relação simbólica: a noz não simboliza as avelãs, nem o campo a erva.

(10) Para estas noções, cf. W. Empson, *the Structure of Complex Words;* Londres, 1960, cap. 2; trad. franc. «Assertions dans les mots», *Poétique,* 6, 1971.

(11) «Le chauve au col Roulé», *Poétique,* 8, 1971, p. 444.

(12) Exigência fundamental, formulada e ilustrada por Benveniste em «La classification des Langues», *Problèmes de linguistique générale,* Paris, 1966.

(13) Chamo-lhe linguística, porque não encontro nestes autores nenhuma indicação específica noutro sentido ou outros critérios a não ser linguísticos para a estabelecer.

(14) Como já observa Stojkova, *op. cit.,* p. 61.

(15) *Clou* (prego); *Sainte Sébastienne* (*ses bas se tiennent*).

(16) Este género de construção foi codificado na literatura sânscrita com o nome de *antarlapiká;* na recolha hindi já citada, encontram-se igualmente exemplos, por vezes muito complexos (interpretação bilingue, etc.). Cf. Ved Prakash Vaduk, «Amir Khusro and Indian Riddle Traditions», *Journal of American Folklore,* 82, 1969, pp. 142–154.

(17) «Structures linguistiques subliminales en poésie», *Questions de poétique,* Paris, 1973.

(18) Cf. Stokova, *op. cit.,* p. 58.

(19) «Zvukovye povtory», 1917, reproduzido em O. M. Brik, *Two Essays on Poetic Language,* Anr Arbor, 1964.

(20) «O Zvukovom Stroenii naradnoj zagadki», *Russkij folklor,* 11, 1968, pp. 185–197.

(21) Lembramos que Saussure opõe do mesmo modo duas estruturas fónicas dos versos latinos que estuda: «interna, … a correspondência dos elementos entre si» e «externa, quer dizer, inspirando-se na composição fónica de um nome». J. Starobinski, *Les mots sous les mots,* Paris, 1971, p. 34; a proximidade com o fenómeno estudado por Saussure é grande.

O DISCURSO DA MAGIA

(1) As referências aos textos que dizem respeito à teoria do discurso mágico estão agrupadas no fim do capítulo (1960, p. 47).

(2) Sobre esta última tradição, cf. Güntert, 1921 (a obra diz respeito à literatura clássica).

([3]) Esta posição é tanto mais significativa quanto foi elaborada por Malinowski numa tentativa de exceder as suas próprias conceções anteriores. Escreve: «Num dos meus escritos precedentes [Malinowski, 1923] opus o discurso civilizado e científico ao discurso primitivo e considerava como um facto adquirido que o uso teórico das palavras nos escritos modernos de filosofia e de ciência estava inteiramente desligado das suas fontes pragmáticas. Era um erro e um erro sério. Entre o uso selvagem das palavras e o uso mais abstrato e teórico, só há uma diferença de grau. Todo o sentido das palavras deriva finalmente da experiência corporal» (Malinowski, 1966, p. 58). Desta primeira generalidade decorre uma segunda. Os enunciados «com sentido» opunham-se precedentemente aos enunciados «com função». Mas, uma vez que todos os enunciados têm uma função», só me resta tirar a conclusão lógica: o sentido é a função. Assim, Malinowski é levado, quase de surpresa, a deixar de ver diferenças entre as frases correntes e as palavras desprovidas de sentido, de que as pessoas se servem nos ritos mágicos: «No fundo estas têm um sentido pelo próprio papel que desempenham» (*ibid.*, p. 247). A teoria linguística de Malinowski reduz todas as palavras a «abracadabra». Será preciso esperar pelas investigações de J. L. Austin para se perceber que a função de Malinowski compreende, de facto, três noções: o *valor locutório (locutionary force)*, que tem a ver com o sentido e a referência; o *valor ilocutório* ou dimensão acional de todo o enunciado; e o *valor perlocutório* ou o efeito concreto do enunciado (Austin, 1970). Para o conjunto destas noções cf. também Todorov, ed., 1970.

([4]) Para este estudo, utilizo as fórmulas das seguintes obras: L.-P. Sauvé, *Le Folklore des Hautes-Vosges,* Paris, Maisonneuve, 1889; Cl. J. Seignolle, *Le Folklore du Hurepoix,* Paris, Maisonneuve, 1937; A. Van Gennep, 1928 (in *Annecy*); 1933 *(Le Folklore du Dauphiné, II)*; e *id.*, *Le Folklore de la Flandre et du Hainaut français,* Paris, Maisonneuve, 1936, II. Não se trata de um *corpus,* mas de exemplos ou, se preferirem, de uma amostra. — A injunção de fazer um sinal de cruz em certos pontos das fórmulas é transcrita aqui por (+).

([5]) Num estudo, em vários aspetos paralelo a este, I. Tchernov introduz uma série de distinções semelhantes: os papéis de objeto, do mediador e do sujeito (que designa, segundo ele, o nosso beneficiário); a divisão em quadro (= encantações) e centro (invocação + comparação). Contudo, tentando fazer uma aproximação puramente descritiva e o mais formal possível, o autor subestima precisamente essa hierarquização interna que caracteriza cada tipo de discurso: ignora as funções dos elementos estruturais identificados; não distingue sistema simbólico de sistema linguístico; não se interroga acerca do lugar que o discurso mágico ocupa entre outros discursos semelhantes. A partir de constatações descritivas similares, tento tirar conclusões sobre a estrutura abstrata desse tipo de discurso. Existe, em contrapartida, uma incompatibilidade entre os resultados de Tchernov e os meus, por um lado, e aqueles que são revelados pelos estudos de Sebeok (1953) ou E. Maranda & P. Maranda (1971).

([6]) Inverto assim o sentido de uma observação, já feita por I. Tchernov (1965, p. 163): «Incluímos no número dos mediadores não só as personagens ativas, mas também os objetos e os fenómenos, introduzidos unicamente para servir de comparação com o objeto.»

([7]) Fui buscá-las ao livro de Clémentine-Nzuji, *Énigmes luba-nshinga,* Kinshasa, 1970.

([8]) Não é este o lugar para precisar esta tese ou procurar argumentos a favor dela, tese afirmada desde René Thom («De l'icône au Symbole. Esquisse d'une théorie du Symbolisme», *Cahiers internationaux du Symbolisme,* 22–23, 1973, pp. 85–106) até... Lessing, de quem lembraremos, aqui, esta página: «Na natureza tudo está em tudo; tudo se entrecruza, tudo é alternativa e metamorfose incessante. Mas, do ponto de vista desta diversidade infinita, a natureza é um espetáculo só acessível a um espírito infinito. Para que os espíritos finitos possam gozar dela, seria necessário dar-lhes a faculdade de impor limites que não existem na natureza, criar divisões nela e reger a sua atenção segundo o seu prazer.

Esta faculdade, exercemo-la em todas as alturas da vida; sem ela não haveria, para nós, vida possível; seríamos sucessivamente a presa da impressão presente; sonharíamos sem cessar e sem saber que sonhávamos.

O próprio da arte é ajudar-nos a introduzir esta divisão no domínio do belo e fixar a nossa atenção» (*Dramaturgie de Hambourg,* Paris, 1869, p. 327).

([9]) Como várias vezes observou Pierre Guiraud (cf. por exemplo Guiraud, 1967, pp. 106–107).

([10]) Cito os textos seguintes: H. Meschonnic, *Pour la poétique,* Paris, 1970; *id.,* resumo na *Langue française,* 1970, pp. 126–127; Jean-Claude Chevalier, *Alcools d'Appolinaire, essai d'analyse des formes poétiques,* Paris, Minard, 1970; Julia Kristeva, intervenção oral, em «Linguistique et littérature», *La Nouvelle Critique,* Paris, 1968.

([11]) Trata-se da mesma coisa, como provam os estudos daqueles que se reclamam do desvio e dos que o condenam. Jean Cohen («Théorie de la figure», *Communications* 16, 1970, pp. 3–25) e J. Kristeva («Poésie et négativité», no seu livro *Séméiotiké,* Paris, Seuil, 1969, pp. 246–275) tratam a mesma «lei de não-contradição» que caracterizaria a poesia (depois de ter sido característica, a acreditar em Lévy-Bruhl, da mentalidade primitiva).

O DITO DE ESPÍRITO

([1]) Foi formulado por A. Koesther em *The Act of Creation,* Londres, 1964. Num capítulo das *Teorias do Símbolo,* procurei demonstrar que se passava o mesmo no estudo clássico de Freud («Retórica de Freud»). Outros estudos recentes sobre estes problemas: D. Noguez, «Structure du langage humoristique», *Revue d'esthétique,* 1969, 1, pp. 37-54; G. B. Milner, «Homo Ridens: Towards a Semiotic Theory of Humour and Laughter», *Semiotica,* 6, 1972, pp. 1–28; R. Johnson, «The Semantic Structure of the Joke and Riddle: Theoretical Positioning», *Semiotica,* 14, 1975, pp. 142–174; id., «Two Realms and a Joke: Bissociation Theories of Joking», *Semiotica,* 16, 1976, pp. 195–221.

(2) Paris, 1966, livre II, 71, 299.

(3) *Gesammelte Werke,* Berlim, 1968, T. VII, p. 10.

(4) *Literary Notebooks,* 1797–1801, Londres, 1957, n.º 221.

(5) *Vorschule zur Aesthetik,* trad. fr. «Le trait d'esprit», *Poétique,* 15, 1973, p. 375.

(6) *Le Mot d'esprit dans ses rapports avec l'inconscient,* Paris, 1971, p. 322.

(7) Cf. *Teorias do Símbolo.*

(8) *Rhétorique générale,* Paris, 1970, p. 56. Lewis Carroll, grande promotor das contaminações, a que chamava *mots-valise,* já tinha notado a existência de uma hierarquia semântica.

OS JOGOS DE PALAVRAS

(1) *La littérature européenne et le Moyen Âge latin,* Paris, 1956, p. 342.

(2) Pode ler-se um recenseamento paralelo no estudo de Georges Perec, «Histoire du lipogramme», in Oulipo, *La Littérature potentielle,* Paris, 1973, pp. 79–80.

(3) L. Renon, «Les pouvoirs de la parole dans le Rgveda», in *Études védiques et paninéennes,* t. I, 1955, p. 26.

(4) Renon e Filliozat, *L'Inde classique,* t. II, Paris-Hanoi, 1953, 1749, 1751 (o texto é de Renon).

(5) *Les Littératures de l'Inde,* Paris, 1967.

(6) Oulipo, *La Littérature potentielle,* Paris, 1973.

(7) *Bâtons, chiffres et lettres,* Paris, 1965, p. 33.

ÍNDICE

IV